Frank & Catherine Fabiano

Die *Herzen* unserer *Kinder* berühren

Über die Autoren

Frank Fabiano, B.S., M.S. ist ordinierter Pastor und ausgebildeter Psychologe. Er hat Erfahrung als Schulpsychologe, Dozent, Schulungsleiter für soziale Einrichtungen; darüber hinaus in den Bereichen Management-Schulung und Management-Beratung in der freien Wirtschaft sowie in der privaten Ehe- und Familienberatung.

Catherine Fabiano, B.A., M.S. ist ordinierte Pastorin und ausgebildete Beraterin und Soziologin. Sie arbeitete als Lehrerin, Dozentin, Jugendberaterin, stellvertr. Leiterin eines Kommunalprogramms für gefährdete Jugendliche sowie im Bereich privater Ehe- und Familienberatung.

Gemeinsam leben sie seit einigen Jahren in Deutschland und führen zahlreiche mehrtägige Seminare unter anderem zu den Themen„Entwicklung eines Menschen“, „Ehe“ und „Familie“ durch.
www.dunamis.de

Von den Autoren bereits erschienen:
Mut zur Reife
Entwicklung und Fehlentwicklung eines Menschen verstehen.
Wege zur Heilung.
Paperback, 240 Seiten, Nr. 816 085

Frank & Catherine Fabiano

Die *Herzen* unserer *Kinder* berühren

3. Auflage 2008
Best.-Nr. 815 831
ISBN 3-89437-831-X
Übersetzung und Lektorat: Fred Ritzhaupt
Umschlaggestaltung: Michael Wenserit
Umschlagmotiv: Getty Images
Satz: Die Feder GmbH, Wetzlar
Druck und Verarbeitung: Schönbach Druck, Erzhausen
Printed in Germany

Inhalt

Dieses Buch widmen wir
unserer Tochter Christine und unserem Sohn Todd.
Sie haben uns immer wieder
und auf die unterschiedlichste
Art und Weise bewiesen,
dass sie Gottes Segen in unserem Leben sind.

Bevor Sie weiter lesen ...

Warum wir dieses Buch geschrieben haben? Weil es uns ein Herzensanliegen ist, Eltern eine Hilfe in die Hand zu geben, die verschiedenen Bedürfnisse ihres Kindes auf den jeweiligen Entwicklungsstufen zu erkennen und auf sie so gut wie möglich eingehen zu können. Das heißt auch, dass wir Eltern dazu ermutigen wollen, ganz speziell für ihre Kinder zu beten, wenn ihnen klar wurde, dass für ihr Kind so manches im alltäglichen Leben einfach zu kurz gekommen ist.

Auch wenn wir das Gebet in diesem Buch stark betonen und seine Wirksamkeit mit vielen Beispielen belegen, heißt das natürlich nicht, dass Gebet um innere Heilung die einzig wirksame Methode wäre, dem Mangel im Leben eines Kindes zu begegnen. Wir wissen als Therapeuten sehr wohl, dass Kinder, die missbraucht, vernachlässigt, verlassen wurden oder in lebensbedrohlichen Umständen heranwachsen mussten, oft solch schwere seelische Verletzungen mit sich herumtragen, dass eine langandauernde Begleitung oder Familientherapie erforderlich ist, ein solches Kind seelisch wiederherzustellen. Es kann ein langer Prozess sein, bis sich so ein junger Mensch von den tiefen seelischen Wunden erholt, die ihm zugefügt wurden. Es ist uns wichtig, gleich zu Anfang zu betonen, dass nicht immer und in jedem Fall ein verletztes Kind ganz einfach durch Gebet geheilt wird. Trotzdem sollte für uns als Christen der erste Schritt immer der sein, Gott, unseren Vater, zu bitten, die Wunden des Kindes zu berühren. Erst wenn sich dabei wenig bewegt, sollte man auf jeden Fall zusätzlich die Beratung professioneller Therapeuten in Anspruch nehmen.

Das gilt in besonderer Weise für Eltern, die ein Kind adoptiert haben, oder für Erzieher, die sich um fremde Kinder kümmern. Selbst wenn ein Kind von Geburt an adoptiert werden konnte, heißt das noch nicht, dass es frei wäre von seiner eigenen Familiengeschichte und dem körperlichen, seelischen und geistlichen Erbe seiner leiblichen Eltern. Viele solcher Einflüsse bleiben unentdeckt, bis sich im Leben des Kindes völlig unverständliche Verhaltensmuster zeigen. In diesem Fall ist es wichtig zu wissen, dass es oftmals nicht ausreicht, dem Kind ein liebevolles, christliches Zuhause zu bieten, sondern solche Prägungen lassen sich häufig nur mit Hilfe von Therapeuten angehen, vor allem von Menschen, die erfahren sind im Gebetsdienst; Christen, die um die Lasten wissen, die durch Generationen hindurch auf Einzelnen liegen können. Solche Dinge nicht einfach als „schicksalhaft“ gegeben hinzunehmen, sondern dafür zu sorgen, dass den tiefsten Bedürfnissen in Geist, Seele und Leib eines Kindes begegnet wird, ist unsere vornehmliche Aufgabe. Nur so helfen wir dem Kind, zu einem Mensch zu werden, dem alle seine Möglichkeiten zur Verfügung stehen, weil es von Grund auf geheilt und wiederhergestellt ist. Was kann es für uns Beglückenderes geben, als dazu beitragen zu dürfen?!

Einführung

> „Der entscheidende Test für eine Zivilisation ist nicht die Stärke ihrer Streitkräfte, nicht die Größe ihres Bruttosozialproduktes, sondern der Zustand ihrer Kinder. Wenn Kinder aufblühen können, verdient es auch eine Gesellschaft, als blühend beschrieben zu werden."
>
> *Autor unbekannt.*
> *Gefunden in der St. James Episcopal Cathedral*
> *Rush and Huron St. Chicago, IL*

Gelächter, Gekicher, Kreischen vor lauter Freude, fröhliches Stimmengewirr im Freien, Füße, die rhythmisch auf den Boden stampfen ... All diese Töne erfüllen die Atmosphäre mit Leben, es ist die Symphonie von Kindern beim Spiel. Wie leer wäre die Welt ohne sie.

Dieses Buch wurde für alle geschrieben, die Kinder lieben und den Wunsch haben, Kinder „mit Wort und Tat nach den Maßstäben, die der Herr gesetzt hat" (Eph 6,4), zu erziehen. Eltern, Lehrer, Mitarbeiter in der Kinder- bzw. Jugendarbeit, Trainer, Menschen, die sich um sie kümmern – alle sind wichtig im Leben eines Kindes und in der Lage, das junge Leben auf unterschiedlichste Weise für Gott zu beeinflussen. Das Herz eines Kindes hat eine große Bedeutung für alle, die sich um das Kind sorgen und das Beste von Gott für jedes einzelne wollen. In diesem Buch wollen wir gemeinsam herausfinden, wie wir das Herz eines Kindes erreichen können und wie wir die Kinder ermutigen können, das zu werden, was Gott für jedes einzelne von ihnen vorgesehen hat.

Das Herz eines Kindes zu erreichen ist nicht nur eine ansprechende Idee, es ist ein biblischer Auftrag, dem wir zu unserem Besten nachzukommen haben. Es ist gar nicht so einfach, in unseren Tagen die Aussage des Maleachi ernst zu nehmen, die davon spricht, was „das Werk des Elija" ist, bevor der Herr wiederkommt. Wer Kinder mit den Augen Gottes sehen will, trägt diesen Auftrag des Elija in die heutige Zeit.

> „Er wird das Herz der Väter wieder den Söhnen zuwenden und das Herz der Söhne ihren Vätern, damit ich nicht kommen und das Land dem Untergang weihen muss."
>
> *(Maleachi 3,24)*

In dem Maß, wie sich unsere Herzen den Kindern zuwenden, wie wir beginnen, sie zu lieben, wertzuschätzen, sie zu verstehen, ihren wirklichen Bedürfnissen entgegenzukommen und sie so zu behandeln, wie es unser Vater im Himmel von uns erwartet, wird er ihre Herzen uns wieder zuwenden, und wir werden gemeinsam vermeiden, „vernichtet" zu werden. Das ist eine gute Nachricht, die uns mit Hoffnung erfüllen kann. Es ist ein Ziel, das zu verfolgen sich lohnt, auch wenn es uns einiges kostet.

Wir alle wurden durch familiäre und gewisse christliche Traditionen geprägt, die oft mit der biblischen Wahrheit wenig gemeinsam haben. Das gilt insbesondere für die eigentliche Kindererziehung. Es ist daher nicht ausgeschlossen, dass Sie in diesem Buch entdecken, wie Ihre tiefsten Überzeugungen in Frage gestellt werden. Wenn das geschieht, dann möchten wir Sie ermutigen, sich diesen Herausforderungen gegenüber nicht zu verschließen.

Prüfen Sie das Gelesene; bringen Sie es selber vor Gott und erlauben Sie ihm, das Gelesene zu bestätigen oder abzulehnen.

> „Mein Volk geht noch zugrunde aus Mangel an Erkenntnis. Weil ihr Erkenntnis zurückgewiesen habt, werde ich euch als meine Priester ablehnen; weil ihr das Gesetz eures Gottes nicht beachtet habt, werde ich eure Kinder nicht mehr beachten." *(Hos 4,6)*

Gott möchte uns nicht zurückweisen oder unsere Kinder vergessen. Nein, er kann uns einfach nicht helfen, wenn wir an irgendwelchen Traditionen festhalten und seinem Wort gegenüber kein Ohr haben. Jesus bestätigt das, nachzulesen im Markusevangelium, Kap. 7, Verse 8, 9 und 13.

Wissen und Verstehen sind unverzichtbare Wege, auf denen wir beginnen können, das Herz der Kinder zu erreichen. Daher wollen wir die einzelnen Stadien der Entwicklung eines Kindes betrachten und darüber nachdenken, was es auf jeder Entwicklungsstufe braucht, um für die nächste Stufe vorbereitet zu sein. Dabei wollen wir besonders herausarbeiten, wie Erziehung auf die Bedürfnisse der jeweiligen Entwicklungsstufe eingehen sollte.

Das Wissen um die richtigen erzieherischen Reaktionen auf die legitimen Bedürfnisse eines Kindes in der jeweiligen Entwicklungsstufe ist daher für jeden, der mit Kindern zu tun hat, lebenswichtig. Wenn man verstanden hat, was ein Kind auf der jeweiligen Stufe braucht, ist man als Erzieher besser darauf vorbereitet, angemessen und effektiv auf bestimmte Situationen einzugehen. Es ist von entscheidender Bedeutung, dass wir als Erziehende wissen, warum wir das tun, was wir tun. Man kann das eine zielgerichtete Erziehung nennen. Im Folgenden werden beide Arten von erzieherischen Reaktionen besprochen werden, die gesunden ebenso wie die für beide Seiten abträglichen – und das in Hinblick auf die möglichen Folgen im Leben des Kindes.

Eine echte Liebe zu Kindern ist eine wunderbare Motivationskraft. Doch selbst mit der richtigen Herzenshaltung und einem tiefen Verständnis für die Bedürfnisse der Kinder werden wir nicht perfekt sein. Auch nach vielen Jahren der Beschäftigung mit dieser Materie und dem Eintreten für diese Wahrheiten machen wir Fehler. Das Ziel aller Bemühungen um ein besseres Verstehen kann also nicht sein, dass wir fehlerlos werden.

Natürlich wollen wir unser Bestes geben, um mit mehr Verständnis unsere Kinder zu erziehen. Doch wenn wir feststellen, dass wir da oder dort versagt haben, können wir zu Gott gehen und ihn bitten, unsere Kinder heilend zu berühren. Es kann sehr befreiend sein, zu wissen, dass wir durch Gebet um innere Heilung unseren Kindern helfen können, dass sie nicht ihr Leben lang irgendeinen Schmerz oder Mangel mit sich herumtragen müssen. Sie können tatsächlich geheilt, freigesetzt und wieder hergestellt werden, als hätten sie nie eine seelische Verletzung erlitten. Darum möchten wir im letzten Kapitel aufzeigen, wie man Kindern helfen kann, indem man für sie um innere Heilung betet.

Wir laden Sie nun auf eine gemeinsame Reise ein. Finden Sie zusammen mit uns heraus, was Gott der Vater uns im Hinblick auf das kostbare Geschenk lehren möchte, das er uns anvertraut hat: die Kinder.

Anmerkung der Autoren:
Alle Berichte, die in diesem Buch wiedergegeben wurden, sind wirkliche Begebenheiten aus dem Leben einzelner Personen. Lediglich deren Namen und bestimmte Umstände wurden geändert, um die Vertraulichkeit zu gewährleisten.

KAPITEL 1

Bevor wir starten

„Sprich für die, die nicht für sich selber sprechen können ..."

(Spr 31,8)

Das Herz des Vaters

Tag für Tag habe ich ihn gehört, den Schrei im Herzen unseres Vaters um seine Kinder. Kinder haben in dieser Welt keine Stimme, keinen Einfluss. Wir sind es, denen Gott ein Herz für Kinder gegeben hat, die für sie eintreten, für sie sprechen müssen.

Unsere Kinder sind gefährdet. Die täglichen Nachrichten machen uns Sorge und erinnern uns daran, dass der Tag, von dem Maleachi gesprochen hat, gekommen ist. Die Bibel spricht sehr deutlich von der Zeit, in der wir jetzt leben: „Vater gegen den Sohn und Sohn gegen den Vater" (vgl. Lk 12,53). Der Prophet Maleachi hat dazu eine klare Warnung ausgesprochen, die wir hier noch einmal wiederholen:

> „Er wird das Herz der Väter wieder den Söhnen zuwenden und das Herz der Söhne ihren Vätern, damit ich nicht kommen und das Land dem Untergang weihen muss."
>
> *(Mal 3,24)*

Es gibt viele Stimmen, die sich in unserer Zeit mit Kindern beschäftigen. Manche sind von Liebe und Mitgefühl getragen, andere schlagen einen harten Ton an, einige sind voller Ablehnung, voller Kontrollbedürfnis und Unnachgiebigkeit. Andere wiederum wollen Kindern jede Art von Macht geben, während einige sich an den Buchstaben des Gesetzes halten. Wer von ihnen hat nun Recht? Wie denkt eigentlich Gott über Kinder? Welche „Charakterzüge" zeichnen ihn als unseren Vater aus? Was hat Jesus gesagt? Das sind Fragen, auf die wir eine Antwort finden müssen.

Wir werden mehr denn je auf die Stimme unseres Vaters und

unseres Erlösers hören müssen, wenn die Warnung des Propheten Maleachi nicht Wirklichkeit werden soll:

> „So spricht der Herr: ‚Stellt euch an die Wege und haltet Ausschau, fragt nach den Pfaden der Vorzeit, fragt, wo der Weg zum Guten liegt; gehet auf ihm, so werdet ihr Ruhe finden für eure Seele.'" *(Jer 6,16; EÜ)*

Die „Pfade der Vorzeit" sind Gottes Wege und sie sind es, die uns Frieden bringen. Diese Bibelstelle sagt uns, dass wir sie wieder kennen können, wenn wir uns an der Weggabelung dafür entscheiden, den „Pfad der Vorzeit" einzuschlagen und den Weg zum Guten zu wählen. Heute stehen wir am Scheideweg und es ist an der Zeit, nach dem „Pfad der Vorzeit" zu suchen, welcher der Weg des Vaters ist.

Gott fordert uns heraus, zu diesem „Pfad der Vorzeit" zurückzukehren. Der aber ist genau nicht der ausgetretene Weg unserer alten Traditionen, die wir selbst gemacht haben und die das Wort Gottes in vielen Punkten so wirkungslos werden ließen.

> „‚Ihr ganzer Gottesdienst ist sinnlos, denn sie lehren nur Gebote, die sich Menschen ausgedacht haben. Gottes Gebot schiebt ihr zur Seite, aber an Vorschriften von Menschen haltet ihr fest.' Und weiter sagte Jesus: ‚Wie geschickt bringt ihr es fertig, Gottes Gebote zu umgehen, damit ihr eure Vorschriften aufrechterhalten könnt! ... So macht ihr Gottes Gebot ungültig durch eure eigenen Vorschriften. Dafür gibt es noch viele andere Beispiele.'" *(Mk 7,7–9.13)*

Viele christliche Eltern fallen aus Angst, ihre Kinder nicht genug zu disziplinieren, in den anderen Straßengraben, ohne zu merken, dass sie dabei Gottes Gebot im Innersten verletzen. Man betrachte hier nur einmal folgende Schriftstellen:

> „Ihr Eltern, behandelt eure Kinder nicht so, dass sie widerspenstig werden! Erzieht sie mit Wort und Tat nach den Maßstäben, die der Herr gesetzt hat." *(Eph 6,4)*

> „Ihr Eltern, behandelt eure Kinder nicht so, dass sie mutlos und scheu werden." *(Kol 3,21)*

Wie sich die Einstellung eines Vaters veränderte

Markus schaute seinen Vater kaum an. Er blieb auf Distanz zu ihm. Welche Gefühle sich in seinem Gesicht zeigten, war nicht klar zu erkennen, aber eines war sicher: Er war ein verletzter, zorniger Junge.
Hans, sein Vater, sah sich als strengen Erzieher, der stolz darauf sein konnte, alle seine Kinder „bei der Stange" zu halten. Der ständige Hagel an Kritik und die fast täglichen Schläge hatten mittlerweile seine Kinder von ihm entfremdet, vor allem seinen ältesten Jungen, Markus. Hans war so auf Disziplin versessen, dass er dabei war, seine Kinder zu verlieren, ohne es zu merken. Er war überzeugt, den Geboten Gottes zu gehorchen. In Wirklichkeit aber zerstörte er seine Kinder und trieb sie von sich weg. In seinem Haus war die Kälte geradezu körperlich spürbar.
Doch Gott griff ein. Markus' Mutter besuchte ein Seminar über „Das Heranreifen des Menschen nach Gottes Plan". Dabei wurden ihr die Augen für das Problem geöffnet, das zwischen Hans und Markus bestand. Als sie nach Hause kam, berichtete sie ihrem Mann darüber und nach einigen Tagen begann Gott an der Angst, die Hans gefangen hielt, zu arbeiten. Zunächst einmal brachte ihn das, was da zu Tage trat, völlig durcheinander. Aber je mehr er sein Herz öffnete, umso mehr konnte er die Wahrheit erkennen. Zum ersten Mal nahm er überhaupt wahr, wie sich seine Kinder vor ihm abschotteten, wenn er in ihre Nähe kam, ja, wie sie den Kontakt mit ihm so gut wie möglich vermieden. Hans rief seine Kinder zusammen und teilte ihnen mit, was ihm deutlich geworden war. Dass er viel zu streng war und sie viel zu hart bestraft hatte. Er bat sie um Vergebung und sagte ihnen, dass er auf dem Weg sei zu lernen, wie man in Liebe erzieht, ohne tägliche Schläge und Kritik. Markus war bereit, ihm zu vergeben, aber er konnte nicht wirklich glauben, was er gehört hatte. Doch über die nächsten Wochen und Monate hielt Hans sein Versprechen gegenüber seinen Kindern und seine Beziehung, besonders zu Markus, wurde auf positive Weise verändert.
Dies ist ein wunderbares Beispiel dafür, wie eine zerstörte Beziehung wieder hergestellt wurde.

Wie Gott, unser Vater, Kinder sieht

Kinder sind ein Geschenk (Gen 33,5), ein Segen (Gen 1,28; Psalm 112,2), eine Belohnung (Ps 127,3) ... all das wird uns in der Bibel gesagt. Doch in den letzten Jahrzehnten hat die Haltung eines subtilen Zynismus und einer unterschwelligen Ablehnung von Kindern unsere Kultur mehr und mehr durchdrungen und unser Verhalten ihnen gegenüber beeinflusst. Es gibt einen Trend in den zivilisierten Ländern, nicht mehr danach zu fragen, was gut für die Kinder ist, sondern was den Eltern und Erwachsenen angenehm ist und nützt. Und irgendwo in dieser kulturellen Veränderung haben wir den Blick dafür verloren, wie Gott selbst die Kinder sieht. Wenn in den Medien das Thema „Kinder" angeschnitten wird, dann immer nur unter dem Aspekt irgendwelcher ungesunder Extreme. Kinder sind entweder eine Qual oder Last oder sie werden als die starken „Retter" unfähiger Eltern hingestellt. Das eine Extrem ist so zerstörerisch wie das andere.

In der jüngsten Geschichte unserer Gesellschaft gibt es aber noch ganz andere Angriffe auf Kinder, die ein tragisches Ausmaß erreicht haben: Abtreibung, Missbrauch und völlige Vernachlässigung. Die Statistiken sind in dieser Hinsicht erschreckend. Wer steht letztlich hinter diesem ganzen „Völkermord" an den Kleinen? Der Widersacher Gottes wird immer versuchen, das, was wertvoll ist, zu zerstören. Kann es nicht sein, dass er deswegen sein Augenmerk auf die Kinder gerichtet hat? Kann es nicht sein, dass wir, ohne es zu wollen, ihm dabei helfen? Weil wir blind geworden sind durch all die Täuschungen und Lügen für das, was Kinder wirklich sind?

Noch einmal, was hat Gott über Kinder gesagt?

Gen 33,5
Ps 127,3–5
Spr 17,6

Und was sagte Jesus über Kinder?

Mt 18,3 Mk 9,37 Lk 18,15
Mt 19,13–15 Mk 10,16

Die Frage ist, ob wir in der verlogenen Täuschung unserer Kultur einfach so weiterleben oder ob wir der Wahrheit glauben, von unseren falschen Wegen umkehren und uns in Richtung der Prophetie des Maleachi bewegen wollen.

Dabei ist es wichtig zu wissen, welches Herz sich zuerst „wenden“ muss.

Es ist das „Herz der Väter“, das sich den Kindern zuwenden muss. Für den Fall, dass dies nicht geschieht, sollte uns die Warnung wachrütteln: „Er wird kommen und das Land dem Untergang weihen.“ Wir persönlich glauben, dass wir an der Grenze zu diesem angekündigten Untergang leben. Viele junge Menschen haben heute nicht mehr den geringsten Respekt, geschweige denn Achtung vor Autoritätspersonen in ihrem Leben. Warum das so ist? Weil unsere Herzen sich nicht wirklich unseren Kindern zugewandt haben. Hören wir, was Gott durch einen Engel über Johannes den Täufer sagen ließ:

> „Er wird dem Herrn als Bote vorausgehen, im gleichen Geist und mit der gleichen Kraft wie der Prophet Elija. Er wird das Herz der Eltern den Kindern zuwenden. Alle Ungehorsamen wird er auf den rechten Weg zurückbringen und so dem Herrn ein Volk zuführen, das auf sein Kommen vorbereitet ist.“ *(Lk 1,17)*

Leider liegt ein großer Teil unseres Problems in unserer Überzeugung, wir würden die Heilige Schrift kennen. Doch wenn wir uns nicht wirklich mit dem Wort Gottes beschäftigen, haben wir nur ein oberflächliches, unvollständiges Verständnis von der wirklichen Bedeutung dessen, was Gott uns sagen möchte.

Lassen Sie uns eine Schriftstelle näher betrachten, die wir alle sehr gut zu kennen glauben.

> „Erzieh den Knaben für seinen Lebensweg, dann weicht er auch im Alter nicht davon ab.“ *(Spr 22,6)*

„Erzieh“

Was verstehen wir unter „erziehen“? Zunächst einmal: Es bedeutet nicht „körperliche Züchtigung“, sondern enthält vielmehr drei wesentliche Grundgedanken.

Hingabe — Jede Erziehung eines Kindes beginnt mit der Hingabe des Kindes an Gott. Eltern müssen sich im Klaren sein, dass ihr Kind ausschließlich Gott

	gehört und ihnen nur für eine gewisse Zeit zur Begleitung und Betreuung anvertraut wurde.
Unterweisung	In den jüdischen Schriften wird dieses Wort oft in der Bedeutung von „Erziehen“ verwendet. Eltern haben ihre Kinder zu unterweisen oder zumindest zu veranlassen, dass sie alles Wesentliche lernen, was sie brauchen, um Gott Freude zu machen.
Motivation	Die eigentliche Bedeutung dieser Beschreibung von „Erziehen“ kommt aus dem Arabischen und meint ein Wort, das dann gebraucht wird, wenn eine stillende Mutter ihr Neugeborenes dazu bringen will, seine Nahrung zu sich zu nehmen. Eltern sollten demnach in ihrem Kind einen Geschmack oder ein Bedürfnis wecken, die es von innen her motivieren (zumindest weit mehr als durch äußeren Zwang) zu tun, was Gott von ihm erwartet.[1]

„Knaben“
Mit „Knabe“ (stellvertretend für Kind) ist derjenige gemeint, der die Erziehung empfängt. Genauer wäre wohl die Bezeichnung „Abhängiger“. Solange ein Kind von seinen Eltern abhängig ist, empfängt es Erziehung, völlig unabhängig von seinem Alter.

„sein Lebensweg“
Das ist sozusagen der Stoff der Erziehung. Der Lebensweg eines Kindes wird in jedem Stadium seiner Entwicklung durch seine Eltern oder Erzieher geprägt. Sie geben es an Gott hin, unterweisen und motivieren es, damit es das tun kann, wofür Gott das Kind offensichtlich ausgezeichnet vorbereitet hat.

„im Alter“
Ursprünglich ist mit diesem Ausdruck die Lebensphase gemeint, in der ein Kind nicht mehr abhängig ist, also auch wirtschaftlich auf eigenen Füßen steht. Dies entspricht ungefähr der Zeit, in der eine Tochter oder ein Sohn die Familie verlässt, um sich ein eigenes Zuhause aufzubauen.

Im Übrigen enthält diese Schriftstelle eine Verheißung. Wenn wir den ersten Teil bewältigen, wird sich die Verheißung erfüllen.

Exkurs:[2]

Die alte Kultur Israels hatte bereits eine klare Vorstellung von den menschlichen Entwicklungsstufen.

„Einsicht schenkt dem, der sie hat, das Leben ...“

(Spr 16,22)

Nirgendwo ist dieser Satz wahrer als in unserer Beziehung mit unseren Kindern. In der alten Kultur Israels gibt es ganz offensichtlich Anzeichen für eine grundsätzlich andere Sicht der Kinder. Sie wurden geachtet und geliebt. Durch sein Wort hat Gott dafür gesorgt, dass Kinder richtig verstanden und umsorgt wurden. Und so gab es damals schon ein ganz klares Verständnis vom menschlichen Wachstum und den jeweiligen Entwicklungsstufen. Von diesen zu sprechen ist also offensichtlich nicht erst eine Erkenntnis der modernen Psychologie, sondern eine Erkenntnis, die Gott seinem Volk durch sein Wort gegeben hat.
Alfred Edersheim, ein bekannter Rabbiner und gläubiger Gelehrter, hat die verschiedenen Entwicklungsstufen von Kindern in der alten Kultur Israels entdeckt und beschrieben.

Die Zartheit des Bandes, das die jüdischen Eltern mit ihren Kindern verband, kommt am besten in der Vielzahl und der Bildhaftigkeit der Ausdrücke zum Vorschein, mit welchen im Hebräischen auf den verschiedenen Stufen im Leben eines Kindes dieses benannt wird ... wir finden nicht weniger als neun verschiedene Ausdrücke, von denen jeder eine neue Stufe der Entwicklung darstellt.

1. Sohn/Tochter	ben	bath
2. Neugeborenes	jeled (männl.)	jaldah (weibl.) vgl. Ex 2,3.6.8; Jes 9,5
3. Säugling	jonek	vgl. Jes 11,8; Ps 8,3
4. Säugling, der bereits nach Brot verlangt	olel	vgl. Klgl 4,4
5. das entwöhnte Kind	gamul	vgl. Ps 131,2; Jes 11,8; 28,9

6. das an der Mutter hängt	taph	vgl. Jer 40,7; Ez 9,6
7. wenn das Kind gefestigt und stark geworden ist	elem (männl.)	alma (weibl.) vgl. Jes 7,14
8. Jugendlicher	naar	
9. Herangewachsener, junger Krieger	bachur	vgl. Jes 31,8; Jer 18,21

Die Bedürfnisse der Kinder verstehen und darauf als Eltern eingehen

Heranwachsen ist ein Abenteuer. Das Leben entfaltet sich in einer sich Tag für Tag erweiternden Wahrnehmung und Entdeckung. Wenn wir das Ganze mit den Augen eines Kindes betrachten, bekommt Leben noch einmal eine ganz andere Dimension.

Indem wir die menschliche Entwicklung verstehen lernen, erhalten wir einen Rahmen, einen Zusammenhang, mit dem wir arbeiten können. Die verschiedenen Prozesse der Entwicklung zu kennen und zu verstehen verhilft uns dazu, den notwendigen Einblick in das zu erhalten, was in einem Kind vorgeht und was es von uns braucht. Anders ausgedrückt: Wenn wir als Eltern ein Verständnis von den verschiedenen Entwicklungsstufen haben, wissen wir auch, warum wir etwas tun, wenn wir so oder so reagieren. Wenn wir verstehen, was eigentlich vorgeht, dann können wir auch mit größerer Zuversicht als Erzieher reagieren. Und das wiederum gibt dem Kind ein Gefühl der Sicherheit, weil es sich im Letzten verstanden weiß und erfährt, wie Eltern seinen wirklichen Bedürfnissen begegnen.

Heilendes Gebet für Kinder ... wenn Eltern versagen

Der größte Stressfaktor zwischen Erwachsenen und Kindern ist der Mangel an Verständnis. Das heißt jedoch nicht, dass wir eine Garantie haben, alles richtig oder sogar perfekt zu machen, wenn wir nur um die Stufen der Entwicklung wissen und die Bedürfnisse unserer Kinder verstehen. Das ist nun mal die Realität unserer menschlichen Natur, die so lange versagen wird, bis Jesus wiederkommt. Was also ist dann dieses Wissen und Verstehen letztlich wert?

Ein wachsendes Verständnis gibt uns eine größere Zuversicht und Sicherheit bei der Erziehung. Wenn wir dann trotzdem versagen, werden wir allerdings auch wissen, dass wir falsch liegen. Sobald wir das erkannt haben, können wir sofort für unsere Kinder beten, damit sie geheilt und wieder hergestellt werden. Unser Erlöser lebt und ist zu jeder Zeit bereit, uns zur Seite zu stehen, wenn wir versuchen, unsere Kinder zu seinen „Jüngern zu machen" (vgl. Mt 28,19). Wenn wir in unserer menschlichen Schwäche falsch reagiert haben und das sofort bereuen, können wir Gott bitten, unsere Kinder zu heilen und sie wieder freizusetzen. So müssen sie nicht in ihrem späteren Leben irgendwelche Verletzungen mit sich herumschleppen. Wir können beten und der Herr wird sie noch am selben Tag heilen und freisetzen – so, als wäre nie etwas geschehen.

Die geistliche Bedeutung unseres Verständnisses von den menschlichen Entwicklungsstufen

> „Aber zuerst kommt die Natur, dann der Geist, nicht umgekehrt." *(1 Kor 15,46)*

In den vielen Jahren unseres Dienstes haben wir ein bedeutendes Prinzip lernen dürfen: Es gibt eine direkte Beziehung zwischen der natürlichen menschlichen Entwicklung und seiner geistlichen. Die natürliche Entwicklung einer Person bestimmt im hohen Maß seine geistliche. Wir haben es immer wieder bestätigt gefunden: Wenn ein Mensch in seiner persönlichen Entwicklung Schwierigkeiten hat, bekommt er sie auch in seiner geistlichen Entfaltung. Die Bibel selbst gebraucht Ausdrücke, die zur natürlichen Entwicklung gehören, um von geistlichen Stufen zu sprechen. So sind wir „wieder geboren" (vgl. 1 Petr 1,23), „wachsen heran in unserer Rettung" (vgl. 1 Petr 2,2). Der Heilige Geist zeigt uns, dass der Vater uns zu unserem Besten erzieht, damit wir an seinem Wesen oder, wörtlich, „seiner Heiligkeit" Anteil haben (vgl. Hebr 12,10).

Jesus kam, um den ganzen Menschen zu erlösen. Zum ganzen Menschen aber gehören seit jeher Geist, Seele und Leib. Was einen Teil von uns betrifft, beeinflusst alle übrigen Bereiche in uns. Das offenbart uns nicht nur die Heilige Schrift, das bestätigen immer mehr die medizinischen und soziologischen Studien. Jesus kam, um den ganzen Menschen zu erlösen, den ganzen Menschen wieder herzustellen, den ganzen Menschen zu verändern. Dabei ereignet sich die Erlösung unseres Geistes in einem einzigen Augenblick, die der Seele und des Körpers dagegen nimmt teilweise viel Zeit und einiges an Anstrengung in Anspruch (vgl. Röm 12,2; Röm 8,11; Phil 2,12–13).

Aus diesem Grund ist es so wichtig, um die entwicklungsbedingten Bedürfnisse nicht nur zu wissen, sondern auch für sie vorzusorgen. Wenn wir den Kindern eine gute Grundlage in ihrer natürlichen Entwicklung geben, sorgen wir gleichzeitig auch für ein solides geistliches Fundament. Dann kann durch die Eltern und Erzieher Erlösung so etwas wie ein Erbe im Leben der Kinder werden.

Einige Prinzipien und Grundgedanken

Bevor wir nun im Folgenden unsere Reise durch die verschiedenen Entwicklungsstufen beginnen, die wir in diesem Buch besprechen werden, erscheint es uns wichtig, verschiedene Grundprinzipien der Erziehung anzusprechen.

Was hier behandelt wird, passt grundsätzlich zu allen Eltern, egal, auf welcher Entwicklungsstufe ihre Kinder stehen, mit denen sie es zu tun haben. Diese grundlegenden Erziehungsprinzipien sind Schlüssel zu einer gesunden Erziehung, die auf jeder der Entwicklungsstufen angewendet werden können.

1. Prinzip

Eltern, Vater wie Mutter, brauchen gesunde Einflüsse in ihrem Leben, namentlich in der Zeit, als sie selber durch die verschiedenen Stadien ihrer Entwicklung gingen.

Um als Eltern der Aufgabe gerecht zu werden, ihre Kinder angemessen zu erziehen, ist es für sie unumgänglich, selber eine gute, fördernde Erziehung genossen zu haben. Eltern können im Normalfall nur das weitergeben, was sie selbst bekommen haben. Umgedreht ist es nicht weniger wahr, dass Eltern nicht weitergeben können, was sie selbst nie erfahren haben. Was in das Leben eines Vaters oder einer Mutter gesät wurde, bringt einen ähnlichen Samen hervor, der dann wiederum in das Leben der Kinder gesät wird, sollten sie letztlich mit der Aufgabe gesegnet sein, Kinder aufziehen zu dürfen (vgl. zu säen und ernten Gen 8,22; Gal 6,7).

2. Prinzip

Dieses Prinzip baut auf dem vorhergehenden auf. Wenn ein Vater oder eine Mutter, egal, auf welcher Entwicklungsstufe, verletzt wurde oder eine ungute Erziehung von seinen bzw. ihren Eltern erhielt, so werden im Normalfall genau auf dieser Entwicklungsstufe die eigenen Kinder verletzt oder erzieherisch falsch behandelt. Das ist einer der Gründe, warum Eltern alles daransetzen sollten, innere Verletzungen aus ihrer Kindheit von Gott berühren zu lassen, wenn sie den Wunsch haben, ihre eigenen Kinder vor Ähnlichem zu bewahren.

3. Prinzip

Eltern werden ihre Kinder in ähnlicher Weise verletzen, wie sie selbst als Kinder verletzt worden sind. Es sei denn, die Verletzungen aus ihrer Entwicklungszeit wurden inzwischen geheilt. Das ist übrigens eine der Ursachen dafür, dass man oft ähnliche Problematiken vom Urgroßvater bis zum Ururenkel beobachten kann. Die Schwierigkeiten, ausgelöst durch Verletzungen, werden oft von Generation zu Generation weitergegeben.

4. Prinzip

Eltern haben nicht selten große Schwierigkeiten, angemessen und erzieherisch richtig zu reagieren, wenn ihre Kinder in das Alter kommen, in dem sie selbst verletzt worden sind. Wenn Eltern auf einer bestimmten Stufe ihrer Entwicklung verletzt wurden, haben sie in ihrem Inneren nichts, womit sie auf eine gesunde Art und Weise gegenüber ihren Kindern reagieren könnten, sobald diese das entsprechende Alter erreichen. Hier haben die meisten dann echte Schwierigkeiten, auf ihre Kinder in guter und richtiger Weise einzugehen.

5. Prinzip

Oft glauben Eltern, dass sie ihren Kindern mit allen Mitteln „Disziplin“ beibringen müssen. Doch wenn sie diese bestrafen, behindern oder ihnen alles verbieten, was für ein Kind auf der jeweiligen Altersstufe einfach normal und richtig ist, dann verletzen sie diese in ihrer körperlichen, gefühlsmäßigen und geistlichen Entwicklung.

6. Prinzip

Die erste Aufgabe für Eltern ist ganz offensichtlich, ihre Kinder zu ernähren und sie mit ihrer Sorge zu umgeben. Auf diese Weise können sie das bestmögliche Umfeld nicht nur für ihre Kinder, sondern auch für sich selbst schaffen. Das beinhaltet auch, dass jeder, Eltern wie Kinder, „ernährt“ und umsorgt wird. Darum ist es so wichtig, dass Eltern innere Heilung empfangen, wenn sie in ihrer Vergangenheit verletzt wurden.

7. Prinzip

Eltern haben eine hervorragende Gelegenheit, ihre eigenen Bedürfnisse und Erfahrungen noch einmal zu durchleben, während ihre eigenen Kinder durch die jeweilige Stufe ihrer Entwicklung gehen.

Wenn zum Beispiel Eltern ihr Kind in den ersten sechs Monaten erleben, können sie sich leicht vorstellen, wie sie selbst in diesem Stadium ihres Lebens von Nahrung und Zuwendung vollkommen abhängig waren. Eltern sollten bestimmte Dinge auf den jeweiligen Entwicklungsstufen durcharbeiten. Was dabei an die Oberfläche kommt, kann helfen, besser mit dem Stadium umzugehen, welches das eigene Kind gerade durchlebt.

Zusammenfassend kann nicht genug betont werden: Wenn Eltern Gott nicht erlauben, ihre seelischen Wunden aus der Kindheit zu heilen, werden sie ihre eigenen Kinder auf ähnliche Weise verletzen, und zwar genau auf der Altersstufe, auf der sie selbst verletzt wurden.

Sollten Sie als Leser davon angesprochen sein und Ihre eigenen Verletzungen angehen wollen, empfehlen wir Ihnen das Buch „Mut zur Reife“ (ebenfalls bei Gerth Medien), das Ihnen helfen kann, nicht nur die Verletzungen auf den verschiedenen Entwicklungsstufen zu identifizieren, sondern auch ganz konkret für die notwendige Heilung zu beten.

Literaturverweise Kapitel 1:

1 Open Bible: New King James Version (Thomas Nelson Publishers, Nashville, Camden, New York 1985), Anmerkung S. 644

2 Alfred Edersheim, „Sketches of Jewish Social Life“ (Hendrickson Publishers, Inc. Peabody, Massachusetts 1994), S. 99–100

KAPITEL 2

Das Kind im Mutterleib

„Du hast mich geschaffen mit Leib und Geist, mich zusammengefügt im Schoß meiner Mutter. Dafür danke ich dir, es erfüllt mich mit Ehrfurcht. An mir selber erkenne ich: Alle deine Taten sind Wunder! Ich war dir nicht verborgen, als ich im Dunkeln Gestalt annahm, tief unten im Mutterschoß der Erde. Du sahst mich schon fertig, als ich noch ungeformt war. Im Voraus hast du alles aufgeschrieben, jeder meiner Tage war schon vorgezeichnet, noch ehe der erste begann."
(Ps 139,13–16)

Wie könnten diese Aussagen aus dem Blickwinkel des Kindes aussehen? Wir wollen einmal bis zum Moment der Empfängnis zurückgehen und das ganze Geschehen durch die Augen des Kindes wiedergeben. Wie könnte der Anfang vom Anfang dann erlebt worden sein? Also lassen Sie uns die Reise mit den Augen eines Kindes beginnen.

Eine unglaubliche Reise

Am Anfang ... da hüpft ein kleines Ei aus dem Eierstock der Mutter und wird augenblicklich in einen langen Tunnel gespült, wo seine unglaubliche Reise beginnt. Während das kleine Ei gemütlich dahinschwimmt, dringen in einiger Entfernung Millionen von kleinen Schwimmern in den Tunnel ein und halten geradewegs auf das kleine Ei zu. Nur einer von ihnen ist ganz besonders mit einem regelrechten Turbo versehen und saust heran ... wrrhooommmm ... um einen ersten, tollen Eindruck auf das kleine Ei zu machen. Dann klopft der muntere Schwimmer an das kleine Ei: „Hallo, kleines Ei, lass mich bitte rein ... ich bin in dich verliebt!" Das kleine Ei ist sichtlich beeindruckt ... die Chemie scheint zwischen beiden zu stimmen ... und in einem elektrisierenden „Festakt" ... paaazzzaaaazzzz ... wurden die beiden eins.

In dieser Sekunde erwachte das Kind zum Leben: „Wow ... ich lebe! Wo bin ich!? Was für ein Gefühl! Echt cool, oben ... unten ... ringsum! Das ist vielleicht eine wilde Fahrt! Hey, hey ...! Was für ein Spaß! Jippieh!"

> Die erste Erfahrung, die ein Kind in seiner natürlichen Umgebung macht, ist die „Fahrt" hinunter durch den Eileiter – wie auf einer Wasserrutsche! „Wow!!! ... Uh, oh ... der Tunnel endet ja ... Hilfe, ich falle heraus ... ich kann nicht bremsen ... ich kann nicht bremsen ... oh ... oh ...oh ... nneeeiiinnn!!! Ich fliege ...!" Rumms! Wie ein Skispringer hebt es ab und durch den Schlauch landet es wie auf weichen Daunen mitten in der Gebärmutter seiner Mami. „Was für ein weicher, schmeichelnder Platz, geradeso wie ein Federbett ... aaahhh ... gääähhhn ... ich bin so müde. Ich denke, ich werde mich hier für eine Weile hinhauen. Seufz ... aaaahhh!" Während es sich tief in die Wand der Gebärmutter „einnestelt", knallt es ein wenig, als seine kleine Form durch das aufkeimende Leben platzt. „Pop ... was ist denn jetzt schon wieder los?! Pop ... pop ... ich werde größer und größer ... pop ... pop ... pop ... und größer ... pop ... pop ... pop ... boing ... boing ... was ist das denn? Bing ... bing ... bing ... und das? Was bedeutet das alles?"

Natürlich kann ein Kind unmittelbar nach der Empfängnis nichts sehen oder gedanklich verarbeiten. Diese fantasievolle Ausmalung der Empfängnis soll nur andeuten, was einige Forscher für realistisch halten, nämlich die Fähigkeit eines Kindes, bereits kurz nach der Empfängnis wach für die unterschiedlichsten Eindrücke zu sein. In nur wenigen kurzen Wochen nimmt seine noch etwas unförmige Daseinsweise Gestalt an und wird immer ausgeprägter ... die „Form" des Kindes kommt immer mehr hervor. Zellen und Versorgungssysteme werden in einer komplizierten Weise miteinander verwoben – alles nach Gottes einzigartigem Entwurf für das Muster dieses neuen Lebens – und alles in seiner vertrauten Gegenwart. Und selbst in diesen ersten Momenten seines Lebens hat das Kind im Mutterleib bestimmte Bedürfnisse, die seinem Entwicklungsstadium entsprechen.

Lasst uns nun unsere Aufmerksamkeit wieder der Entwicklung des Kindes im Mutterleib zuwenden, um ein erstes Verständnis von dem zu bekommen, was sich da ereignet ... und das wieder durch die Augen des Kindes selbst.

Die Entwicklungsstufe – beschrieben aus der Sicht des Kindes

Wow ... ich lebe. Hallo, Mami und Papi, wisst ihr eigentlich, dass ich da bin? Ich bin schon eine richtige Person – ich spüre alles, bekomme alles mit und bin schon in der Lage, Eindrücke zu empfangen. Das ist eine entscheidend wichtige Zeit in meiner Entwicklung, denn jetzt werden die Grundlagen für mein ganzes späteres Leben gelegt. Was jetzt hier in der Gebärmutter abgeht und was mit euch geschieht, betrifft mich auf ganz besondere Weise und hinterlässt unauslöschliche Spuren in meinem Wesen. Ich bin schon dabei, Einflüsse aufzunehmen, die für mein ganzes Leben von großer Bedeutung sind. So vieles ist jetzt für mich wichtig, z. B. das Gefühl, in Sicherheit und willkommen zu sein, mein Leben mit beiden Händen ergreifen zu dürfen, ja, das gute Empfinden, jemandem etwas zu bedeuten. Mehr als alles andere brauche ich jetzt eine starke Beziehung zu euch, Mami und Papi, damit ich all das empfangen kann, was ich zu einer festen, sicheren Grundlage für mein Leben dringend brauche. Und diese Verbindung zu euch ist der Austausch, den wir miteinander haben. Es ist für mich lebenswichtig, dass ihr mit mir redet, an mich denkt. Ich muss einfach immer wieder eure Vorfreude auf mich, eure Liebe erfahren. Und das geschieht jedes Mal, wenn ihr euch auf mich konzentriert, an mich mit Freude denkt, mit mir redet, etwas aus Sorge um mich tut oder unterlasst. So weiß ich, dass ich leben soll, angenommen bin und es wichtig ist, dass es mich gibt. Auf diese Weise erhalte ich mein Geburtsrecht und ein freundliches Willkommen auf dieser Erde. Danke euch, Mami und Papi.

Bedürfnisse des Kindes auf dieser Entwicklungsstufe

Eine Anzahl von Forschern ist überzeugt, dass das Kind im Mutterleib fähig ist, Gefühle wahrzunehmen, sich an etwas zu erinnern und sich bestimmter Dinge bewusst zu sein. Von Anfang an ist das Bewusstsein des Kindes in der Lage, Eindrücke in seinem Herzen zu empfangen, welche die Entwicklung seiner Persönlichkeit entscheidend beeinflussen. Obwohl das Kind im Mutterleib nicht im eigentlichen Sinn denken und sich erinnern kann, wie wir es tun, so ist es doch in der Lage, Eindrücke aufzunehmen, die auch als „Erinnerungsspuren“[1] bekannt sind.

Diese Eindrücke haben einen direkten Einfluss auf die Ausprägung der Persönlichkeit des Kindes. Wie kann man sich das vorstellen?

Der Anfang vom Anfang

Lange vor der Empfängnis des Kindes trägt es unser himmlischer Vater in seinem Herzen. Er kennt bereits jedes Kind, bevor es einen einzigen Tag gelebt hat. Der Psalm 139 bestätigt diese Tatsache in Vers 16:

> „Deine Augen sahen, wie ich entstand, in deinem Buch war schon alles verzeichnet, meine Tage waren schon gebildet, als noch keiner von ihnen da war.“ *(EÜ)*

Er weiß alles über jedes Kind. Noch wichtiger: Er kannte jedes Kind persönlich, er hat es in inniger Gemeinschaft geformt und jedes einzelne als absolutes Unikat „gewoben“. Auch wenn die Umstände, unter denen das Kind empfangen wurde, nicht dem Willen des Vaters entsprachen, das Leben des Kindes entspricht ihm allemal. Es ist der Vater, der jedes einzelne ins Leben ruft und für sich als Eigentum beansprucht, und das vom Mutterleib an. Kein Kind ist in den Augen des himmlischen Vaters eine „Überraschung“, ein „Fehltritt“ oder ein „Unfall“. In seiner Einstellung zu seinem Geschöpf ändert sich Gott nie. Er ist derselbe, gestern, heute und in alle Zukunft (vgl. Hebr 1,12; 13,8; Psalm 102,27; Jak 1,17).

Die Bibel ist in ihrer Auffassung, wie der Mensch ein lebendiges Wesen wird, eindeutig. Die natürlichen Eltern sind bei der Empfängnis „Mit-Schöpfer“ des Kindes, sie können aber selbst niemals einem Kind das Leben geben. Leben ist der Atem Gottes. Nur wenn der Vater seinen Atem des Lebens über ein Kind aushaucht und ihm Anteil an seinem Geist gibt, wird es lebendig.

> „Da formte Gott, der Herr, den Menschen aus Erde
> vom Ackerboden und blies in seine Nase den Lebensatem.
> So wurde der Mensch zu einem lebendigen Wesen.“
> *(Gen 2,7 EÜ)*

„Er lässt sich auch nicht von Menschen bedienen, als brauchte er etwas: er, der allen das Leben, den Atem und alles gibt.“ *(Apg 17,25 EÜ)*

„Der Spruch des Herrn, der den Himmel ausgespannt, die Erde gegründet und den Geist im Innern des Menschen geformt hat.“ *(Sach 12,1b)*

In den letzten Jahrzehnten wurden – dank einer immer fortgeschritteneren Medizintechnik – viele Geheimnisse um das Leben eines Kindes im Mutterleib gelüftet. Bevor es die Ultraschalluntersuchungen gab, wusste man nur wenig über die Entwicklung der kleinen Person. Jetzt aber können wir dank verbesserter Forschungsmethoden viel über das Kind im Mutterleib in Erfahrung bringen. Einige Forscher, wie gesagt, kommen durch ihre Arbeit zu dem Schluss, dass ein Kind bereits unmittelbar nach der Empfängnis ein Bewusstsein entwickelt, dass es lebt.[2]

Diese Tatsache entdeckte man durch eine Studie über körperlich gesunde Frauen, die während ihrer Schwangerschaft gesunde Babys durch Fehlgeburten verloren.

Dieses Phänomen hat die medizinische Wissenschaft vor ein Rätsel gestellt, bis man auf die Tatsache aufmerksam wurde, welche Wirkung verborgene Gedanken und Gefühle der Mutter auf das Kind haben können: der Einfluss des Unbewussten auf das Kind im Mutterleib. Mittlerweile weiß man, dass nicht nur die bewussten Gedanken und Gefühle der Mutter den größten Einfluss auf das Kind haben können, sondern eben auch all das, was im Unterbewusstsein der Mutter abgeht. In der Studie wurde deutlich, dass sich im Leben dieser Frauen verborgene Ängste, Stress und anderes finden ließen. Natürlich ahnten sie nichts davon, dass ihr Kind dies alles sehr wohl mitbekommen würde. Fragt sich, was erstaunlicher ist: die Fähigkeit des Kindes, selbst unbewusste Gedanken und Gefühle wahrzunehmen, oder die offensichtliche Selbstbestimmung, die das Kind entsprechend dieser Gedanken und Gefühle handeln lässt, indem es „aus dem Leben geht“.

Was oft in der Wissenschaft geschieht, haben wir auch hier: Die Antwort auf eine Frage bringt eine Menge neuer Fragen hervor. Ist es möglich, dass in einem Kind bereits vor der Geburt eine angeborene Persönlichkeit erkennbar ist? Das könnte erklären, warum einige Babys sich dafür entscheiden, aus „dem Leben zu gehen", andere um ihr Leben kämpfen, wie in den Fällen, in denen Babys einen Abtreibungsversuch überlebten.

Diejenigen unter uns, die Kinder haben oder mit Kindern aus einer Familie zu tun haben, können immer wieder feststellen, dass jedes einzelne Kind eine ausgeprägte Persönlichkeit ist und hat. Es ist unglaublich, wie Kinder aus derselben Familie Dinge unterschiedlich wahrnehmen, vor allem wie sie unterschiedlich reagieren. Während das eine aus einer starken, kaum zu beeindruckenden Persönlichkeit heraus handelt, ist das andere sehr sensibel und offen für Einflüsse von außen. Doch beide kommen aus der gleichen Familie. Einige Kinder werden bestenfalls durch ein „Donnerwetter" korrigiert, andere empfinden schon echten seelischen Schmerz bis hin zu Tränen, wenn sie das Gefühl haben, ihre Eltern, ihre Lehrer oder sonst jemand seien irgendwie von ihnen enttäuscht. Wenn nun die Persönlichkeit eines Kindes bereits in seinem vorgeburtlichen Leben ausgeprägt ist und wird, kann dies verantwortlich für die unterschiedlichen Reaktionsweisen sein.

Die wissenschaftliche Forschung hat einige erstaunliche Tatsachen über das Leben eines Kindes im Mutterleib ans Tageslicht gebracht. Das noch nicht geborene Kind fühlt, erinnert sich und lebt bewusst.[3]

Im Mutterleib wird bereits das Fundament des späteren Lebens gelegt. Dort wird bereits die Persönlichkeit des Kindes ausgeprägt, seine Antriebe und sein Bestreben, positiv wie negativ, werden hier bereits geformt. Es besteht eine natürliche Symbiose zwischen Mutter und Kind. In dieser haben die Gedanken und Gefühle der Mutter einen starken, direkten Einfluss auf das Kind. Doch bevor die eine oder andere Mutter anfängt, sich schuldig zu fühlen oder gar selbst zu verurteilen, ist es von großer Wichtigkeit, den Einfluss zu verstehen, den der Vater auf das noch ungeborene Kind hat. Denn eines ist klar: Die Gedanken und Gefühle des Vaters gegenüber seiner Frau und dem zu erwartenden Kind beeinflussen auf direkteste Weise die Gedanken und Gefühle der Mutter. Gerade während der Schwangerschaft ist das Verhalten des Vaters von großer Bedeutung. Erst in den letzten Jahren hat sich ein besseres Verständnis von der Rolle des Vaters gegenüber dem Kind im Mutterleib entwickelt. Gerade in dieser Phase ist es der Vater, der dem Kind das Gefühl der eigenen Identität, Sicherheit und Bedeutung gibt. Weiter unten werden wir noch sehen können, wie das im wirklichen Leben aussieht.

Die Eindrücke, welche das Kind im Mutterleib empfängt, verstärken oder schwächen die Entwicklung seiner Persönlichkeit. Dabei gibt es über sein Leben und die eigene Person Einstellungen, die sich das Kind buchstäblich einverleibt und die für sein Leben von grundlegender Bedeutung sind: Ich bin da, um zu leben ⇔ ich soll nicht leben; es ist wichtig, dass es mich gibt ⇔ ich bin für niemanden wichtig; ich bin willkommen ⇔ ich werde abgelehnt. Was immer im Leben eines Kindes vor der Geburt grundgelegt wurde, beeinflusst das Leben des Kindes sogar bis ins Erwachsenenalter hinein.

Verbindung Kind-Eltern

Die wichtigste Beziehung für das Kind im Mutterleib ist die Verbindung mit seiner Mama und seinem Papa. Dabei ist die mütterliche Verbindung naturgemäß die intensivste, weil die Mutter in Symbiose mit ihrem Kind lebt – sie sind in gewissem Sinn eins. Die Mutter hat nun mal den direktesten Einfluss auf das Leben des Kindes und steht dementsprechend in einer Vorrangstellung ihm gegenüber. Durch diese Verbindung zwischen Mutter und Kind ist ein lebenswichtiger Austausch gewährleistet. Letztlich besteht diese Verbindung nicht nur auf körperlicher Ebene, sondern auch in Bezug auf das Verhalten, auf das Mitfühlen und den geistlichen Einfluss.[4]

Dr. Thomas Verny, ein Psychiater, der auf dem Gebiet der Erforschung des ungeborenen Kindes Pionierarbeit geleistet hat, machte folgende Beobachtung:

„... eine wirkliche Verbindung vom Kind im Mutterleib zu seiner Mutter entsteht nicht automatisch: Liebe zum Kind und Verstehen der eigenen Gefühle über das Leben und die eigene Person sind notwendig, um diese Verbindung herzustellen."[5]

Durch die *körperliche Verbindung* halten Mutter und Kind füreinander das Leben aufrecht. Dieses gegenseitige Geben und Nehmen nennt man Symbiose. Durch eine entsprechende Ernährung und eine gute vorgeburtliche Vorbereitung sorgt die Mutter für alles, was das Kind für ein gesundes Heranwachsen in seiner körperlichen Entwicklung braucht.

Durch die *verhaltensabhängige Bindung* ist das Baby in der Lage, sich durch seinen Herzschlag und seine Bewegungen mitzuteilen. Das Baby tritt zum Beispiel als Reaktion auf Furcht, Lärm oder weil es einen anderen Grund zur Sorge hat. Die Bewegungen des Kindes signalisieren ein Bedürfnis. Sobald die Mutter darauf reagiert, beruhigt sich das Kind wieder.

> „Während des letzten Drittels der Schwangerschaft bemerken Mütter immer wieder, dass ihre Kinder treten oder schaukeln, weil sie auf Musik oder laute Geräusche reagieren. Der Ton von Gesprochenem kann weniger temperamentvolle Reaktionen hervorrufen, aber es ist nahezu fraglos, dass das Kind im Mutterleib diese Worte hört. Forscher am Columbian Presbyterian Medical Center haben herausgefunden, dass sich die Pulsfrequenz eines Fötus voraussagbar verlangsamt, wenn die Mutter zum Beispiel den einfachen Satz sagte: ‚Hallo, mein Baby!'"[6]

Geräusche können unmittelbar auf das Kind einwirken, ganz besonders im letzten Drittel der Schwangerschaft. Die Bibel bestätigt diese Tatsache in einer uns sehr vertrauten Textpassage:

> „Als Elisabet ihren Gruß hörte, bewegte sich das Kind in ihrem Leib. Da wurde sie vom Geist Gottes erfüllt und rief: ‚Gott hat dich unter allen Frauen ausgezeichnet, dich und dein Kind! ... In dem Augenblick, als ich deinen Gruß hörte, bewegte sich das Kind vor Freude in meinem Leib.'"
>
> *(Lk 1,41.42.44)*

Die Verbindung auf Grund des Mitfühlens ist ein wenig schwieriger nachzuweisen. Es geht um die Mitteilung, die durch Gedanken und Gefühle geschieht. Diese mehr intuitive Form der Mitteilung wurde bekannt, weil sie sich in Träumen, Erwartungen der jeweiligen Kultur, Gefühlen oder komplizierteren Empfindungen wie ein inneres Gespaltensein äußert.[7]

Obwohl die Wissenschaft eine geistliche Verbindung nicht zu ihrem Forschungsbereich zählt, so ist diese doch eine bedeutende Dimension in der „Ernährung" des Geistes eines Kindes im Mutterleib. Durch eine geistliche Verbindung sind Eltern in der Lage, dem Geist des Kindes mitzuteilen, was Gott in ihr Leben hineingesprochen hat. Die Schriftstellen, prophetische Worte und Lebensentwürfe, die Gott für das Leben dieses Kindes vorgesehen hat, können über dem Kind im Mutterleib gebetet und ihm zugesprochen werden. Während das geschieht, ernähren die Eltern den Geist ihres Kindes, das sich noch im Mutterleib befindet, und bereiten es dafür vor, Gottes Plan und Absichten für sein Leben anzunehmen. Was immer sie nähren, sie stärken es dadurch. Daher ist das „Füttern" des Geistes, der Seele des Körpers eines noch ungeborenen Kindes für jeden Bereich von gleich hoher Bedeutung. Es legt das feste Fundament für das spätere Leben des Kindes.

Die Verantwortung der Eltern

In diesem frühesten Stadium der Entwicklung werden ganz entscheidende Eindrücke für das Leben des Kindes vermittelt: Ich bin da, damit es mich gibt ... ich sollte eigentlich gar nicht existieren ... ich bedeute für jemanden etwas ... ich bedeute jemandem fast nichts ... ich bin willkommen ... ich werde abgelehnt. Was das Kind im Mutterleib erfährt, prägt das Leben eines Kindes bis in sein Erwachsenendasein. Wenn ein Kind im Mutterleib nicht das erhält, was Gott für sein gesundes Heranwachsen vorgesehen hat, wird es in seiner späteren Entwicklung behindert und trägt seinen Mangel hinein in das Leben als Erwachsener.

Vom Augenblick der Empfängnis an entwickelt das Kind im Mutterleib Geist, Seele und Leib.

Das Kind ist zwar mit einer angeborenen Persönlichkeit und einer Bestimmung für die Ewigkeit ausgestattet, doch wird seine Person durch den Prozess der Entwicklung entweder positiv verstärkt oder geschwächt. Diese Phase der Entwicklung legt also nicht nur das Fundament für das ganze Leben des Kindes, sondern ist auch entscheidend für alle weiteren Entwicklungen. Kein anderes Stadium im Leben eines Menschen hat einen solchen dramatischen Einfluss auf sein gesamtes Leben wie dieses. Das Kind begegnet im Mutterleib einer Wirklichkeit, die unmittelbar seine Existenz betrifft: Ob angenommen oder abgelehnt, ob es leben oder besser nicht auf die Welt kommen soll, ob es sich sicher fühlen darf oder nicht, das alles bestimmt in entscheidendem Ausmaß sein Leben. Ein schwaches oder sogar fehlerhaftes Fundament bestimmt auch alle weiteren Entwicklungsstufen. Wo ein gutes Fundament fehlt, gibt es keine solide Plattform, auf der sich etwas aufbauen ließe. Es ist also einleuchtend, dass alles, was zu Beginn eines Menschenlebens geschieht, in einer gewissen Hinsicht tatsächlich bestimmt, was auf den späteren Entwicklungsstufen und im Erwachsenenalter geschieht.

Wir sehen also, dass selbst vom ersten Moment seiner Existenz das Kind im Mutterleib bereits – seiner Entwicklung entsprechend – echte Bedürfnisse hat. Das Wort Gottes ermahnt uns als Eltern sehr deutlich, dass wir unsere Kinder erziehen und für sie sorgen sollen, und zwar auf jeder Stufe ihrer Entwicklung. Die Art und Weise, wie wir als Eltern gegenüber den Bedürfnissen des Kindes im Mutterleib unsere Verantwortung wahrnehmen, hat einen Einfluss darauf, ob seine Persönlichkeit gefördert oder behindert wird. Das heißt natürlich nicht, dass jedes flüchtige negative Gefühl oder jeder traurige Gedanke die Entwicklung des Kindes unmittelbar schwer schädigt. Kinder sind sehr stabil und können den einen oder anderen negativen Eindruck abwehren. Wenn jedoch während der Schwangerschaft negative Gedanken und Gefühle über einen längeren Zeitraum hinweg anhalten, wird das für ein Kind nicht ohne Folgen bleiben.

Wie wir bereits erwähnten, haben die Gedanken und Gefühle einer Mutter den direktesten Zugang zum Kind. Dagegen haben die Gedanken und Gefühle des Vaters den direktesten Zugang zu den Gedanken und Gefühlen der Mutter. Darum ist während der Schwangerschaft der Vater eminent wichtig für das Wohlergehen von Mutter und dem noch nicht geborenen Kind. Wie wesentlich die innere Anteilnahme des Vaters ist, zeigt sich daran, dass eine Schwangerschaft – selbst bei gesunder Mutter und gesundem Kind – als „gefährdet" gilt, wenn der Vater beide verlassen hat.

Für das Kind im Mutterleib ist es lebensnotwendig, dass es sich die Sicherheit über sein Dasein und sein Sosein buchstäblich einverleiben kann. Es muss wissen, dass es geliebt und angenommen ist. Wir wollen uns nun das Verhalten von Eltern ansehen, die für eine gesunde Beziehung und ein starkes Fundament im Leben ihres Kindes sorgen.

Die Verantwortung der Eltern – Gesundheit

Es hat nie eine aufregendere Zeit gegeben, Kinder zu empfangen und großzuziehen, als die unsrige. Mit dem wachsenden Verständnis, das wir letztlich Gott und den Erkenntnissen in unserer Generation verdanken, sind wir in der glücklichen Lage, besser als je zuvor für unsere Kleinen zu sorgen und ihnen zu geben, was sie wirklich brauchen.

Da wir als Eltern besser denn je die Möglichkeit haben, die Bedürfnisse eines Kindes zu verstehen und auf sie zu reagieren, ist es uns leichter, ihren Geist, ihre Seele und ihren Körper zu ernähren. Wir wollen uns nun näher anschauen, wie diese Erkenntnis in der Praxis umgesetzt werden kann.

Den Geist des Kindes „ernähren"

Wie wir bereits erwähnt haben, ist eine Form der Bindung zwischen Mutter und Kind in der Zeit der Schwangerschaft geistlicher Natur. Es gibt nun besondere Wege, wie wir unser Kind fördern können, indem wir seinen Geist stärken. Einer davon ist vor allem das Gebet für das Kind im Mutterleib, während es sich entwickelt und heranwächst. Hier möchten wir vor allem das Buch „Ein Kind entsteht" von Lennart Nilsson (Goldmann 2003) empfehlen, das uns einen optischen Eindruck vermitteln kann von der Entwicklung eines Kindes im Mutterleib zwischen Empfängnis und Geburt. Durch die ausgezeichneten Fotos vom Kind im Uterus können wir mit mehr Verständnis und viel präziser für das beten, was sich in jedem Monat im Leben des Kindes als notwendig erweist. Eine andere Quelle für ein gezieltes Beten für das Kind im Mutterleib ist das Buch von Francis & Judith MacNutt „Beten für das ungeborene Kind" (Ernst Franz 1999). Dieses Buch sieht für jeden Abschnitt der Schwangerschaft Schriftstellen vor, anhand derer die Eltern für ihr Kleines beten können.

Ein anderer Weg, den Geist des Kindes zu nähren, ist das Gebet, welches besondere Schriftstellen und prophetische Worte gebraucht, die uns Gott ganz persönlich für dieses Kind gegeben hat. Das ist eine wirkungsvolle Möglichkeit, Gottes Plan und Auftrag für das Leben dieses Kindes zu festigen und seine Berufung vom Mutterleib an in den Grundlagen seines Lebens zu verankern.

Auch das seelsorgerliche Gebet für das Kind im Mutterleib muss hier als wichtiger Beitrag zu seiner geistlichen Förderung erwähnt werden. Das geistliche Erbe einer Familie wird mit der Empfängnis auf ein Kind übertragen. Darum muss durch Gebet alles von ihm getrennt werden, was durch Fluch, Bindungen oder einer von Generation zu Generation weitergegebenen Sünde auf ihm lasten könnte. Dieses Gebet, das ein Kind von allen negativen Einflüssen früherer Generationen freisetzt, kann ihm zu einem bestmöglichen Start ins Leben verhelfen.

Die Seele des Kindes „ernähren"

Wir gehen auf die emotionalen Bedürfnisse unseres Kindes ein, wenn wir seine Seele „ernähren" und ihm unsere bedingungslose Liebe und Annahme vermitteln. Diese gefühlsmäßige Verbindung ist hergestellt, wenn wir auf die Bewegungen des Kindes reagieren und als Mutter oder Vater mit ihm sprechen. Indem wir bereits in diesem Stadium auf unser Kind eingehen und ihm zu verstehen geben, dass wir uns über seine Existenz freuen, bekommt das Kind Nahrung für seine Seele und erlebt sich emotional umsorgt. Dieses „Du bist willkommen auf dieser Erde!" setzt im Kind eine Art Recht frei, geboren zu werden. Dieses „Geburtsrecht" vermittelt dem Kind: Du sollst leben ... du hast einen Platz in dieser Welt und du gehörst zu uns.

Aber es gibt noch einen anderen Weg, das Kind in seiner Seele zu fördern, indem man es vor unguten emotionalen Einflüssen schützt oder es wenigstens dann mit einem schützenden Gebet umgibt, wenn ungewollt äußere Umstände das Kind verletzt haben.

Kara

Kara war im sechsten Monat schwanger. Bei einem Untersuchungstermin wurde ihr durch den Arzt mitgeteilt, dass die Tests in Bezug auf ihr Kind alles andere als ermutigend seien. Es gäbe offensichtlich Anzeichen, dass ihr Kind schwer behindert sei, sodass ihr der Arzt riet, die Schwangerschaft abbrechen zu lassen. Obwohl sie nach außen hin gefasst schien, wurde sie doch durch diesen Schock zutiefst erschüttert. Sie verließ die Praxis wie innerlich tot und wollte nur noch mit ihrem Mann über das sprechen, was der Arzt ihr eben gesagt hatte. Dabei kam ihr der Gedanke an eine Abtreibung in den Sinn und sofort reagierte das Kind in ihrem Leib auf das heftigste. Als sie dann am selben Abend mit ihrem Mann über die verschiedenen Möglichkeiten sprach, reagierte das Kind wieder mit regelrechten Turnübungen. In dieser Nacht konnte Kara nicht schlafen. Eine überaus schwere Entscheidung musste getroffen werden. Dann aber sprach sie plötzlich in der Stille der Nacht zu ihrem Kind: „Was möchtest du denn?" Und augenblicklich „fuhr" das Kind hoch und trat mit aller Kraft gegen die Bauchwand. „Jetzt versteh ich, du möchtest leben, stimmt's?"

Und diesmal schien das Kind im Mutterleib zu tanzen. Die Entscheidung war gefallen und Kara hatte tief in ihrem Herzen Frieden.

Manchmal irren sich Ärzte aufgrund von falschen Testergebnissen. In diesem Fall war es so: Das Kind wurde geboren und war vollkommen gesund. Doch manchmal ist das nicht der Fall, wie in der folgenden Geschichte.

Die Ärzte beobachteten die Zwillinge im Mutterleib. Einer der Zwillinge zeigte das typische Verhalten eines Kindes mit einem Down-Syndrom (mongoloid), aber es zeigte keine der charakteristischen, physiologischen Merkmale. Es blieb ein Rätsel, bis die beiden geboren waren und sich nun herausstellte, dass das andere ein Down-Kind war. Das gesunde Kind, Steffen, hatte seine Schwester und ihre Schwierigkeiten wie in einem Spiegel wiedergegeben und so nach außen mitgeteilt. Das hörte auch nach der Geburt nicht auf. Wenn er gefüttert war und hingelegt wurde, schrie er so lange aus vollem Hals, bis die Mutter das Schwesterchen Maddie hochgenommen hatte, um es ebenfalls zu stillen. In dem Moment war er ruhig und schlief auch sofort ein. Die Eltern setzten sich sehr für Maddie ein und sorgten für jede Therapie, die sie brauchen könnte. Wir alle baten Gott, sie gesund werden zu lassen. Heute, nach zwei Jahren, gehört sie entwicklungsmäßig schon nicht mehr zur Kategorie behinderter Kinder. Sie wächst mittlerweile völlig normal heran. Der Herr ist dabei, sie vollkommen zu heilen.

Auch wenn aus natürlicher Sicht das Ergebnis alles andere als gut ist: Das bedeutet noch nicht das Ende von allem. Gott hat immer das letzte Wort, sobald wir uns an ihn wenden, ihn bitten und an ein Wunder glauben. Zu dem Kind im Mutterleib zu sprechen bestätigt ihm, dass es in seinem Dasein und Sosein vollkommen angenommen ist. Positive Gedanken und Gefühle gegenüber dem Kind geben ihm die „Erlaubnis“, das zu sein, wozu Gott es in diese Welt gesetzt hat.

Noch einmal zusammengefasst: Ein Ehepaar wünscht sich ein Kind. Beide sind auf eine mögliche Schwangerschaft vorbereitet. Nach einiger Zeit empfängt die Mutter und der Schwangerschaftstest wie auch der Arzt bestätigen: Sie ist schwanger. Die

Mutter ist glücklich, der Vater ist glücklich und das Kind hat in einer Atmosphäre der Liebe und Annahme das Ja zu seinem Leben empfangen. Durch alle neun Monate hindurch bekommt es nun alles, was es zu seinem Wachstum braucht; es entwickelt sich und blüht förmlich auf. Auch wenn es die Worte seiner Eltern verstandesmäßig nicht versteht, so ist es doch in der Lage, Eindrücke durch den Ton und die Grundstimmung der Mitteilung aufzunehmen. Auch wird das Kind innerlich berührt durch die Gefühle und Gedanken, die in der Mutter aufsteigen. Wenn der größere Teil der Einflüsse positiv ist, dann verleibt sich das Kind die wesentlichen Grundlagen seines Lebens ein: Sicherheit, Angenommensein und die Tatsache, jemandem etwas zu bedeuten. Ein Kind, das diese sichere Grundlage der Liebe und des Angenommenseins in seinem Leben vermittelt bekam, kommt auf die Welt mit einem „Hallo, hier bin ich!" in seinem Herzen. Mit diesem Hintergrund geht es auch mit einer großen Sicherheit auf die kommenden Stufen seiner Entwicklung zu. Es erwartet einfach, dass es von anderen angenommen und geliebt wird, und entwickelt so kraft der Tatsache, dass es ein „Recht auf die Geburt" hatte, persönliche Stärke, eine Freude am Leben und die Gewissheit, hierher zu gehören.

Den Leib des Kindes ernähren

Um für die körperlichen Bedürfnisse des Kindes gerüstet zu sein, sorgt die Mutter für eine gute vorgeburtliche Vorsorge, entsprechende Ernährung und ausreichend Ruhe. Es ist notwendig, dass beide Eltern körperlich fit und gesund sind, um einen möglichst hohen positiven Einfluss auf die Gesundheit und die Entwicklung des Kindes nehmen zu können.

Warum auch der Vater eine nicht unwichtige Rolle bei der Ernährung des Kindes spielt? Wir möchten es mit einem Augenzwinkern erklären: Eine nicht unwichtige Verantwortung während dieser Zeit liegt allein darin, dass er mehr noch als sonst für die Familie zu sorgen hat. Schwangere Frauen können nämlich manchmal ein etwas seltsames Verhalten an den Tag legen. Sie haben plötzlich ein unglaublich starkes Verlangen nach ausgefallenen oder exotischen Essenskombinationen, meistens mitten in der Nacht, wenn es bitterkalt ist, ein Schneesturm wütet oder ein Platzregen niedergeht. Dreimal dürfen Sie raten, wer auserwählt ist, hinauszugehen und das Ersehnte zu holen! (Das ist der eigentliche Grund, warum Männer während der Schwangerschaft ihrer Frau einfach fit sein müssen ...) Der Mann, mittlerweile weise geworden, weiß, was er zu tun hat. Wenn er noch irgendwie zu etwas Schlaf kommen will, geht er los, um seiner Frau das zu bringen, was sie sich ersehnt. So kämpft er sich hinaus in die kalte Nacht und den brutalen Sturm, um für seine Familie zu sorgen. In Europa ist das noch einmal schwieriger, denn da sind die Läden nicht 24 Stunden geöffnet. In solchen Fällen ist es lebensnotwendig, gute Freunde zu haben, bei denen man den ersehnten Mitternachtsimbiss eventuell bekommen kann – siehe Parallele dazu in Lk 11,8ff.

Exkurs: Gesundheit der Erbmasse und Gesundheit des Kindes

In den letzten Jahren sind verschiedene Studien veröffentlicht worden, die uns einstimmig vor dem Einfluss eines ungesunden Lebensstils auf die Erbmasse warnen. So kann zum Beispiel Drogenkonsum noch vor der Empfängnis sowohl das Ei als auch die Spermien schädigen, erst recht wird das Kind während der Schwangerschaft durch jede Art von Suchtmitteln, Drogen, Tabletten, Nikotin und vor allem Alkohol geschädigt. Ein ungesunder Lebensstil, vor allem der Mutter, hat oft schwerwiegende Folgen für das Kind im Mutterleib.[8, 9]

Ungesunde elterliche Reaktionen

Manchmal wird ein Kind in einer Zeit empfangen, die alles andere als gut für es ist. Vielleicht ist die Mutter überhaupt noch nicht in der Lage, so kurz nach dem letzten Kind schon jetzt ein weiteres Baby zu haben oder die Eltern werden von finanziellen Sorgen förmlich erdrückt. Wie häufig geschieht es, dass die Mutter seelisch verletzt ist oder andere schwere Probleme mit sich herumschleppt. Es gibt unzählige solcher Gründe ... auf jeden Fall wird so ein Kind immer zur „Unzeit“ empfangen. Das erzeugt eine völlig andere Atmosphäre für das Kleine ... Unsicherheit, Angst und Stress bestimmen das vorherrschende Klima. Und das Kind bezieht sämtliche unangenehmen Lebensumstände auf: Weil ich da bin, empfindet Mami so, denkt sie so.

Wenn dieser Zustand über einen längeren Zeitraum andauert, wird das Kind ein Bewusstsein entwickeln, dass es sich bei allem als „Eindringling" empfindet, dass es stört, nur weil es lebt. Die Unsicherheit der Mutter, ihre Ängste und Sorgen übertragen sich auf das Kind, das nun selbst in seiner Existenz voller Unsicherheit ist. „Wenn Mami sich nicht sicher ist, ob sie mich haben will ... dann bin ich mir erst recht nicht sicher, ob ich überhaupt hier sein soll."

Ein solches Kind geht sehr zögerlich auf seine Geburt zu. Häufig sind gerade das die Babys, die fast nie schreien und von denen alle denken: Ach, ist das aber ein liebes Kind. In Wirklichkeit ist es nur völlig verunsichert, hat instinktiv Angst, die Mami oder den Papi durch sein Geschrei um etwas zu bitten und ihnen zur Last zu fallen. Solche Kleinen schlafen oft sehr viel und müssen auch noch zum Stillen geweckt werden. Diese Unsicherheit über die eigene Existenz und die Unfähigkeit, um das zu bitten, was sie benötigen, verfolgen solche Kinder über alle Entwicklungsstufen hinweg bis ins Erwachsenenalter. Es sei denn, sie erfahren an diesem Punkt Heilung.

Ein solches Kind wird sich immer für den Stress seiner Eltern verantwortlich fühlen, sich für alles entschuldigen oder alles so perfekt wie möglich machen, um sich sozusagen das Recht für seine Existenz zu verdienen.

Gibt es dagegen schwere Ängste und Verletzungen zwischen den Eltern, dann will das Kind erst gar nicht auf die Welt kommen. Manchmal wird es sich in Steißlage drehen, um zu verhindern, dass es geboren wird. Natürlich ist das nicht immer der Grund, es gibt auch ausreichend körperliche Ursachen, die eine Steißlage begünstigen. Darum sollten Sie sich immer mit Ihrem Arzt beraten – und mit Gott reden. Immer, wenn ein Kind sich nicht mehr aus der Steißlage herausdrehen lässt, ist ein Kaiserschnitt angesagt oder eine Geburt mit anderen technischen Hilfsmitteln. In solchen Fällen wird das Kind gezwungen, auf die Welt zu kommen, obwohl es vielleicht noch gar nicht dazu bereit ist. In vielen Fällen ist so etwas schlicht unvermeidbar, vor allem, wenn der errechnete Geburtstermin längst verstrichen ist.

In einem solchen Fall das Kind noch länger im Mutterleib zu lassen würde die Gefahr schwerer Schädigungen, wenn nicht gar den Tod des Kindes heraufbeschworen. Sollte nun ein Kind chirurgisch „geholt" oder seine Geburt durch ein Wehenmedikament eingeleitet worden sein, bevor es dazu bereit war, tendiert es im späteren Leben nicht selten zu Starrköpfigkeit und Widerstreben, sobald es gedrängt wird, etwas zu tun, für das es noch nicht bereit ist.

Nils

Was Nils immer wieder im Mutterleib zu hören bekam, waren lautstarke Auseinandersetzungen zwischen seiner Mutter und seinem Vater. Mehr und mehr verfestigte sich in ihm der Eindruck, dass es für ihn unerträglich sein würde, mitten in dieses Chaos zu treten. Zweimal hatte der Arzt alles untersucht und nicht die geringsten körperlichen Probleme entdeckt, doch immer, wenn er Nils in die richtige Position für die Geburt bringen wollte, drehte sich dieser sofort wieder um in die Steißlage. Er nahm seinen Standpunkt ein: Ich habe keine Lust, auf diese Welt zu kommen. Als die Mutter bei einem Seminar über solche Reaktionen eines Kindes die Augen geöffnet bekam, wusste sie, was das eigentliche Problem war. Am selben Abend noch betete sie mit ihrem Mann und beide baten Gott für all die Streitereien der letzten Zeit um Vergebung. Denn sie waren es, die in dem Kind diesen Widerstand aufgebaut hatten, auf die Welt zu kommen. Dann baten sie auch Nils um Vergebung und beteten, dass Gott ihn heilen und von seinen Ängsten befreien möge.

Wenige Tage später bewegte sich Nils von alleine in die richtige Geburtsposition und wurde innerhalb einer Woche geboren.

Heilendes Gebet

Wir werden als Eltern niemals vollkommen sein, darum ist es ein großer Segen zu wissen, dass wir für unsere Kinder beten können und sie von Gott so geheilt und wieder hergestellt werden, als sei nie etwas geschehen. Unsere Verantwortung dabei ist es, gerne Gott darum zu bitten und so zu beten, wie er uns führt. Im letzten Kapitel geht es um die Frage, wie wir für unsere Kinder beten können, um sie freizusetzen. Die Geschichte des Jairus, der zu Jesus kam, ist hier unser biblisches Vorbild.

> „Während er noch am See war, kam ein Synagogenvorsteher namens Jairus zu ihm. Als er Jesus sah, fiel er ihm zu Füßen und flehte ihn um Hilfe an; er sagte: ‚Meine Tochter liegt im

Sterben. Komm und leg ihr die Hände auf, damit sie wieder gesund wird und am Leben bleibt.' Da ging Jesus mit ihm."

(Mk 5,22–24)

Manchmal bekommen wir das Negative, das wir unserem Kind zugemutet haben, erst wirklich mit, wenn es geboren ist.

> *Katrin*
>
> Es sah so aus, als würde Katrin als Neugeborenes nur noch weinen. Ihr dauerndes Babygeschrei erschöpfte ihre Mutter mehr und mehr. Es gab nichts, womit man das Kleine hätte beruhigen können. Als die Mutter völlig am Ende war, redete sie mit Gott und er zeigte ihr, dass dieses Problem durch den Stress entstanden war, den das Kind durch den ständigen Streit zwischen den Eheleuten erlitten hatte. Während der ganzen Schwangerschaft gab es solche Auseinandersetzungen, dass Silvia, die Mutter, häufig weinen musste. Und jetzt, wenn sie sich über irgendetwas aufregte, schrie Katrin, bis ihre Mami sie hochnahm. Katrin weinte nicht für sich selbst, sondern für ihre Mutter. Sobald ihre Mami sie hochnahm und sie nahe bei ihr war, um sie zu trösten, hörte sie auf zu weinen. Das war offensichtlich eine schwere Last für das Kind, denn es war auf eine verkehrte Weise mit ihrer Mutter verbunden: Katrin hatte den Eindruck, dass die Mami ihren Beistand brauchte. Damit war das Kind hoffnungslos überfordert. Als Silvia dies klar wurde, sprach sie mit Gott darüber und bat ihn, Katrin von ihrem Gefühl, für die Mami verantwortlich zu sein, zu befreien. Von diesem Moment an schlief Katrin ruhig und das Problem war verschwunden.

In diesem Kapitel haben wir bereits von Müttern gesprochen, die immer wieder Fehlgeburten hatten, obwohl sie gesunde Babys trugen. In unserem Dienst haben wir mit Frauen in solchen Situationen gebetet und schon bald stellte sich heraus, dass dieses unerklärliche Verhängnis seine Wurzeln entweder in einem Fluch hatte, der über der Familie ausgesprochen war, oder einer schweren seelischen Verletzung bei der eigenen Schwangerschaft oder auch von Sünden herrührte, die von Generation zu Generation verübt wurden. Im letzten Kapitel werden wir, wie schon angekündigt, aufzeigen, wie man im Gebet mit diesen Einflüssen umgehen kann und wie dadurch auch die eigenen Kinder freigesetzt werden können.

Zusammenfassende Schlussfolgerung

Aufgaben, die während der Schwangerschaft zu bewältigen sind:
- ➲ Eine Verbindung Mutter-Kind für den Geist, die Seele und den Leib aufrechterhalten
- ➲ Ein „Geburtsrecht“ vermitteln und empfangen
- ➲ Das Gefühl des Angenommenseins im Kind verankern
- ➲ Die Gewissheit, in seiner Existenz und Identität sicher sein zu können, verankern
- ➲ Das Leben bejahen

Normale Verhaltensmuster auf dieser Stufe der Entwicklung:
- ➲ Einfach da sein
- ➲ Verbindung mit Mutter und Vater
- ➲ Bewegung als Mitteilung

Eindrücke, die dem Kind über sich selbst vermittelt werden:
- ➲ Ich bin da, um zu leben ⇔ Ich soll nicht leben
- ➲ Ich bedeute jemandem etwas ⇔ Ich bedeute niemandem etwas
- ➲ Ich bin angenommen ⇔ Ich werde abgelehnt

Eltern, die gesund und fördernd auf das Kind einwirken,
- ➲ sorgen für einen geistlichen Schutz des Kindes durch Gebet
- ➲ kümmern sich schon vor der Geburt um das Kind
- ➲ achten auf eine gesunde Ernährung und genügend Ruhe
- ➲ ernähren das Kind nicht nur körperlich, sondern auch seelisch und geistlich
- ➲ teilen sich dem Kind mit, besänftigen und trösten es
- ➲ sind sich der innigen Bindung zum Kind bewusst

Eltern, die ungesund und belastend auf ein Kind einwirken,
- ➲ übersehen die Bedürfnisse, die ein Kind in dieser Phase seines Lebens hat
- ➲ sind nicht gerade glücklich, dass dieses Kind „passierte“
- ➲ sind hin- und hergerissen zwischen Annahme und Ablehnung des Kindes
- ➲ haben keine oder eine nur sehr mangelhafte Bindung an das Kind
- ➲ lassen sich eher durch das Kind emotional trösten, als diesem Trost zu geben

➲ beschimpfen das Kind oder üben sogar Gewalt gegen das Ungeborene aus

Probleme, die daraus in der späteren Kindheit erwachsen können:

Wenn ein Kind nicht erhält, was es auf seiner Stufe der Entwicklung benötigt, wird es diese unerfüllten Bedürfnisse und Wunden in die nächsten Phasen seiner Entwicklung mitnehmen. Dort kann es dann zu Problemen kommen, wenn es gilt, den Anforderungen des neuen Lebensabschnitts entsprechen zu sollen. Hier eine Liste einiger der verbreiteten Schwierigkeiten, die aus unerfüllten Bedürfnissen der ersten Entwicklungsstufe entstehen können:

➲ Chronische Angstzustände
➲ Probleme, Beziehungen aufzubauen
➲ Verhalten, das autistische Züge trägt
➲ Große Verunsicherung bis hin zu Existenzängsten
➲ Mangel an Sicherheit über die eigene Identität
➲ Befangenheit oder Bedrängtsein durch Todesgedanken
➲ Unfähigkeit, mit Ablehnung umzugehen

Ein letztes Wort

Was auch immer Gott Ihnen in diesem Kapitel gezeigt hat, seien Sie beruhigt. Gott der Vater offenbart etwas nur, um es zu heilen, uns und unsere Kinder vollkommen wieder herzustellen. Wenn Sie in Ihren Kindern die Notwendigkeit für eine heilende Berührung durch Gott erkannt haben: Seien Sie sicher, dass er es tun wird.

Literaturhinweise Kapitel 2:

1 Thomas Verny, M. D., „The Secret Life of the Unborn Child" (Dell Publishing Co., NY 1981), S. 15.23.67
2 ebda. S. 19
3 ebda. S. 19
4 ebda. S. 74–76
5 ebda. S. 78.81.95
6 Geoffrey Cowley, „For the Love of Languages", Newsweek: Special 2000, Ausgabe Herbst/Winter 2000, S. 13
7 Verny, s. o., S. 81–82.87–90
8 Linda C. Sluder; Lloyd R. Kinnison; Denis Cates, „Prenatal Drug Exposure: Meeting the Challenge", Childhood Education, Winter 1996–97, S. 66–69
9 Anne Merewood, „Sperm Under Siege", Health, April 1991, S. 53–57.76–77

KAPITEL 3

Von der Geburt des Kindes bis zum sechsten Monat

„Du bist es, der mich aus dem Schoß meiner Mutter zog, mich barg an der Brust der Mutter. Von Geburt an bin ich geworfen auf dich, vom Mutterleib an bist du mein Gott."
(Ps 22,10f)

Mein ganzes Leben, neun Monate lang, war es so wunderbar wie jetzt! Warmes Wasser wiegt mich in fortdauerndem Frieden. Der Herzschlag meiner Mutter tröstet mich und manchmal bin ich ganz aufgeregt, wenn er plötzlich schneller geht – so wie jetzt. Hoppla, ganz langsam drehe ich mich und hänge nun mit dem Kopf nach unten. Der Platz um mich herum wird plötzlich immer enger. Du weißt, dass ich niemandem lästig fallen will, aber ich bin nun mal da. Und jetzt läuft auch noch das Wasser um mich herum einfach ab und ich werde so was wie vakuumverpackt – und das in einer Art klebriger Membran. Und jetzt spüre ich Druck, großen Druck, von allen Seiten. Ich werde aus allen Richtungen zusammengequetscht. Der Raum, in dem ich bisher war, beginnt sich zu schließen. Oh nein!! Ich höre Kommandos wie: „Hecheln … hecheln, pressen … pressen!" Ich werde noch mehr zusammengedrückt! Oh, hört endlich auf, „Pressen, pressen!" zu rufen! Aber sie hören nicht auf! Diesen furchtbaren Druck kann ich nicht länger aushalten. Ich gebe ihm nach und verlasse meinen so friedlichen Platz, in dem ich so viele schöne Monate gelebt habe. Ich fange nun selber an zu drücken und zu strampeln, um dieser Zusammendrückerei zu entgehen. Aber es wird nicht besser, im Gegenteil, es wird immer enger! Mein Kopf soll durch eine kleine Öffnung, die ihn fast zu zerquetschen droht. Ich höre nicht mehr auf mit Drücken und Strampeln, um endlich aus alldem herauszukommen. Da plötzlich schiebt mich ein letztes Zusammenpressen hinaus ins helle Licht. Irgendetwas wird mir in die Nase geschoben und dann auch in den Mund, um etwas abzusaugen. Meine Augen werden mit etwas Weichem abgewischt. Und dann passiert es: „Halt, nein, das ist doch meine Lebensader!" Irgendeiner zerschneidet einfach meine Nabelschnur! Das ist zu viel! Ich fange an, ziemlich heftig zu weinen. In so einer Situation hättest du auch geweint, ganz sicher! Ich bin ziemlich erschöpft. Und was passiert jetzt? Sie wickeln mich in etwas ein und meinen vielleicht auch noch, das sei weich! Es ist das kratzigste Ding, was ich je in meinem Leben gespürt habe. Das also ist das Leben, wie aufregend! Na ja, für dich vielleicht, aber für mich war es alles andere als ein Picknick, das Ganze, was du Geburt nennst. Jetzt bin ich hier, um dir das mal zu sagen ...!

Auch wenn die Geburt ein Wunder Gottes darstellt, muss sie deswegen nicht weniger traumatisch sein. Anders als im vorangegangenen Text beschreibt die folgende Schilderung die Dramatik der letzten Minuten vor der Geburt eines Kindes.

Tanner
Tanner ist völlig gestresst. Jedes Mal, wenn sich die Gebärmutter zusammenzieht, drückt sich die Plazenta zusammen, welche das Atmen für ihn übernommen hat. Das Gleiche geschieht mit der Nabelschnur, welche ihn mit Sauerstoff versorgt und das schädliche Kohlendioxid abtransportiert.
Am Höhepunkt jeder Wehe ist Tanner völlig von allem abgeschnitten. Er bekommt keinen Sauerstoff mehr und auch das giftige Kohlendioxid wird er nicht mehr los. Mit jedem Zusammenpressen kommt er in eine Sauerstoffnot, die für ihn als älteres Kind oder als Erwachsener lebensbedrohlich wäre. Nur als Kind im Mutterleib ist er so vorbereitet, dass er diesem enormen Stress gewachsen ist.[1]

Die ersten sechs Monate – mit den Augen des Kindes

Hallo Mami, hallo Papi, hier bin ich! Während der ersten sechs Monate meines Lebens fang ich an zu lernen, was es heißt, so richtig da zu sein. Was ich damit meine? Jetzt beginnen sich bereits meine Identität, mein Bild von mir selbst, meine Sicherheit in Bezug auf mein Leben zu formen. Ich mache erste Fortschritte bei der Entwicklung meines Urvertrauens. Auch werden jetzt schon die Fundamente gelegt für meine Art, effektiv zu denken, Probleme zu lösen und mich anderen mitzuteilen.
Meine Verantwortung ist es jetzt, einfach nur „da" zu sein, mich ernähren und umsorgen zu lassen. Darum brauche ich euch beide,

Mami und Papi, damit ihr für alle meine Bedürfnisse sorgt, ohne irgendetwas von mir zu erwarten. Das wird mein Urvertrauen stärken und in meiner Seele fest verankern. Füttert mich, haltet mich, liebkost mich, sprecht mit mir; all das wird mich ermutigen, weiterzuleben. Euer ganzes Verhalten bringt in mir Kräfte hervor, die mich am Leben erhalten und dafür sorgen, dass in meinem Körper alles gut funktioniert. Alles, was ihr für mich tut, ohne groß etwas von mir zu erwarten, glaubt mir, es pflanzt in mein Leben, was am allerwichtigsten ist: das Urvertrauen und ein starkes Gefühl der Sicherheit, was mich und mein Leben anbelangt.

„Ja, du hast mich aus dem Mutterschoß gezogen, an der Mutterbrust hast du mich vertrauen gelehrt.“ *(Ps 22,10 GN)*

Denkt daran, Mami und Papi, dass ich aus Geist, Seele und Leib bestehe. Meine allerersten Bedürfnisse, um gerne weiterzuleben, sind dann auch geistlicher, seelischer und körperlicher Natur. Gott unser Vater, der sich in Liebe um uns sorgt, möchte, dass ihr auf jeden dieser drei Bereiche achtet, damit ich heranwachsen und mich in der Weise entwickeln kann, wie er es sich gedacht hat.

Die Bedürfnisse des Kindes auf dieser Entwicklungsstufe: Die Geburt

Die Umstände, welche die Geburt eines Kindes begleiten, können im Leben des Kindes Muster einprägen, die dieses Kind für den Rest seines Lebens beeinflussen.

Dazu gehören Spätgeburten, Frühgeburten, Kaiserschnitt, Zangengeburten etc. All das kann immer wiederkehrende Verhaltensmuster und Schwierigkeiten im Leben hervorrufen, die zu regelrechten Hindernissen für ein gesundes Heranwachsen werden können.

Im Folgenden wollen wir verschiedene Bedingungen für eine Geburt und ihre möglichen Folgen ansehen.

Frühgeburten können zum Beispiel in Kindern das Gefühl erzeugen, nie bereit zu sein, wenn in ihrem Leben eine neue Herausforderung auftaucht. Es kann zum Beispiel sein, dass sie die normalen Anforderungen des Lebens immer wieder als etwas empfinden, das ihnen zugemutet wird, obwohl sie sich noch gar nicht vorbereitet fühlen, mit ihnen umzugehen.

Ähnlich ist es mit Kindern, deren Geburt durch die „Wehenspritze" eingeleitet wurde. Auch in ihrer Gefühlswelt findet man immer wieder die Empfindung, einfach in neue Situationen oder Lebensumstände hineingedrängt worden zu sein, obwohl sie sich überhaupt nicht darauf vorbereitet fühlten. Vielleicht hören Sie von so jemandem öfters den (oder einen ähnlichen) Satz: „Jetzt dräng mich nicht so!"

Kinder, die einen gehörigen Zeitraum nach ihrem errechneten Geburtstermin zur Welt kamen, sind oftmals in ihrem Empfinden von dem Gefühl geprägt, immer etwas verpasst zu haben, sei es die Gelegenheit zum Handeln, sei es die Chance, an etwas beteiligt zu werden. Kurz, sie erfahren sich selber immer als „zu spät" dran.

Besonders gravierende Auswirkungen auf das spätere Leben eines Kindes hat der Kaiserschnitt. Natürlich hängt dies auch noch einmal davon ab, welche Gründe zu diesem Eingriff geführt haben. Grundsätzlich gilt: In einer „normalen Geburt" muss das Kind im Normalfall arbeiten und kämpfen, um geboren zu werden. Das scheint es in einer ganz besonderen Weise darauf vorzubereiten, sich den Problemen und Herausforderungen des Lebens zu stellen. Ein Kind, das durch einen Kaiserschnitt „geholt" wurde, kommt erst gar nicht in die Schwierigkeiten einer Geburt. Begegnet es nun im Leben echten Herausforderungen, dann reagiert es auf diese oft nur mit Passivität und Ausweichen, unfähig, sich mit Beharrlichkeit durch die Probleme des Lebens hindurchzuarbeiten.

Noch schlimmer ist es, wenn Arzt und Mutter schon Monate vor der Geburt ohne ernsthaften Grund den „Geburts"-Termin via Kaiserschnitt festlegen. Sie enthalten damit dem Kind die Möglichkeit vor, selbst zu entscheiden, wann es kommen will. Diese Kinder haben nicht die Freiheit zu entscheiden, wann sie für die Geburt bereit sind, sondern sie müssen sich den Entscheidungen anderer fügen. Solche Kinder werden ein Leben lang das Gefühl nicht los, von anderen kontrolliert zu werden. Sie kennen nicht das Gefühl, über sich selbst und ihr Leben entscheiden zu können.

Sollte ein Kaiserschnitt nötig sein, weil das Leben eines Kindes (und oft auch der Mutter) bedroht ist, dann kann das Kind in seinem Leben oft eine gesteigerte Form der Angst erfahren, vor allem dann, wenn es sich neuen Problemen und Herausforderungen oder irgendeinem Neubeginn gegenübersieht.

Schließlich möchte ich noch auf die Zangengeburt und ähnliche, durch Geräte ermöglichte Geburten eingehen. In diesem Fall habe ich Erfahrung – sozusagen aus erster Hand. Erlauben Sie mir, die Folgen eines solchen Eingriffs an meinem eigenen Leben zu demonstrieren.

Ich kam sehr spät. Der Arzt entschied, mich mit der Geburtszange zu „holen". Ich war aber offensichtlich nicht bereit und wollte noch nicht auf die Welt kommen. Das kommt hin und wieder bei Kindern vor. Doch wie es aussah, hatte der Arzt keine andere Wahl. Entweder würde ich jetzt zur Welt kommen oder ich hätte mit ernsthaften Komplikationen zu rechnen. Auf jeden Fall war es so, dass ich buchstäblich auf die Welt gezogen wurde, statt durch den natürlichen Vorgang geboren zu werden. Das erzeugte in mir kleinem Wesen einen unauslöschlichen, auch später sich auswirkenden Eindruck. Die Folge davon war, dass ich in meiner Kindheit bis ins Erwachsenenleben jedes Mal voller Widerstände war, wenn ich mich einer Veränderung in meinem Leben gegenübersah oder man mir einen Wechsel zumuten wollte. Meine Grundhaltung war, dass ich mich ständig gegen meinen Willen „gezogen" oder gedrängt fühlte, etwas zu tun, zu dem ich noch nicht bereit war. Bei so jemanden stöhnen dann oft die betroffenen Mitmenschen: „Sag mal, du steckst ja wirklich bei allem den Kopf in den Sand!", oder: „Warum bist du nur immer so stur, wenn sich etwas verändern soll?"

Natürlich hängt es sehr stark von den Umständen ab, die eine Geburt mit künstlichen Hilfsmitteln nötig macht, ob und wie weit ein Kind am Beginn seines Lebens unauslöschliche Prägungen durch die Art seiner Geburt erleidet. Aber was können dann Eltern tun, deren Kinder offensichtlich durch ein Geburtstrauma in Mitleidenschaft gezogen wurden? Die folgende Geschichte möchte solche Eltern ermutigen.

Kai

Kais Gesicht verzerrte sich ... Panik überfiel ihn. Schreie und gewalttätiger Zorn brachen aus ihm hervor und trieben ihn in eine unkontrollierbare Raserei. Wie besessen tobte er von der einen Seite des Raumes zur anderen. Seine Eltern schrien zu Jesus und er fiel zu Boden, wurde ein wenig ruhig, doch nur bis zum nächsten „Ausbruch". Erschöpft und enttäuscht hatten Kais Eltern schon längst die Hoffnung aufgegeben, bei ihrem Sohn einen Durchbruch zu erleben, der ihn freisetzen würde. Diese Gewaltausbrüche waren Teil des Familienlebens geworden – elf Jahre lang. Um das Maß voll zu machen, bekamen sie von der Schulleitung mitgeteilt, dass Kai nicht länger an der Schule bleiben könne. Aufgrund seines unvorhersehbaren Verhaltens und seiner gewalttätigen Ausbrüche musste festgestellt werden, dass er für sich und die anderen Kinder im Klassenraum eine Gefahr darstellte.

Diese Wutphasen waren für Kais Eltern völlig unerklärlich. Licht kam erst durch ein langes Gespräch in diese trostlose Situation. Während wir über die Dauerkrise ihres Sohnes sprachen, wurde immer deutlicher, wie frustriert und hilflos sich beide Eltern fühlten. Irgendwann baten wir sie, sich daran zu erinnern, was jedes Mal unmittelbar vor einem Wutanfall passierte. Als sie dann verschiedene Begebenheiten erzählten, wurde immer klarer, dass Kai dann in Panik geriet und völlig ausrastete, wenn er sich irgendetwas Neuem gegenübersah. Ein neues Unterrichtsfach in der Schule, eine ungewohnte Herausforderung, ein Umzug etc.; all das waren die Zündfunken, welche die Bombe hochgehen ließen. Die Wurzel zu diesem Verhalten musste also am Anfang seines Lebens gesucht werden, und zwar unmittelbar bevor er geboren wurde. Nun wussten wir durch das, was wir mit Gottes Hilfe lernen durften, dass alle Probleme letztlich in der frühen Kindheit – wenn nicht sogar früher – ihre Wurzeln haben. (Zu diesem Punkt möchten wir vor allem auf das Buch „Mut zur Reife“ verweisen.) Wir waren uns sicher und so überraschte es uns nicht, dass beide bestätigten, dass Kai eine traumatisch schwere Geburt gehabt hatte.

Die Nabelschnur hatte sich um seinen Hals gewickelt und er war bereits blau angelaufen, als er geboren war. Er musste wieder belebt werden. Während dieser traumatischen Geburt erlitt Kai einen schweren Sauerstoffmangel, der zu Fehlfunktionen in seinem Gehirn führte.

Nun konnten wir den Eltern erklären, wie sie ihrem Sohn durch Gebet um Heilung dienen konnten, und wir ermutigten sie, nach Hause zu gehen und für ihn zu beten.

Wir erinnerten sie an die Geschichte des Jairus, der einfach zu Jesus kam und ihn bat, seine Tochter zu heilen. Und Jesus tat es. Er möchte nur eines, dass wir ihn darum bitten.

Einige Wochen später rief uns die Mutter an und erzählte uns, was der Herr getan hatte. Kai wusste nun von seiner traumatischen Geburt und dass er schon nicht mehr geatmet hatte, als er geboren war. Als ihm seine Mutter dann noch sagte, dass Jesus ihn gerne heilen würde, und zwar alles, was bei seiner Geburt zerstört wurde, da begann er mit panischer Angst zu schreien: „Nein, ich will nicht einmal daran denken … ich will nicht wieder an diesen Zeitpunkt zurück! Neeiiiinn! Neeeiiiinnnn!"

Seine Mutter versicherte ihm, dass auch das in Ordnung sei, wenn er so etwas nicht wolle. Aber wir sollten erst noch Jesus fragen, was er tun möchte. Darauf ging Kai dann ein. Als er seine Augen schloss, erinnerte er sich an ein Bibelwort, das er bekommen hatte, als sein kleiner Bruder geboren wurde. Doch mit einem Mal änderte sich das Bild und es war nicht mehr der kleine Bruder, sondern er selbst, als er noch im Mutterleib war. Kai berichtete plötzlich: „Mami, Jesus zeigt mir gerade ein Video … von mir selbst. Er möchte, dass ich herauskomme und geboren werde. Ich kann nicht, Jesus, die Nabelschnur da …!" Er hörte, wie Jesus ihn wieder rief und ihm versicherte, dass diesmal alles in Ordnung sei. Seine Mutter berichtete, dass er in dieser Phase ständig sich vorneigte und wieder zurücklehnte … er war offensichtlich mitten in dieser vorgeburtlichen Erfahrung. „Ich kann nicht, Jesus! O. k. … o. k. … o. k. … wenn du da bist, werde ich kommen. Hier, schau, ich komme!" Kai rutschte auf seinem Sitz ganz nach vorne und bewegte den Kopf so, als würde ihm etwas vom Hals gewickelt. Jesus hatte die Nabelschnur entfernt. Und schon tat Kai einen tiefen Atemzug und schrie: „Mami, ich kann atmen! Ich kann atmen!" In diesem Moment fiel er auf den Boden und begann zu lachen. Er lachte und lachte, und das eine lange Zeit. Als er endlich aufstand, war er von dem emotionalen Trauma seiner Geburt geheilt.

In den darauf folgenden Wochen wurde Kai mit einigen neuen Herausforderungen konfrontiert. Zum Beispiel spielten er und seine Mannschaft an einem Abend zum ersten Mal unter Flutlicht Fußball. Eine solche ungewohnte Situation hätte vor noch nicht langer Zeit eine wütende Panikattacke hervorgerufen – doch dieses Mal nicht die geringste Spur davon. Doch den schönsten Teil seines Zeugnisses stellt die Tatsache dar, dass ihm noch einmal eine zweite Chance in der Schule gegeben wurde. Zu Beginn des neuen Schuljahres wurde er noch einmal probeweise zugelassen. Die Lehrerin konnte die dramatische Veränderung nicht begreifen und wollte nun unbedingt wissen, was da passiert war. Kai war wie ausgewechselt. Er traf sich zwar noch einige Male mit seinem Therapeuten, doch dann dankte er ihm für seine Bemühungen: „Ich glaube, ich brauch das jetzt nicht mehr, Jesus hat mich geheilt."

Die ersten sechs Monate – eine Zeit, einfach „da" zu sein

Während dieser ersten Monate stehen für das Kind die Grundbedürfnisse im Vordergrund, um überleben zu können. Das Kind verlangt einfach danach, bedingungslos gefüttert, umsorgt und beachtet zu werden. Zu den körperlichen Bedürfnissen gehören so wichtige Dinge wie Nahrung, Schutz vor allem Möglichen, Körperpflege, Frischluft und Baden. Eltern müssen diesen Bedürfnissen entsprechen, um den Körper ihres Kindes zu versorgen und stark zu machen.

Genauso gilt es, für die seelischen Bedürfnisse des Kindes zu sorgen. Das geschieht durch den Hautkontakt beim Stillen, die Liebe und Aufmerksamkeit, die dem Kind entgegengebracht werden, wenn es hochgenommen und liebkost wird.

Nicht weniger ist es notwendig, auch für das erwachende geistliche Leben zu sorgen: Eltern sollten wissen, wie wichtig es ist, für das Kind zu beten, Worte der Schrift, etwas aus den Psalmen oder andere Texte, dem Kind zuzusprechen. Gerade Lieder mit biblischen Inhalten eignen sich ganz besonders dafür.

Für das Baby sind alle diese Arten von „Ernährung" wichtig, um auf seine Weise zu begreifen, was es heißt, außerhalb des Mutterleibes zu existieren. Macht es dabei gute Erfahrungen, werden diese in seinem Leben ein Bewusstsein von Wert, Zugehörigkeit und Lebensbejahung hervorbringen. Jetzt ist auch die Zeit für das Baby gekommen, etwas darüber zu lernen, wie sich Inneres und Äußeres unterscheiden.

Seine „innere Existenz" lässt es einen wesentlichen Aspekt seines Selbstgefühls lernen. Es erfährt instinktiv, wie körperliche, seelische und geistliche „Ernährung" sein eigenes Selbst prägen und ausmachen.

So ist der gesamte Prozess des Fütterns, Verdauens und der nachfolgenden Ausscheidung für das Kind die erste Berührung mit seiner inneren Existenz. Wenn alles reibungslos läuft, empfindet das Baby ein inneres Wohlbefinden und beginnt, ein gesundes Selbstbewusstsein zu entwickeln: „Ich bin gut!" Das ist bereits ein ganz wesentlicher Baustein im Aufbau eines positiven Selbstbildes.

Wenn das Baby dagegen Probleme bei der Nahrungsaufnahme hat, auf bestimmte Dinge allergisch ist oder unter Verdauungsschwierigkeiten leidet, erfährt es ungewollt: „In mir ist nichts in Ordnung!" Es fängt an, sich eine ungesunde Einstellung zu sich selbst einzuverleiben: „Ich bin nicht gut." Diese Grundempfindung ist entscheidend für die Ausprägung eines mangelhaften Selbstwertgefühls.

Mit der „äußeren Existenz" ist alles gemeint, was das Kind außerhalb seiner selbst lernt, also das, was in seiner Umgebung und der Welt überhaupt passiert. Wir wollen wieder einmal einen Blick durch die Augen eines Kindes in dieser Phase tun:

> Weißt du eigentlich, Mami, wie ich das lerne? Halte mich, berühre mich, schmuse mit mir. Auf diese Weise lerne ich, dass ich Arme, Beine, Füße und noch viel mehr habe.
> Das ist für mich die Grundlage, damit ich später die verschiedenen Beziehungen zwischen mir und anderen verstehen und unterscheiden kann. Genau so lerne ich, wie eigentlich die Welt aussieht, ob es ein guter Platz ist, dazubleiben, oder eher ein unwirtlicher Ort. Wenn du für mich betest oder Gottes Worte zu mir sagst, wenn du für mich Lieder singst – all das stärkt meinen Geist. Dies legt ein gutes Fundament, auf dem ich später aufbauen kann und das, wenn es so weit ist, eine enge Beziehung mit Gott, meinem Vater, ermöglicht.

An diesem Punkt ist festzuhalten, dass wir Eltern im Normalfall die meiste Zeit des Tages damit zubringen, für das Kind zu sorgen, körperlich wie auch seelisch. Unumstrittene Tatsache ist nun, dass wir das in unseren Kindern stärken, was wir für wichtig erachten, und sie dementsprechend versorgen. Was würde wohl das Ergebnis sein, wenn Eltern genauso viel Zeit und Energie darauf verwenden würden, den Geist ihrer Kinder zu „ernähren", wie sie beides für den Körper und das seelische Wohlbefinden ihres Babys einsetzen? Wer weiß, vielleicht würden sie mit fünf Jahren auf dem Wasser laufen und Tote auferwecken?! Aber Spaß beiseite: Hat das wirklich schon einmal jemand getan? Was würde passieren, wenn man tatsächlich in der Praxis die geistliche „Ernährung" annähernd der körperlichen und seelischen angleichen würde?

Symbiose

Die Schlüsselbeziehung während der ersten Monate des Babys ist die Symbiose des Kindes mit seiner Mutter. Diese Beziehung ist deswegen so wichtig, weil sie für das Neugeborene alles darstellt, was das Kleine zum (Über-)Leben braucht: versorgt werden – körperlich, seelisch und geistlich.

Gott hat diese Symbiose vorgesehen, um dem Kind Vertrauen ins Leben einzuflößen und eine Zuversicht zu geben, in dieser Welt mit all ihren Problemen zu überleben. Die Art und Weise, wie für alle Bedürfnisse des Babys in dieser Symbiose gesorgt wird, prägt seinem Leben das Siegel auf, so bedeutsam und wertvoll zu sein, dass es zu Recht da ist.

Der Begriff Symbiose kommt ursprünglich aus der Biologie. Dort bedeutet er grundsätzlich eine Beziehung in Abhängigkeit voneinander, eine Gemeinschaft, in der zwei verschiedene Organismen miteinander leben und sich gegenseitig nutzen. In einer solchen Beziehung verschmelzen Bedürfnis und Befriedigung der einzelnen Organismen miteinander.[2]

So hat die Mutter mütterliche Bedürfnisse, welche sie motiviert, umfassend für ihr Kind zu sorgen. Das Baby dagegen braucht für sein Überleben Nahrung und liebevolle Fürsorge. Wenn diese Beziehung gesund ist und so gelebt wird, wie es sein sollte, dann erfahren sowohl die Mutter wie auch das Baby, dass ihre Bedürfnisse befriedigt werden. Die Mutter empfindet Freude und Genugtuung, wenn sie ihr Baby ernährt und umsorgt. Das Baby seinerseits erfährt das treue Umsorgtsein als Ermutigung zum Leben, als Aufforderung, groß und stark zu werden. In dieser Beziehung wird das hoch belastbare Fundament des Urvertrauens gelegt. Letztlich kann man „Symbiose" mit „Überleben" für das Kind gleichsetzen. Wenigstens bis zu einem Alter von etwa zwei Jahren sollte sie aufrechterhalten werden. Doch darauf kommen wir noch später zu sprechen.

Zwillinge und Symbiose
Im Leib gehen Zwillinge nicht nur eine Verbindung mit der Mutter ein, sondern auch miteinander. Eine bewegende Geschichte illustriert diese Wirklichkeit.

Brielle und Kyrie
Brielle und Kyrie, zwei Mädchen, wurden zwölf Wochen vor dem eigentlichen Geburtstermin geboren und in zwei getrennte „Brutkästen" gelegt, um das Risiko einer Infektion zu vermindern. Kyrie, die größere Schwester, wog knapp ein Kilo, nahm aber bald an Gewicht zu und schlief ruhig. Doch Brielle, das kleinere Baby, hatte große Probleme mit dem Atmen und der Herzfrequenz. Der Sauerstoffgehalt ihres Blutes war niedrig und sie nahm nur sehr langsam zu.
Nach einigen Wochen geriet Brielles Zustand plötzlich in eine Krise. Sie schnappte nach Luft, ihr Gesicht und ihre Ärmchen wurden bläulich grau, ihr Herzschlag verlangsamte sich und sie bekam Schluckauf, ein gefährliches Zeichen, dass ihr Körper in einem kritischen Zustand war. Die wachhabende Schwester tat alles, um diese Krise aufzufangen und Brielle zu stabilisieren, doch nichts half. Ihr Puls ging immer weiter herunter und wurde immer flacher.
In diesem kritischen Moment erinnerte sich die Schwester an ein Vorgehen, das in vielen Teilen Europas durchaus bekannt ist, aber in ihrem Krankenhaus nicht erlaubt ist. Es war ganz einfach die Praxis, Zwillinge in ein gemeinsames Bettchen zu legen.
In ihrer Verzweiflung und weil sie alles versuchen wollten, das Leben ihrer Tochter zu retten, gaben die Eltern die Erlaubnis dazu. Die Schwester holte Brielle, die nach wie vor in einem äußerst kritischen Zustand war, aus ihrem Brutkasten heraus und legte sie zu ihrer Zwillingsschwester, mit der sie seit der Geburt nicht mehr zusammen gewesen war. Kaum war der Brutkasten geschlossen, kuschelte sich Brielle an Kyrie heran. Alle ihre Lebenssignale beruhigten sich und innerhalb weniger Minuten waren die Sauerstoffwerte ihres Blutes so gut wie seit der Geburt nicht mehr. Als Brielle eingeschlafen war, schlang ihre Schwester Kyrie ihr dünnes Ärmchen um ihre kleinere Schwester.
Die Geschichte ging weiter und als die beiden endlich nach Hause kommen konnten, waren es zwei kleine, blühende Mädchen. Später berichtete ihre Mutter, dass sie noch immer in einem Bett schlafen und sich aneinander kuscheln.[3]

Was geschieht beim Füttern?

Es ist offensichtlich so, dass eine der wesentlichen Grundlagen für die Art und Weise, wie Erwachsene an Probleme herangehen und nach Lösungen suchen, bereits in diesem frühen Abschnitt ihres Lebens gelegt wird. Um mehr darüber zu erfahren, wie bedeutend diese Zeit des Gefüttertwerdens für die künftige Gesundheit des Kindes ist, können zahlreiche Studien weiterhelfen.[4,5,6,7]

Es gibt bereits eine Reihe von Untersuchungen, die sich mit dem menschlichen Denken und seiner Fähigkeit, Probleme zu lösen, auseinander setzen. Was wir hier anbieten, darf nicht so verstanden werden, als wollten wir solche Studien ersetzen oder ihre Ergebnisse durch eine neue Theorie in Frage stellen. Wir möchten lediglich den Einfluss betrachten, den der gesamte Vorgang des Fütterns, der sich zwischen Mutter und Kind abspielt, auf die Gefühle, das Denken und Handeln des Kindes in seiner späteren Entwicklung bis ins Erwachsenenalter ausübt.

Zu diesem Bereich sei der Leser vor allem auch auf das Buch „Mut zur Reife“ hingewiesen.[8]

Was gehört dazu, ein Problem zu lösen?

Sehr vereinfachend könnte man sagen: Auf jeden Fall sind drei wesentliche „Aktivitäten“ daran beteiligt: Fühlen, Denken und Handeln. Wenn diese drei bei einer Herausforderung zum Tragen kommen und genau auf die Lösung des Problems ausgerichtet sind, ist das Ergebnis fast immer, dass Probleme gelöst werden oder auf bestimmte Situationen wirkungsvoll reagiert wird.

Wenn wir hier von Gefühlen reden, dann verstehen wir sie in einer wesentlich umfassenderen Weise. Hier geht es um mehr, als „glücklich“, „traurig“ oder „wütend“ zu sein. Die Gefühle, um die es uns geht, schließen solche Zustände mit ein, meinen jedoch auch alle die Empfindungen, die uns bewegen, die einen Einfluss auf unser Nervensystem haben und die mit unserem Verlangen nach Aufmerksamkeit zu tun haben. Vieles in uns ist auf eine Reaktion unserer Umgebung förmlich angewiesen.

Wir wollen nun näher anschauen, was das Kind durch den „Fütterungsprozess“ in Bezug auf sein Fühlen, Denken und Handeln lernt und welche Rolle diese drei wiederum im Hinblick auf die spätere Fähigkeit spielen, Probleme zu lösen.

Wenn ein Kind Hunger hat, dann spürt es einen Schmerz, weil sich sein kleiner Magen zusammenzieht. Das Kind beginnt zu schreien, um zu signalisieren, dass ihm etwas wehtut, es Hilfe benötigt und sich jemand um seine Not kümmern soll. Die Aufgabe der Mutter ist es, am Schreien zu erkennen, was das Kleine benötigt – in unserem Fall Nahrung –, und für Abhilfe zu sorgen. Sobald die Mutter das Baby füttert und es zu saugen beginnt, beendet die Nahrung die Kontraktionen des Magens, und der Schmerz verschwindet augenblicklich. Auf diese Weise wurde das Bedürfnis nach Nahrung zufrieden gestellt. Das Kind lernt dabei in den ersten drei Monaten seines Lebens eine ganz wichtige Verbindung kennen, und zwar die Verbindung zwischen seinen schmerzhaften Hungergefühlen, seinem Schreien und dem befriedigenden Trinken. In dem Maße, wie das Kleine immer wieder diesen Prozess durchlebt, erfasst es eine lebenswichtige Verbindung zwischen seinen Bedürfnissen und ihrer Befriedigung.

Auf diesem Weg lernt es, sein erstes und existenzielles Problem zu lösen: „Was muss ich tun, um zu überleben?"

Exkurs: Brust oder Flasche?

Immer wieder werden wir gefragt, was denn nun besser für das Kind sei, die Ernährung mit der Flasche oder das Stillen. Auch hierüber gibt es die unterschiedlichsten Untersuchungen. In unserem Zusammenhang mag es genügen, dass wir ein wesentliches Ergebnis hervorheben: Der enge Kontakt mit der Mutter, der mit dem Stillen gegeben ist, kann nicht durch noch so gute Flaschennahrung ersetzt werden. Der Hautkontakt mit der Mutter vermittelt dem Kind in kaum vergleichbarem Maß ein Gefühl von Schutz, Sicherheit und Geborgenheit. Das kann mit der besten Babynahrung nur schwer vermittelt werden, zumal auch rein ernährungstechnisch die Muttermilch jedem künstlichen Produkt überlegen ist. Sie enthält alles, was ein Baby braucht, einschließlich der wichtigen Antikörper, die vor Infektionen schützen.[9] Es ist begeisternd zu sehen, wie Gott alles vorbereitet hat, damit ein kleiner Erdenbürger aufs Beste ernährt und versorgt wird. Natürlich muss in diesem Zusammenhang auch darauf hingewiesen werden, dass die Flaschenfütterung dann vorzuziehen ist, wenn eine Mutter sehr gestresst ist oder ihr das Stillen permanent Probleme bereitet. Liebe und Zärtlichkeit können durchaus ergänzen, was dem Kind ohne das Gestilltwerden an der Mutterbrust vielleicht abgehen könnte.

Ein Baby schreit

Wir sind überzeugt davon, dass sich alle Eltern eines wünschen: die Begabungen, die Gott ihren Kindern gegeben hat, zu wecken und zu fördern. Ist das auch Ihr Wunsch? Gut, dann schauen wir uns einmal die Gabe an, die Gott allen Babys gegeben hat. Er hat den Kleinen eine „Ein-Wort-Gabe“ geschenkt: das *Schreien.* Egal, wie Eltern von ihrem Kind denken, Schreien ist nicht etwas, das Babys tun, um ihre Eltern zu quälen, zu kontrollieren oder sie zu manipulieren.

Barry M. Lester, Leiter der Forschungsabteilung „Kinderentwicklung“ am Kinderkrankenhaus Boston, stellt fest: „Schreien ist ein biologisches Signal (also weder ein manipulatives noch eine Art Kontrollmechanismus des Kindes über seine Eltern), welches eine dringende Botschaft vermittelt. Vom Verhalten her ist Schreien ein zwischenmenschliches Ereignis, das entscheidend zur Entwicklung der Beziehung zwischen Kind und Eltern beiträgt.“[10]

Schreien ist die Grundlage dafür, dass Kinder lernen können, mit ihrer Welt in Kontakt zu treten. Alle Mütter werden zustimmen, dass das Schreien sehr unterschiedlich sein kann, je nachdem, welches Bedürfnis das Baby gerade anmelden möchte. Es gibt unterschiedliche „Signale“, etwa, wenn es hungrig ist, getröstet werden will, eine frische Windel braucht oder sonst eine Not hat. Wenn die Mutter auf das jeweilige Schreien richtig reagiert, erfährt das Kind eine unglaubliche Ermutigung, dass es hier in dieser Welt leben darf, ja leben soll und dass es seine Bedürfnisse mitteilen darf, also offensichtlich wertvoll und bedeutend ist.

Lassen Sie uns das Ganze noch mit den Augen eines Kindes betrachten:

> Ich lasse mein Hungergeschrei los und du fütterst mich ... danke schön!
> Ich habe mein Windel-voll-Weinen hören lassen und du hast meine Windel gewechselt ... wow! Ich wimmere meinen „Heb-mich-hoch-und-hab-mich-lieb-Jammer“ und du hebst mich hoch und knuddelst mich ... wie gut! Ich schreie ganz laut mein „Ich-hab-meinen-Kopf-eingeklemmt-Notschrei“ und du befreist mich aus meiner Notlage ... Hurra! Was lerne ich bei alldem? Ich lerne jedes Mal: Bin ich gut! Ich hab’s geschafft, es hat sich immer was

getan! Ich habe allen Grund, ein gutes Selbstwertgefühl zu haben!

„Die frühe Beziehung zwischen Kind und Eltern kann die Entwicklung eines gesunden Selbstwertgefühls fördern oder behindern …" Und weiter: „Einer der bezeichnendsten Faktoren, die das Selbstwertgefühl und die Art und Weise, wie ein Kind mit seiner Welt fertig wird, beeinflussen, ist die Reaktion der Eltern auf das Schreien ihres Babys."[11]

Um dies deutlich zu machen, möchten wir Sie einladen, noch einmal drei Monate alt zu sein und sich in die folgende Szene hineinzufühlen.

Wie gesagt, Sie sind drei Monate alt. Es ist Zeit, ins Bett zu gehen. Ihre Mami legt Sie hin und geht zurück in die Küche, um sich mit Großmutter zu unterhalten. Jetzt fangen Sie an zu schreien, denn Sie wollen noch gar nicht schlafen, schon gar nicht, wenn Oma da ist. Sie möchten hochgenommen werden und vor allen Dingen: ganz nah bei Mami sein. Sei es, wie es ist, Sie haben dieses Verlangen. Sie können noch gar nicht Ihre eigenen Bedürfnisse bewerten und das eine für wichtig, das andere für im Moment unangebracht halten. Für Sie ist das Verlangen, auf den Arm genommen zu werden, genauso drängend und berechtigt wie der Hunger, der Sie nach der Flasche schreien lässt. Alle Bedürfnisse werden von Ihnen gleich bewertet und gehören zu der Sorte, die Sie nicht überleben lassen, wenn ihnen nicht begegnet wird.
Zurück zur Geschichte. Sie schreien also jetzt. Oma rät Ihrer Mami: „Lass es schreien. Du verwöhnst es sonst nur. Es will nur, dass du es auf den Arm nimmst." Oma weiß genau, was Sie wollen. Aber sie versteht Sie nicht, im Gegenteil.
„Lass es schreien!", sagt sie und fügt noch hinzu, „das gibt kräftige Lungen. Gleich wird es so müde sein vom Schreien, dass es von alleine aufhört und einschläft. Du kannst wirklich nicht auf jeden kleinen Schrei deines Babys eingehen. Das ist weder für das Kleine noch für dich gut. Es ist an der Zeit, dass du es an regelmäßige Schlafzeiten gewöhnst." Inzwischen schreien Sie noch lauter. Schließlich brauchen Sie ja etwas. „Mami, ich muss ganz dringend auf deinen Arm! Ich brauch dich so! Bitte komm doch! Bitte komm doch zu mir!" Mittlerweile schreien Sie aus Leibeskräften. Um die Lippen herum wird es schon ganz blau. Jetzt endlich, Ihre

gute Mami scheint zu kommen. Sie fühlt sich gar nicht mehr wohl, Sie so schreien zu hören. Gerade als sie losgehen will, hält sie Oma zurück: „Hol es jetzt nicht! Du wirst sehen, es wird gleich aufgeben!" Doch jetzt sind Sie auf dem Höhepunkt Ihrer Not: „Mami, bitte komm, ich brauch dich so arg! Wenn du jetzt nicht kommst, kann irgendetwas mit mir passieren. Kann durchaus sein, dass ich sterbe!" Was jetzt abgeht, ist eine Frage des Überlebens. Und Ihre Mami kommt nicht. Omas Einschlaf-Trainingsprogramm ist fast beendet. Es dauert nur noch etwas, denn in diesem Moment überwältigt Sie die ganze Schwere Ihrer Not. Ein letztes Mal kommt es zum Ausbruch all Ihrer Energie. Sie sind nur noch ein furioser, unkontrollierter Aufschrei der Gefühle. „Mami, bitte komm, ich bin in Gefahr, ich hab das Gefühl, jeden Moment sterben zu müssen!!" Aber niemand kommt. An diesem Punkt brechen Sie zusammen, eine Zeit lang schluchzen und seufzen Sie noch mit nachzitternden Atemzügen. Schließlich fallen Sie erschöpft in den Schlaf. Oma sieht sich wieder einmal bestätigt: „Siehst du, es ist alles vorbei, es geht ihm gut und gleich schläft es!" Vielleicht war es eine gute Nachricht für Ihre Mutter – für Sie allerdings ganz bestimmt nicht.

Was ist hier passiert? Wir möchten es gerne ein wenig verdeutlichen. Dieser wütende, unkontrollierte Ausbruch an Emotion war tatsächlich nichts anderes als Zorn. Wenn Sie nun voller Zorn sind und schließlich doch „zusammenbrechen", um dann einzuschlafen, dann verbindet sich in diesem Moment Ihr Ausdruck des Zorns mit dem drohenden Gefühl, nicht überleben zu können. Das heißt, in Ihrer Wahrnehmung als Baby ist es der Zorn, der Ihnen geholfen hat zu überleben. Die Folge davon ist: In allen zukünftigen Situationen, in denen die Erfüllung eines starken Bedürfnisses in irgendeiner Weise bedroht erscheint, geraten Sie in Rage. Schließlich war es ja das, womit Sie irgendwie weitergekommen sind. Zornausbrüche werden so in Ihr Verhaltensmuster „hineinprogrammiert". Wie viele Menschen haben echte Probleme mit ihren Zornausbrüchen! Um mehr über dieses Gebiet zu erfahren, möchten wir Sie wieder auf das Buch „Mut zur Reife" verweisen.[12]

Was heißt das für Eltern?

Während der ersten sechs Monate ist die vornehmlichste Aufgabe der Eltern, für die notwendige Ernährung und Pflege zu sorgen, um in dem Kind Vertrauen und ein Wissen um seine Bedeutung zu pflanzen. Dazu gehört, dass Eltern entsprechend dem Schreien ihres Babys reagieren, und zwar bedingungslos, um den „Nöten" ihres Babys so gut wie möglich zu begegnen. Das heißt auch, dass sie ihrem Kind erlauben, nach seinem eigenen Plan und Verhaltensmuster zu leben, ohne dass ihm von seinen Eltern ein System von Kontrolle und Erwartungen übergestülpt wird. Es gibt Leute, die Ihnen nahe legen, es sei durchaus positiv, einem Baby eine Schlafordnung anzugewöhnen. Wir betonen dagegen, dass es für ein Kind von null bis sechs Monaten absolut unangebracht ist, es einem solchen Schlaf-Trainingsprogramm zu unterziehen. In dieser Phase lernen sie etwas über ihre Existenz, über Vertrauen und bedingungslose Liebe. Unangebrachte Reaktionen auf das Schreien eines Babys werden immer negative, lang andauernde und ungesunde Folgen für das Kind und in manchen Fällen auch für den Erwachsenen haben.

Bitte sehen Sie das alles nicht als den Versuch, irgendjemanden mit Schuldgefühlen zu belasten. Uns ist es wichtig, dass Eltern die Reaktionen ihres Babys richtig deuten. So ist Schreien für ein Kind in diesem Alter die einzige, lebenserhaltende Möglichkeit, sich mitzuteilen. Oft wenden Eltern eine Interpretation an, die für Erwachsene gelten mag, nicht aber für ein Baby. Es schreit nicht, weil es seine Eltern kontrollieren und manipulieren will, um das zu bekommen, was es sich in den Kopf gesetzt hat. Schon gar nicht schreit es, weil es rebellisch ist oder die Menschen quälen will, die es versorgen. Weil Eltern das Schreien ihres Kindes oft falsch deuten, reagieren sie falsch und verletzen dadurch ihr Kind, das sie doch eigentlich lieben. Was Eltern lernen müssen und wozu dieses Kapitel eine Hilfe sein kann, ist schlicht und einfach, auf das Schreien ihres Babys so angemessen wie möglich zu reagieren.

Eine „symbiotische" Einheit

Das Neugeborene versteht sich noch nicht als eigenständige Existenz, sondern sieht sich vielmehr im Mittelpunkt von allem, was es umgibt und zu dem es in einer unmittelbaren Beziehung steht, vor allem demjenigen gegenüber, der es mit Nahrung und Pflege versorgt: im Normalfall die Mutter. Diese Verbindung nennen wir Symbiose, weil in ihr all das dem Kind vermittelt wird, was es zum Leben benötigt, nicht nur Nahrung für den Körper, sondern auch für Seele und Geist. In dieser Symbiose wird eine Beziehung gelebt, die schließlich alle späteren Beziehungen im Leben des Kindes beeinflusst. In unserem Dienst haben wir über viele Jahre hinweg immer wieder feststellen müssen, dass alles, was in dieser Zeit der Symbiose stattgefunden – bzw. nicht stattgefunden – hat, auf das spätere Leben des betreffenden Menschen einen starken Einfluss ausübte.[13]

Wenn eine Mutter wiederum von ihrer eigenen Mutter all das erhalten hat, was sie in diesen ersten Monaten für ihr gesundes Wachstum und ihre Entwicklung nötig hatte, hat sie in sich selbst all das, was notwendig ist, um ihrem Baby eine rundum gesunde Entwicklung zu sichern.

Denn in diesen ersten Monaten braucht der Säugling mehr als alles andere seine Mutter. Die Symbiose mit ihr ist für ihn lebensentscheidend. Niemand kann da die Mami ersetzen, die alles so macht, wie es sonst keiner kann. Niemand kann an ihre Stelle treten, weder Papi noch Oma noch Tante, schon gar nicht ein Babysitter oder eine Tagesmutter. Sie alle können helfen, dass das Baby gut „überlebt", aber nur die eigene Mutter ist in unvergleichlicher Weise in der Lage, all die körperlichen, geistigen und seelischen Bedürfnisse ihres Kindes zu befriedigen. Wenn sich eine Mutter während der ersten sechs Monate aufmerksam und verantwortungsvoll mit bedingungsloser Liebe um ihr Kind kümmert, wächst in dem Kind ein starkes Urvertrauen heran, ein Empfinden, dass es Bedeutung hat, bejaht ist und sich sicher fühlen kann. Das alles legt ein belastbares, gesundes Fundament in dem Kleinen, von dem aus es den Anforderungen seiner nächsten Entwicklungsstufe mit Sicherheit und Vertrauen begegnen kann.

Weshalb ist der „Fütterungsprozess" dabei so entscheidend?
Hier geht es um etwas, das für das Kind geradezu überlebenswichtig ist. Wenn eine Mutter es zulässt, dass ihr Kind für eine kurze Zeit den Hungerschmerz spürt, bevor sie es füttert, hilft sie dem Baby, sich seiner Gefühle bewusst zu werden, die es dazu bringt, irgendetwas zu tun, um sein Problem zu lösen. Ohne sich groß darüber Gedanken zu machen, hilft hier die Mutter, in ihrem Baby alle Voraussetzungen zu schaffen, dass es ein wirkungsvolles Denken, ja die Fähigkeit entwickeln kann, Probleme zu lösen. Wie wir früher schon erwähnten, entsprechen diese

drei „Aktivitäten" im Leben eines Babys – Hungergefühle, Schreien, Trinken – denen eines Erwachsenen, wenn er sich einem Problem gegenübersieht. Natürlich verwandeln sich die drei „Schritte" im Ablauf des Fütterungsprozesses in entsprechende Qualitäten: Aus Hunger wird Gefühl, aus Schreien Denken, aus Trinken Handeln. Dabei ist nicht ausgeschlossen, dass ein Erwachsener angesichts eines Problems zu weinen anfängt, aber es wird hoffentlich nicht dabei bleiben ...

Entscheidend ist, dass das Kind bereits in diesem Stadium lernt: Ich bin in der Lage, etwas so Wirkungsvolles zu tun, dass die Aufgaben, die mir das Leben stellt, gelöst werden können. Letztlich wird hier die Grundlage für ein biblisches Prinzip gelegt:

„Bittet und ihr werdet empfangen" (Mt 7,7).

Soll der Säugling nicht nach einem festen Plan gefüttert werden?
Viele halten es für notwendig, schon in dieser ersten Phase des Lebens das Kind in einem gewissen Maß zu disziplinieren, indem es in einem konstanten Rhythmus gefüttert bzw. gestillt wird. Uns ist in diesem Zusammenhang wichtig festzuhalten, dass Gott in seiner Weisheit in jedes Kind einen ganz eigenen „Fütterungsplan" gelegt hat, der unvergleichlich ist und dafür sorgt, dass es in seiner Persönlichkeit und nicht nur rein körperlich heranreifen kann. Es ist also entscheidend, dass die Mutter diesen Plan herausfindet und ihrem Kind erlaubt, sich dementsprechend zu verhalten. Sie muss darauf verzichten, ihr Baby in einen „Fütterungsplan" hineinzupressen, egal, wie bequem oder erzieherisch wertvoll der auch erscheinen mag.

Warum? Ein Kind nach *seinem* Rhythmus zu füttern ist wichtiger, als man zunächst annehmen möchte. Wird dem Baby ein „Fütterungsplan" übergestülpt, lernt es schon ganz früh, dass die Lösung von Problemen außerhalb seiner Kontrolle liegt und es selbst der Kontrolle anderer ausgeliefert ist. Das aber bringt Passivität, Pessimismus und eine fatalistische Haltung gegenüber den Problemen des Lebens hervor. Darum gilt: Auch wenn es für die Mutter noch so angenehm ist, sich den zeitlichen Bedingungen des Kindes anzupassen, ist es für die Entwicklung des Babys und den heranwachsenden Menschen gleichermaßen lebenswichtig.

Um noch deutlicher zu machen, um was es hier geht, wollen wir zwei exemplarische Situationen näher ansehen:

Szene 1:
Das Kind wird im Vier-Stunden-Rhythmus gefüttert, ist aber schon nach drei Stunden hungrig. Wie nicht anders zu erwarten, empfindet das Kleine Schmerzen und schreit eine Stunde lang. Es bekommt aber erst etwas zur festgesetzten Zeit.
Was lernt es dabei? Es erfährt, dass seine Bedürfnisse und Gefühle unwichtig und für niemanden von Bedeutung sind.
Und es lernt, dass es einfach zu viel Energie kostet, Probleme zu lösen. Das Baby wächst mit dem Gefühl heran, kontrolliert zu sein, es wird zunehmend passiv, verdrängt seine Gefühle und vermeidet es, sich irgendwie mit Problemen abgeben zu müssen. Die Haltung, Problemen aus dem Weg zu gehen, eignet sich das Kleine auf diese Weise an, denn es hat erfahren müssen, dass es keine Möglichkeit hatte, sein Problem irgendwie zu lösen. Füttern nach Zeitplan kann ein Kind in seiner Fähigkeit beschneiden, entsprechend mit seinen Gefühlen, seinem Denken und Handeln auf Herausforderungen zu reagieren. Im späteren Leben wird dieser Mensch Schwierigkeiten haben, selbständig und verantwortlich zu handeln.

Szene 2:
Das Kind wird im Drei-Stunden-Rhythmus gefüttert, wird aber frühestens nach vier Stunden hungrig. Ein solches Kind macht nie die Erfahrung, wie sich Hunger anfühlt. Die Beziehung zwischen schmerzhaftem Hungergefühl, Schreien und Gefüttertwerden wird nie oder nur sehr schwach erfahren und somit auch nicht der Zusammenhang zwischen Mangelerfahrung, eigenem Handeln und Beseitigung des Problems. Wenn dann solch ein Kind heranwächst, zeigt sich oft, dass es Schwierigkeiten hat, seine eigenen Gefühle zu bestimmen und Probleme zu erkennen, welche von ihm Aufmerksamkeit und ein entsprechendes Handeln erwarten. Es kann so weit kommen, dass es Probleme einfach nicht erkennt und so sich und andere verletzt.

Zusammengefasst: Jedes Kind hat es nötig, dass ihm erlaubt wird, sein eigenes Fühlen, Denken und Handeln zu entdecken. Dabei darf es nicht unter die Kontrolle eines wohlmeinenden Menschen gedrängt werden, der eine Art von „Sinn für Ordnung" bereits dem Baby buchstäblich einflößen will.

Was tut in dieser Zeit der Vater?

Bis hierher haben wir uns fast ausschließlich auf die Mutter konzentriert, weil sie in erster Linie für die Ernährung und Pflege des Kindes in diesem ersten halben Jahr „zuständig" ist. Doch es ist jetzt nicht weniger wichtig, hinzuzufügen, dass die erste Darstellung Gottes als unser Vater für den leiblichen Vater vorgesehen ist. Das Baby beginnt anfanghaft zu ahnen, wer Gott Vater ist, wenn es erlebt, wie sein Vater sich zu ihm verhält und sich in dieser Zeit um sein Wohl kümmert.[14]

In diesem Zusammenhang ist das Ergebnis einer Studie interessant, welche vor einigen Jahren durchgeführt wurde, um herauszufinden, wie viel Zeit der Vater mit seinem dreimonatigen Kind verbringt, ihm in die Augen schaut und mit ihm redet. Die Studie kam zu folgendem Ergebnis: Im Durchschnitt beschäftigt sich ein Vater auf intensivere Art (Augenkontakt und Ansprache) pro Tag ganze 37 Sekunden mit seinem Kind. Das allein ist schon traurig und tragisch genug, aber wenn man sich vorstellt, dass das Baby eine erste Ahnung von dem bekommen soll, wie sein himmlischer Vater ist, entmutigt dieses Ergebnis schon sehr.

Der oben angesprochene Trend hat sich in den letzten Jahren etwas verbessert, aber das Problem an sich ist nach wie vor in unserer schnelllebigen, volltechnisierten Welt nicht wegzuleugnen. Es ist einfach notwendig, dass Väter mit ihren Babys und Kleinkindern mehr Zeit verbringen. Väter vermitteln eine Reihe von bedeutenden Schlüsseln zum Leben wie Bejahung, ein Gefühl der Sicherheit, Schutz und Identität.[15]

Wenn der Vater mehr oder weniger ausfällt, kommen diese lebenswichtigen Aspekte des Lebens im Leben seines Kindes zu kurz. Es schwächt die Entwicklung des Kindes und beeinträchtigt seine Persönlichkeitsentfaltung.

Was tun, wenn der Mangel erkannt wird?

Wenn den Bedürfnissen eines Kindes in diesen entscheidenden Monaten nicht entsprechend begegnet oder es sogar von seiner Mutter vernachlässigt wird, fühlt es sich unbefriedigt, ja unerfüllt. Wenn es dann zum nächsten Abschnitt seiner Entwicklung gelangt, nimmt es all diese unerfüllten Bedürfnisse mit und versucht mit allen Mitteln, irgendwie zu einer Befriedigung zu kommen. Weil diese Bedürfnisse aber in dieses Babystadium hineingehören, kann ihnen später nicht mehr begegnet werden. Nicht einmal die Eltern sind in der Lage, diesen Bedürfnissen im Nachhinein zu entsprechen. Die Zeit lässt sich nicht zurückdrehen.

Was also tun, wenn man im eigenen Leben aktiv oder passiv mit mangelnder Fürsorge im ersten halben Jahr zu tun hatte?

Auf diese Frage gibt es eine klare Antwort: Das Gebet der Eltern für ihr Kind vermag unglaublich viel (vgl. auch Jak 5,16: „Des Gerechten Gebet vermag viel, wenn es ernstlich ist").

Wir haben über die Jahre immer wieder feststellen müssen, dass Menschen nicht aufhören, in all ihren Beziehungen zu versuchen, den Mangel an Symbiose in den ersten Monaten auszugleichen. Doch es sind nun mal Bedürfnisse eines Babys, sie können in einem späteren Zeitraum nicht nachträglich erfüllt werden. Wie viele Konflikte und Enttäuschungen in Beziehungen – von der Kindheit bis ins Erwachsenenalter – entstehen dadurch!

Noch einmal: Weder für Eltern noch für irgendjemand anderen ist es möglich, den Mangel, den ein Baby erlitten hat, nachträglich auszugleichen. Der Einzige, der dies leisten kann, ist Jesus Christus. Sie als Eltern, Sie können für Ihr Kind in einer ganz besonderen, sehr wirkungsvollen Weise beten. Und Sie werden erfahren, dass Jesus es berührt und heilt.

Wir wollen uns folgende Geschichte des kleinen Peter anschauen. Sein Urvertrauen hatte schweren Schaden genommen, und uns interessierte es, was die Eltern taten, damit seine inneren Wunden geheilt wurden.

Peter

Peter war ein energiegeladener, aufgeweckter und ziemlich selbstbewusster Fünfjähriger. Da er zudem noch das jüngste von vier Kindern war, genoss er eine gewisse Sonderstellung in der Familie und eine ganze Menge Aufmerksamkeit. Eines Morgens schockierte er die ganze Familie mit folgender Feststellung: „Mami, ich hab kein Vertrauen zu dir und auch nicht zu Papi, und ich vertraue auch Jesus nicht." Peters Eltern verschlug es die Sprache, denn schließlich waren sie missionarisch sehr engagiert. Peter wuchs in einem christlichen Elternhaus auf, besuchte einen christlichen Kindergarten – woher um alles in der Welt konnte diese „Einsicht" kommen? Margit, die Mutter von Peter, rief uns an, ob wir uns zum Gebet treffen könnten. Als wir dann Gott

baten, uns zu zeigen, woher dieser plötzliche Wechsel bei Peter kommen könnte, erinnerte er Margit an die ersten Monate im Leben von Peter. Vom Tag seiner Geburt an wollte er partout nicht schlafen, besonders am Nachmittag, wenn alle anderen Kinder zu Hause waren. Eine Erinnerung stand ihr besonders deutlich vor Augen, als die Großmutter da war und Peter weinte. Seine Großmutter bestand darauf, dass Margit ihn schreien lassen sollte. Sie trug Margit schließlich auf, den Kleinen in ein entfernter liegendes Schlafzimmer zu bringen und die Tür zu schließen. Peter weinte und schrie mehr als eine Stunde lang, bis er schließlich völlig erschöpft war. Das kam häufig vor und immer wieder wurde er mit seinem Schreien allein gelassen. Dabei geschah etwas in Peters Erfahrungswelt, womit seine Mutter sicher nicht gerechnet hatte: Sein Urvertrauen wurde zerstört. Er gewann schon ganz früh den Eindruck, seinen Eltern nicht vertrauen zu können, dass sie sich um seine Bedürfnisse kümmern würden. Diese Erfahrung übertrug er ganz selbstverständlich auch auf Jesus. Jetzt, mit fünf Jahren, hatte er die sprachliche Fähigkeit herauszulassen, was er in seinem Herzen empfand.
Durch Gottes Gnade nun brach diese verborgene Wunde auf. Margit bat Gott, ihr zu vergeben, dass sie auf das Schreien ihres Kindes nicht reagiert hatte. Als an diesem Abend Peter schlief, beteten seine Eltern über ihm und baten Jesus, sich selbst Peter zu offenbaren und ihm mit der Aufmerksamkeit zu begegnen, die er so dringend in den ersten Monaten seines Lebens gebraucht hätte. Ihr Gebet ging immer wieder darum, dass sein verwundetes Herz geheilt, sein Vertrauen wieder hergestellt würde und er sich in dieser Welt sicher fühlen sollte. Am nächsten Morgen sprang Peter auf seinem Bett herum und sang: „Mami, ich vertraue dir, Papi, ich vertraue dir, Jesus, ich vertraue dir!" Noch einmal waren seine Eltern regelrecht geschockt – diesmal aber positiv. Jesus hatte Peter in einer einzigen, intensiven Gebetszeit geheilt. Peter hat seitdem nie wieder erwähnt, dass er niemandem vertrauen könne. Außerdem stellten seine Eltern im Laufe der Zeit fest, dass er es nicht mehr nötig hatte, sich selbst so in den Mittelpunkt zu stellen.

Manche lebenslangen Probleme kommen daher, dass das Baby für längere Zeit oder immer wieder für mehrere Tage von seiner Mutter getrennt wurde.

Während dieser ersten sechs Monate nimmt das Kind seine

eigene Existenz wahr als untrennbar mit der Mutter verbunden. Es erlebt sich als Mittelpunkt der Welt und erfährt sich selbst nicht als etwas, das getrennt von seiner Umgebung existiert – ganz besonders nicht von derjenigen, die es mit Nahrung und Pflege versorgt, der Mami. Nach etwa zwei bis drei Monaten nimmt das Baby schon eine andere Stellung ein, sieht sich selber aber immer noch als einen Teil seiner Mutter. Daraus folgt: Wenn in diesem Zeitabschnitt die Mutter über einen längeren Zeitraum abwesend ist, erfährt sich das Baby so, als würde ein wesentlicher Teil seiner selbst nicht mehr existieren. Sollte diese Trennung in den ersten Monaten länger andauern (müssen), fängt ein Baby meist auch körperlich zu leiden an.[16,17]

Dominik
Während der letzten zwei Monate hatte sich der fünfmonatige Dominik einen täglichen „Schreiplan" angeeignet. Unabhängig davon, was seine Eltern auch unternahmen, sie konnten ihm offensichtlich nichts recht machen. Sie waren deswegen völlig verstört und fragten sich, was denn sein eigentliches Problem sei. Der kleine Knirps wehrte sich sogar gegen alle Versuche seiner Mutter, ihn zu pflegen. Dominik entwickelte sich auch nicht so, wie es eigentlich sein sollte. Nachdem sie nun einige Ärzte aufgesucht hatten, die ihnen allesamt versicherten, dass dem Jungen körperlich nichts fehlte, besprachen sie ihr Problem mit uns. Im Gespräch mit beiden Eltern, in dem wir nach einer möglichen Ursache suchten, erzählte uns Dominiks Mutter, dass sie selber für drei Wochen ins Krankenhaus musste, als Dominik gerade mal zweieinhalb Monate alt war. In dieser Zeit kümmerte sich seine Oma um ihn. Nach ihrer Rückkehr begann sich Dominik in ein schwieriges Baby zu verwandeln, er schrie fast ununterbrochen und widersetzte sich allen Versuchen seiner Mami, ihn zu trösten und zu versorgen.
Eine solche Trennung während dieser so bedeutsamen Zeit für Dominik hat die symbiotische Verbindung zwischen ihm und seiner Mutter schwer geschädigt. Die Folgen davon waren offensichtlich und sehr Besorgnis erregend. Wir erklärten den beiden, wie sie für die Wiederherstellung der symbiotischen Verbindung beten könnten und wie sie Jesus bitten sollten, Dominiks Mangel aus der Zeit seiner Trennung von seiner Mutter zu heilen.
Nachdem die Eltern für Dominik gebetet hatten, hörte er fast augenblicklich zu schreien auf und ließ nun gerne zu, dass seine

Mami ihn fütterte, pflegte und mit ihm schmuste. Schon nach wenigen Tagen begann er positive Zeichen seiner Heilung zu zeigen. Und er wurde wieder zu dem strahlenden, wachen und auch körperlich blühenden kleinen Jungen, der er war, bevor er von seiner Mutter getrennt wurde.

Sowohl Babys als auch ältere Kinder reagieren oft in einer dramatischen Weise auf die ernsthaften Gebete ihrer Eltern. Immer wieder konnten wir Zeuge sein von ganz außerordentlichen Heilungen, wenn Gott die Wunden eines Kindes offenbarte und wenn Eltern dann für Heilung aus seiner Hand und um Wiederherstellung ihrer Kleinen beteten.

Gott erlöst wirklich, er antwortet, wenn wir zu ihm schreien (vgl. Jes 30,19).

Ein weiteres Beispiel für Gebet, das den Mangel aus der frühesten Kindheit ausfüllt, ist die Geschichte einer Mutter mit ihrem siebenjährigen Sohn, die wir hier ungekürzt weitergeben möchten.

Alex

„Nach dem Seminar betete ich und bat Gott, mir zu zeigen, was von meiner Seite aus für die Kinder nicht gut gewesen war, als sie noch ganz klein waren. Und augenblicklich zeigte er mir Dinge, die alle Alex, unseren Sohn, betrafen. Gott erinnerte mich an die Zeit, in der er sechs Monate alt war. Ich stillte ihn ab, weil ich müde war und nicht noch länger stillen wollte. Es brauchte ungefähr eine Woche, bis Alex bereit war, die Flasche zu nehmen, ohne ein großes Theater zu machen. Er wurde ein regelrechtes ‚Problemkind' und zwar jedes Mal, wenn es zum Füttern kam. Schließlich begann er hin und wieder zu trinken, ohne einen Aufstand zu machen.

Jetzt als Siebenjähriger hat Alex eine seltsame Eigenheit. Außer Pommes, Pizza und Haferflocken isst er nichts anderes und wenn er es muss, dann nur unter großem Protest. Jeden Tag sahen wir uns einem richtigen Kampf ausgesetzt, wenn es ums Essen ging. Oft trödelte er so lange, bis alle anderen fertig waren. Es gab sogar Zeiten, da stand Alex vom Tisch auf, ohne auch nur eine Kleinigkeit gegessen zu haben. Wie gesagt, es war ein nicht endender Kampf zwischen mir und Alex.

Nachdem Gott mir die Wurzel dieses Verhaltens gezeigt hatte, nämlich das zu frühe und abrupte Abstillen, versammelten wir uns am Abend als Familie zum Gebet. Bevor wir begannen, fragten wir Alex, ob er auch sein Herz Jesus geben wolle, so wie es seine anderen Geschwister schon getan hatten. Doch wie schon früher lehnte er diesen Schritt ab und meinte, dass er nicht notwendig sei. Während der Familiengebetszeit hatte ich den Eindruck, ich solle Alex um Vergebung bitten, dass ich ihn zu früh und gegen seinen Willen entwöhnt hatte. So erklärte ich ihm, was sich damals ereignet hatte, als er noch ein sechs Monate altes Baby war. Ich bat ihn um Vergebung und sagte ihm, dass Jesus seinen Schmerz von damals heilen wolle. Als ich für Alex betete, rollten dicke Tränen über seine Wangen; das war alles andere als typisch für unseren Sohn. Wir ahnten, dass Alex in diesem Moment den Schmerz von damals fühlte. Als ich weiterbetete, erlebte er, wie der Herr zu ihm kam, als er dieses Baby von sechs Monaten war. Er spürte, wie Jesus ihn tröstete und einen tiefen Frieden in sein kleines Herz senkte. Nach dem Gebet und einer kleinen Pause fragte Alex seinen Vater: ‚Papi, kann ich jetzt mein Leben Jesus geben?' Wir waren alle voller Freude und geradezu überwältigt von dem, was Jesus für Alex getan hatte. Die Rebellion und die Blockade auf dem geistlichen Gebiet waren einfach weg. Heute, drei Jahre später, isst Alex besser als je zuvor und sein Verhalten am Tisch ist mehr als ‚normal'. Lob und Dank gehören unserem Herrn Jesus Christus!"

Was für eine Geschichte! Ein Kind wird von einem Schmerz befreit, den es als Baby erlitten hat, befreit auch von allen folgenden Störungen, bis hin zu seiner geistlichen Blockade! Ist es nicht ein wunderbarer Gott, mit dem wir leben dürfen?

Eine ausführliche Anleitung zum Gebet mit Ihrem Kind finden Sie im letzten Kapitel dieses Buches.

Ein anderes, leider auch mögliches Problem begegnet uns, wenn die Mutter auf die Bedürfnisse ihres Kindes nicht eingeht, wenn sie bewusst das Füttern vernachlässigt oder einfach die Bedürfnisse ihres Kindes übersieht. Ob nun bewusst oder unbewusst, die Folgen sind dieselben. Das Baby wird seelisch verletzt und für den Rest seines Lebens wird es versuchen, irgendeine symbiotische Gemeinschaft mit anderen herzustellen, nur um dem Mangel aus der frühesten Kindheit irgendwie zu begegnen.[18]

In den Jahren unseres Dienstes haben wir die Erfahrung machen müssen, dass viele Menschen im Hinblick auf ihre

Freunde, Ehepartner, Berufe und unzählige andere Lebensbereiche Entscheidungen trafen, die mit ihren unbefriedigten symbiotischen Bedürfnissen zu tun hatten.[19]

Im Stadium der Symbiose ist es die Verantwortung der Mutter, für all das zu sorgen, was das Kind zum Leben braucht. Die Verantwortung des Babys dagegen ist es, einfach „da zu sein“, seine Bedürfnisse anzumelden und alle Arten von Fürsorge in Anspruch zu nehmen. Wenn eine Mutter dagegen in ihrem Selbstwert von ihrem Kind abhängig ist, wird sie später, wenn das Kind heranwächst, nur mit großer Mühe ihre Rolle als fürsorgliche Mutter aufgeben. Meist weiß sie dann weder, wie sie ihr Kind ermutigen kann, als Persönlichkeit heranzureifen, noch wie sie in ihrem Kind das notwendige, gesunde Streben nach Unabhängigkeit fördern soll. Anstatt vorbereitet zu sein, sich in dieser Welt zurechtzufinden, wird ein solches Kind häufig in einer gewissen Unreife gehalten, es wird niemals wirklich frei und bleibt ein Leben lang in einer ungesunden, niederdrückenden Abhängigkeit von seiner Mutter. Wenn diese in die Zukunft schaut (was für sie bedeuten würde, dass ihr Kind erwachsen und das Zuhause verlassen wird), beharrt sie lieber auf dieser Bindung der Symbiose, die Gott ja eigentlich nur für die erste Lebensphase eingeplant hat. Jetzt aber zerstört sie das, was Gott für das Kind (und letztlich auch für die Mutter) vorgesehen hat.

Zusammenfassung

Die „Aufgabe“ eines Babys zwischen null und sechs Monaten ist es, einfach „da zu sein“ und in sein Leben Sicherheit, eine gesunde Existenz, Urvertrauen und die Grundlagen für alle spätere Kommunikation inklusive der Lösung von Problemen aufzunehmen.

In dieser Phase ist es normal, dass das Kind auf sich selbst konzentriert ist; erwartungsgemäß geht es um den Wechsel zwischen Schreien und Gefüttertwerden.

Das Verhalten der Eltern ist dann als gesund anzusehen, wenn sie auf das Schreien ihres Babys gut reagieren, Sorge für das Kleine tragen, ohne Bedingungen zu stellen. Dazu gehört auch, dass sie die Probleme für das Kind lösen und dafür sorgen, dass ihm zu jeder Zeit eine ungeteilte Aufmerksamkeit und Zuwendung sicher ist.

Demgegenüber ist das Verhalten von Eltern als für das Kind wenig förderlich anzusehen, wenn es von einem Mangel an oder einem falschen Verständnis von Elternschaft geprägt ist. Dazu gehören auch und vor allem unangemessene bzw. falsche Reaktionen auf das Schreien des Babys, die Vernachlässigung oder das grundsätzliche Fehlen liebevoller Pflege. Geradezu ungesund für ein Kind in diesem Alter ist es, in einen Fütterungsplan gepresst oder zu einem bestimmten Schlafrhythmus „dressiert" zu werden.

Probleme des Babys in dieser Entwicklungsstufe (null bis sechs Monate):
- Marasmus (allgemeiner geistig-körperlicher Kräfteverfall)
- Passivität
- Störungen beim Füttern
- Koliken
- Abwehr von Pflegehandlungen
- übermäßiges Schreien

Wenn ein Baby zwischen null und sechs Monaten seelisch verletzt wird oder seine Bedürfnisse ungestillt bleiben, trägt es diese Wunden und diese Unerfülltheit in die nächsten Entwicklungsstufen hinein bis ins Erwachsenenleben. Gebet um innere Heilung durch die Eltern erlauben es Gott, die Wunden zu heilen, die Bedürfnisse zu befriedigen und das Kleine wieder herzustellen.

Unser Gott ist ein Gott der Erlösung. Alles, was wir als Eltern falsch gemacht haben, kann Gott berühren, heilen und wieder herstellen. Unsere Aufgabe ist es lediglich, ihn zu bitten, dass er uns zeigt, wo im Leben des Kindes die Verletzungen liegen. Dann bringen wir diese zu Jesus, wie der Beamte, der für seinen Sohn bei Jesus eingetreten war (vgl. Joh 4,47–50), und bitten ihn, die Wunden im Herzen des Kindes zu heilen.

Ein letzter Hinweis:
Wenn ein Kind in dieser Phase seiner Entwicklung ein Problem hat und die Eltern für die Lösung gebetet haben, ohne dass es zu einer durchgreifenden Änderung gekommen ist, dann sollte Folgendes in Betracht gezogen werden:

Die Wurzeln eines solchen Problems müssen nicht in der Zeit liegen, die das Kind seit seiner Geburt auf der Welt lebt. Manche Wunden, die sich als echte Schwierigkeiten entpuppen, stammen aus einem früheren Stadium der Entwicklung. In einem solchen Fall ist es durchaus möglich, dass sich vorgeburtlich etwas ereignet hat, das sich nun als Problem in dieser Phase der Entwicklung zeigt. Tatsächlich ist das sehr häufig der Fall. Trifft dies zu, müssen wir als Eltern Gott bitten, uns seine Weisheit zu geben, bevor wir für irgendetwas im Leben unserer Kleinen beten. Wie dieses Gebet aussehen kann, findet der Leser ausführlicher im letzten Kapitel dieses Buches.

Literaturverweise Kapitel 3

1 Pamela Warrick, „The Fantastic Voyage of Tanner Roberts", Los Angeles Times, März 1992
2 Jacqui & Aaron Schiff, „Passivity", Transactional Analysis Journal I,1 (1971), S. 71–78
3 Nancy Sheehan, „A Sister's Helping Hand", Readers Digest, Mai 1996, S. 155–156
4 Sandra Blakeslee, „Studies Show Talking with Infants Shapes Basis of Ability to Think", New York Times, 17. April 1997
5 Sharon Begley, „How to Build a Baby's Brain", Newsweek Spezialausgabe, Frühling/Sommer 1997, S. 28–32
6 Renee Baillargeon, „How Do Infants Learn About the Physical World?" Current Directions in Psychological Science, Okt. 1985, S. 133–140
7 Kathleen McAuliffe, „Making of Mind", Omni, Oktober 1985, S. 62–66
8 Frank & Catherine Fabiano, „Mut zur Reife", Gerth Medien GmbH, Asslar 1999
9 Jack Newman, „How Breast Milk Protects Newborns", Scientific American, Dezember 1995
10 Barry M. Lester, „There's More to Crying Than Meets the Ear", Childhood News Letter, 2, 1983
11 Paul Chance, „Your Child's Self-Esteem", Parents Magazine Enterprises, Januar 1982
12 Fabiano, a.a.O.
13 Fabiano, a.a.O.
14 F. Rebelsky & C. Hans, „Father's Verbal Interactions with Infants in the First Three Month of Life", Child Development 1971, S. 42.63ff
15 Paul Roberts, „Father's Time", Psychology Today, Mai/Juni 1996, S. 48–55.81
16 René Spitz, „Hospitalization, Genesis of Psychiatric Conditions in Early Childhood", Psychoanalytic Study of Child 1945, S. 53–74
17 S. Provence & R. Lipton, „Children in Institutions", New York, International Universities Press 1962
18 W. Goldfarb, „Psychological Privation in Infancy and Subsequent Adjustment", American Journal of Orthopsychiatrie 1945
19 Fabiano, a.a.O.

KAPITEL 4

Das Kind vom sechsten bis zum 18. Monat

„Bring einem Kind am Anfang seines Lebens gute Gewohnheiten bei, es wird sie auch im Alter nicht vergessen."

(Spr 22,6)

Peter

Peter ist nun fünfzehn Monate alt. Er wächst in einer christlichen Familie auf. Seine Mami lehrt seine älteren Geschwister, ihre Sachen mit anderen zu teilen. Peter ist noch zu klein, als dass man von ihm erwarten könnte, dass er sich ähnlich wie die anderen verhält. Doch eines tut er schon: Er beobachtet, wie seine Brüder teilen, und so macht es ihm Freude, auch zu teilen, ganz besonders, wenn er etwas zu essen hat.

Eines Abends beobachtet Peter, wie sein Vater ein „flaches, schwarzes Ding" nimmt und hinüber zu der Maschine neben dem Fernsehapparat geht. Daddy schiebt das „flache, schwarze Ding" in das Maul auf der Vorderseite der Maschine und tatsächlich: Die Maschine hat das Teil gefressen.

An diesem Abend geht Peter zu Bett, müde und glücklich, einen Tag lang seine kleine Welt erkundet zu haben.

Am nächsten Morgen: Alle sind bei Mami in der Küche und essen Cornflakes. Mitten beim Essen fällt Peter plötzlich ein:

„Hey, die Maschine hat ja seit gestern Abend nichts mehr gegessen!" Peter findet einen großen Löffel, füllt ihn übervoll mit Cornflakes und geht hinüber zu der „Maschine". Er streckt seine kleine Hand aus und spreizt mit seinen Fingerchen das Maul der Maschine auf. Dann führt er vorsichtig den Löffel, der von Cornflakes nur so überfließt, in das offene Maul hinein, dreht ihn um und schüttelt die letzten Cornflakes ab. Dann zieht er ihn wieder heraus. Peter hat die Maschine gefüttert. Er ist sehr zufrieden mit sich selbst und dementsprechend glücklich.

Dies ist keine ausgedachte Geschichte. Sie hat sich tatsächlich so zugetragen. Peters Eltern waren weise: Sie haben ihn nicht bestraft. Sie haben verstanden, warum er das getan hat. Peters Herz war am rechten Fleck und sein Verhalten entsprach durchaus dem Verhalten anderer Kinder in seinem Alter.

Diese Entwicklungsstufe, mit den Augen eines Kindes gesehen:

Der jetzige Abschnitt meines Lebens, Mami und Papi, ist mit Sicherheit ein sehr „dynamischer", reich an Überraschungen und einem großen Bedürfnis, alles zu erforschen und die Welt um mich herum zu erfahren. Mein Hauptinteresse ist es jetzt, Eigeninitiative zu entwickeln. Ich motiviere mich nun selbst, entwickle meine Art zu lernen, mein Wirkungskreis wird größer und meine Kreativität wächst.
Was für mich und für meine gesunde Entwicklung notwendig ist, sind zwei Dinge: Freiraum und Schutz für meinen Forschungstrieb. Wenn ich eine Unmenge von Objekten um mich herum habe, die ich berühren und bearbeiten kann, dann trägt dies entscheidend dazu bei, dass sich meine Nervenverbindungen, die sich jetzt ungeheuer schnell entwickeln, in der richtigen Weise formieren. Mami und Papi, in dieser Zeit brauche ich ganz dringend eure Ermutigung, selbst die Initiative zu ergreifen, ohne irgendwelchen Erwartungen entsprechen oder gar mit Bestrafung und strengen Regeln rechnen zu müssen. Vergesst nie, dass mein Verlangen nach bedingungsloser Liebe nach wie vor da ist.
Aber das ist für mich die Zeit, die Welt zu erforschen. Passt bitte auf! Ich werde alles anfassen und das meiste probieren.

Bedürfnisse des Kindes, die es auf dieser Entwicklungsstufe zu beachten gilt

In den Blick des Babys rückt nun in bewegender Weise die Welt, die es umgibt. Es wendet sich mehr und mehr von der Selbstzentriertheit ab und ist fasziniert von all dem, was in seiner Umgebung vorkommt. Die nächsten zwölf Monate sind für das Kleine die Zeit, zu lernen und sich in verschiedenste Richtungen hin zu entwickeln. Sein Bewegungsspielraum wird größer, es ergreift Initiative, zeigt Motivation, Kreativität und ein erstes Verständnis von räumlichen und begrifflichen Zusammenhängen. Dabei muss das Kleine die Erfahrung sammeln, was ihm Probleme macht und was es frustriert. So lernt es, was ihm möglich ist und was noch nicht. Jetzt ist auch die Zeit – verstärkt durch die wachsende Mobilität des Kindes –, dass es sich durch die Symbiose

„hindurcharbeitet“ bis zu seiner vollständigen Lösung von ihr. Eine solche Loslösung sollte in den beiden Jahren dieser Entwicklungsstufe vollzogen sein, wenn man von dem Kind erwartet, dass es beginnt, kleine Probleme selbst zu lösen und Dinge aus eigenem Antrieb zu tun.

Dabei ist das Kleine darauf angewiesen, dass es ermutigt wird, sein Streben nach Unabhängigkeit und eigenen Wegen – weg von den Eltern – zu entwickeln. Für das Kind ist es wichtig, alles zu erforschen und eigene Initiative zu entwickeln, zu erleben, dass es Unternehmungsgeist hat und sich selbst von einem Ort zum anderen bewegen kann. Das alles muss ohne die Drohung, dass es allein gelassen oder bestraft wird, möglich sein. Es darf niemals die Angst haben, von seinen Eltern nicht mehr versorgt oder geliebt zu werden. Manchmal ist das eine ganz schöne Herausforderung an die Bedingungslosigkeit unserer Liebe, aber die ist jetzt gefordert.

Das Kind nimmt nun nach und nach eine Flut von Informationen über all die Dinge auf, die etwas anderes sind als es selbst. In dieser Phase ist es für das Kleine lebenswichtig, herauszubekommen, was es mit der es umgebenden Welt auf sich hat, und all die wichtigen Informationen durch persönliche Erfahrungen in sich aufzunehmen. Es ist die Zeit, in der es wichtige Zusammenhänge begreifen lernt wie „nah“ und „fern“, „oben“ und „unten“, „hart“ und „weich“, „heiß und kalt“, wie Wasser spritzt und, natürlich nicht zu vergessen: was alles Krach macht.

Die Grundbedürfnisse nach Nahrung bleiben nach wie vor bedeutsam, werden jedoch von dem erwachenden „Erforschungstrieb“ immer mehr begleitet. Neugierde bringt das Kleinkind dazu, sich zu bewegen. Die „kleinen Forscher“ probieren alles aus, dabei ist ihr Mund ein bevorzugtes Instrument, Dinge aus der Umwelt zu untersuchen.

> Letzten Monat haben Sie eine Fliege „beseitigt“. Seitdem haben Sie den Teppich mehrere Male gesaugt. Sie haben die Fliege einfach nicht mehr gefunden, weil Sie sie beim Staubsaugen in eine Ecke des Wohnzimmers geschoben haben. Die kleine, zwölf Monate alte Jule untersucht gerade auf ihren Knien das Wohnzimmer und findet die Fliege.
> Sie hebt sie auf, schaut sie sich neugierig und sehr genau an und

mit einem fröhlichen Gesichtsausdruck schiebt sie das trockene Tier in ihren kleinen Mund.
„O Liebling! Was sind denn diese kleinen schwarzen Krümel auf deiner Zunge?!"
Jule hat gerade eine wichtige Erfahrung mit dem Begriff „knusprig" gemacht.

Die Kleinen haben nun einmal ein brennendes Interesse an dem, was irgendwo darunter, darüber, dahinter oder drinnen ist. Sie wollen es unbedingt erforschen und während sie es tun, beginnen sie, die Welt um sich herum mehr und mehr zu begreifen.

Was die Wissenschaft bestätigt

Die Forschungsarbeit der letzten Jahre hat ergeben, wie überaus wichtig dieser Abschnitt in der Entwicklung des Kindes ist, um eine bestmögliche nervliche Vernetzung in seinem Gehirn zu erreichen. Das gesamte Nervensystem und die Koordination der Muskeln entwickeln sich in dieser Phase am schnellsten. Die Verbindungen (Synapsen) der Nervenbahnen vermehren sich geradezu explosionsartig.

Darüber berichtet das Time Magazine vom 10. Februar 1997:

„Was die Nerven im Gehirn eines Kindes vernetzt", sagen die Neurologen, „sind die Erfahrungen, die es wiederholt machen kann. Jedes Mal, wenn ein Baby versucht, etwas zu berühren, was seine Aufmerksamkeit erregt hat, wenn es intensiv in ein Gesicht schaut oder einem Wiegenlied zuhört, jagen winzige elektrische Ströme durch sein Gehirn, verknüpfen Nervenbahnen zu sinnvollen Verbindungen, gerade so, wie wir sie aus den Eingravierungen der Mikrochips kennen."[1]

Diese Verbindungen müssen ständig erneuert und ausgebaut werden, indem sie bestimmten Reizen ausgesetzt sind. Nur so bleiben sie auf Dauer erhalten. Je mehr einem Kind erlaubt und ermöglicht wird, seine Umwelt zu erforschen, zu berühren und zu bearbeiten, desto mehr Nervenverbindungen können sich formen und das gesamte Nervensystem leistungsfähiger machen. Im Gegensatz dazu: Wenn Nervenverbindungen nicht genügend Reize erhalten und erneuert werden, bauen sie sich wieder ab oder verschwinden sogar wieder ganz. Das gesamte Nervensystem bleibt letztlich unterentwickelt. Die Folge ist, dass es im späteren Leben Probleme geben wird mit Lesen, Schreiben, Denken, Vorstellungskraft und fast allen Formen des Lernens.

Im gleichen Artikel fährt der Schreiber fort: „Wenn das Kind einer Umgebung beraubt wird, in der es genügend Anreize bekommt, wird sein Gehirn geschädigt." Forscher am *Baylor College of Medicine* haben zum Beispiel herausgefunden, dass Kinder, die nicht viel zu spielen haben oder nur wenig berührt werden, ein 20–30 % kleineres Gehirn haben, als es normal für Kinder in ihrem Alter wäre.[2]

Die grundsätzliche Erlaubnis, die Umgebung zu erkunden ohne unnötige Begrenzungen oder eingrenzende Erwartungen, ist alles, was nötig ist, um Entwicklungsdefiziten vorzubeugen. Natürlich ist ein gewisser Schutz notwendig, der ein Kind bei seinen „Forschungsreisen" vor Verletzungen bewahrt.

Und es ist auch nichts Verkehrtes daran, unser Eigentum oder das anderer Leute vor Beschädigung zu schützen. Warum nicht die Hi-Fi-Anlage oder den Video- bzw. DVD-Player in einem abschließbaren Schrank unterbringen?

Bei allem ist wichtig: Das Kleine muss wissen, dass seine Motivation richtig ist, seine Mobilität etwas Gutes und seine Initiative zu Ergebnissen führt, auch wenn's manchmal wehtut.

Eine Grundlage für die Art, wie Erwachsene Probleme lösen

Diese Monate sind auch eine wichtige Zeit, um Beziehungen herzustellen zwischen sich und der das Kind umgebenden Welt (räumliche Beziehungen) und dasselbe zwischen Begriffen und den Dingen (begriffliche Beziehungen). Diese Beziehungen sind notwendig, um die Grundlagen für alles Denken, Lernen und Problemlösen in der Zukunft zu legen. Was steckt hinter diesen Begriffen und wie werden sie geformt?

Räumliche Beziehungen

Räumliche Beziehungen beschreiben die Fähigkeit eines Kindes, zu begreifen, wie die Dinge im Raum vorhanden sind. Wie steht ein Stuhl im Bezug auf den Boden und wie der Tisch? Wie steht das Sofa in Bezug zur Wand? Wie viel Platz ist zwischen den einzelnen Stangen des Treppengeländers? Um all diese Zusammenhänge feststellen zu können, muss das Kind krabbeln oder laufen, um zu den einzelnen Objekten zu gelangen und deren Beziehung zu anderen Dingen zu erforschen. So kann es passieren, dass es seinen kleinen Körper durch den Spalt zwischen Wand und Sofa zwängt oder seinen Kopf zwischen die Stangen des Geländers steckt – und stecken bleibt. Das hat nichts mit einem selbstzerstörerischen Trieb zu tun, sondern ist schlichtweg seine Art, auf ganz persönliche Weise eine Vorstellung von räumlichen Gegebenheiten zu gewinnen. Solche Entdeckungstouren sind einfach notwendig, um im späteren Leben einmal auf effektive Weise Probleme lösen zu können. Wird ein Kind an solchen Erkundungen gehindert, kann sich nur schwer ein Verständnis von räumlichen Beziehungen entwickeln. Das wiederum hat nicht unerhebliche Auswirkungen im späteren Leben auf die Fähigkeit, Probleme zu meistern. Wenn Eltern aus Bequemlichkeit oder übertriebener Sorge das Erforschen der Umgebung durch ihr Kind unterbinden, bleibt dies nicht ohne Folgen. Doch davon später mehr.

Begriffliche Beziehungen

Eine andere Fähigkeit, die ein Kind in dieser Zeit entwickelt, ist sein Verständnis des Zusammenhanges zwischen Dingen und Begriffen. Es kann mittlerweile Stuhl, Tisch, Couch, sein Zuhause „denken", ohne diese Dinge oder Orte in seiner Nähe zu haben. Es ist seine Vorstellungskraft, die sich mehr und mehr entwickelt. Wenn wir uns das Zuhause eines Menschen vorstellen sollen, obwohl wir noch nie da waren, sind wir nicht in der Lage, uns ein genaues Bild davon zu machen. Nicht anders ist es mit Kleinkindern. Wenn sie nicht die Gelegenheit hatten, etwas zu erkunden oder Erfahrungen zu sammeln, so sind sie auch nicht in der Lage, sich eine Vorstellung davon zu machen. Grundsätzlich kann man sagen, dass die Fähigkeit, einen Begriff von etwas zu entwickeln, mit unserem Vermögen zusammenhängt, Bilder in unserem Verstand abzubilden. Diese Fähigkeit sorgt im späteren Leben dafür, dass der Betreffende effektiv denken und angemessen handeln kann.

Wie ein Kind erfährt, dass es Dinge gibt

Auf dieser Stufe seiner Entwicklung lernt das Kind, die Wirklichkeit wahrzunehmen und dass Dinge weggenommen werden können und trotzdem noch existieren. Das Gleiche gilt erst recht für Personen: Sie sind auch dann noch da, wenn sie den Raum verlassen haben. Spiele in diesem Alter haben immer auch damit zu tun, dass Dinge von ihrem Platz weggenommen werden und dann wieder da sind.[5] Das Kleine ist nun dabei, seine Phantasie zu entwickeln und Bilder seiner Umgebung in sich aufzunehmen. Dazu gehört auch das Wissen, dass die Dinge Bestand haben, denn bis zu dieser Entwicklungsstufe war etwas oder jemand nicht mehr da, sobald es aus dem Gesichtskreis geraten war. Das ist jetzt die Zeit, in der man mit seinem Kind „Kuckuck, da bin ich!" spielen kann, um seinen Spaß daran zu haben, wie es lacht und aufgeregt ist, sobald man nach dem „Verschwinden" plötzlich wieder auftaucht.[6]

Unordnung gehört nun mal dazu

Kinder brauchen die Freiheit, so zu sein, wie Gott es für sie vorgesehen hat. Sie müssen sich so entwickeln können, wie Gott es in ihnen angelegt hat. Jetzt ist es an der Zeit, sich schmutzig zu machen und alles durcheinander zu bringen. Es ist daher „lebenswichtig", dass das Kleine so leben darf, ohne sich ständig von seinen Eltern gemaßregelt oder gar zurückgestoßen fühlen zu müssen. Diese Entwicklungsstufe wird auch als „Taufalter" bezeichnet, denn das Kleine „tauft" alles, was ihm in die Quere kommt. Es ist für ein Kind in diesem Alter aufregend, wenn es beobachten kann, was für interessante Sachen passieren, wenn Milch, Saft oder Suppe irgendwo hingegossen werden. Schmieren und Matschen sind für die Kleinen faszinierende Entdeckungen. Wenn sie die Gelegenheit dazu haben, können sie eine Menge Dreck machen. Dabei erhöhen getrocknetes Essen im Gesicht und irgendetwas Flüssiges im Haar den herrlichen Gesamteindruck. Das ist völlig normal, fängt etwa mit dem achten Monat an und dauert dann einige Monate. Kritisch wird diese Zeit nur durch die Reaktionen der Erwachsenen. Jetzt ist vor allem bedingungslose Liebe und Annahme gefragt, mehr noch als zu anderen Zeiten. Außerdem ist in dieser Phase die

Symbiose zwischen Mutter und Kind am stärksten. Deshalb beeinflusst alles, was die Mami macht, das Kleine besonders nachhaltig und hinterlässt unauslöschliche Spuren in seinen Gedanken, Gefühlen und seinem Verhalten.[7]

„Mami, lass mich mal versuchen!"

Haben Sie schon gemerkt, dass Kinder etwa im Alter von zehn oder elf Monaten mit einem Mal Schwierigkeiten beim Essen haben? Sobald Sie versuchen, Ihr Baby zu füttern, schließt es seinen kleinen Mund, dreht den Kopf weg oder bewegt sich vor und zurück, um dem Löffel auszuweichen, den Sie ihm mit viel Mühe in den Mund führen wollen. Sie müssen dann Flugzeug spielen, indem Sie den Löffel mit Essen in Loopings und Kreisflügen bewegen, um, wenn dann das Kleine lacht, schnell das Löffelflugzeug in den Hangar einzuparken. Aber was ist da eigentlich los? – Sehr einfach, zu dieser Zeit will Ihr Kind bereits „sich selber füttern". Sie spüren zunehmend den Drang, etwas unabhängig von den Menschen tun zu können, die es umsorgen.

Daher sollte man dem Kind erlauben, ja es ermutigen, sich selber seine Nahrung zuzuführen. Es braucht einfach Ermutigung und Stärkung seines eigenen Antriebs, lernen zu können, wie es das selber macht. Doch zugegeben: Die Versuchung ist groß, gerade das zu verhindern, zum einen, weil oft nur ein Teil des Essens im Mund landet (der Essplatz ein einziges Babybrei-Stillleben), zum anderen genau deswegen, weil das Kleine zu wenig zu sich nimmt. Damit aber diese ureigene Motivation, sich selbst zu füttern, nicht im Keim erstickt wird, gibt es eine bewährte Methode: Das Kind bekommt den einen Löffel, und der es füttert, einen zweiten. Wenn es dann bei seinem Versuch, den Mund zu treffen, daneben landet, können die Eltern mit einem Löffel voll Brei nachhelfen. Im Normalfall hat das Kleine nichts dagegen, wenn auch seine Eltern einen Löffel benutzen und es zwischendurch füttern, solange es selber die Möglichkeit hat, seinen eigenen Löffel zu gebrauchen.

Diese Zeit sollte also in ihrer Bedeutung für die Entwicklung der Eigeninitiative nicht unterschätzt werden. Eltern brauchen also trotz gehörigem Mehraufwand den Mut, diese Erfahrung des „Selbst-Fütterns" zu erlauben. Ihre „Flugzeug-Aktivitäten" können Sie sich ja für besondere, kreative Spielzeiten aufheben.

Berühren ist alles

In der Entwicklungsphase von sechs bis 18 Monaten könnte man von Kindern sagen, dass sie leben, um zu berühren, und berühren, um zu leben. „Nun beginnt eine Zeit der aktiven Innervierung – nichts läuft nur noch spontan ab, sondern wird angetrieben von einer Flut spürbarer Erfahrungen, die nach und nach den noch rohen Bauplan des Nervensystems immer mehr verfeinern.“[9]

Die Kinder berühren und befühlen in dieser Zeit alles, was sie zu greifen bekommen. Das tun sie nicht, um ihre Eltern herauszufordern, sondern um ihre Neugier zu befriedigen und ihre Welt zu erforschen. Zu berühren und anfassen zu dürfen sorgt dafür, dass für das Kind so etwas wie eine Hauptstraße bereitet wird, auf der es sich ermutigt sieht, sich in den Bereichen Mobilität, Selbstinitiative, Motivation und Kreativität weiterzuentwickeln. Wenn es Dinge gibt, die nun wirklich nicht berührt werden dürfen, sollten sie, wenn irgend möglich, aus der Reichweite des Kindes entfernt werden. *Es ist wesentlich sinnvoller, ein Haus „baby-sicher“ zu machen, als ein Baby „haus-sicher“!* Das bedeutet: Wenn Sie nicht wollen, dass Ihr Kleines etwas berührt, dann tun Sie es weg.

An diesem Punkt hören wir oft die Frage: „Ja kann ich denn überhaupt nicht mehr ‚nein‘ zu meinem Kind sagen?!“ Das wäre unrealistisch. Es ist vollkommen in Ordnung, doch sollte es Sie nicht aus der Fassung bringen, wenn Ihr zwölf bis 15 Monate altes Kleinkind sich nicht an ein „Nein“ erinnert. Es braucht eine Reihe von Wiederholungen eines entschiedenen „Neins“, bis das Kind eine unangebrachte oder gefährliche Aktivität, zum Beispiel das Spielen am Küchenherd, stoppt. Natürlich kann man ein Kind auf die übliche Art (mit Zwang und Strafe) dazu bringen, Regeln einzuhalten; dabei sollte man jedoch bedenken, dass diese nicht mit dem hier beschriebenen Ansatz und Anliegen in Einklang steht, Eigeninitiative und Motivation beim Kind zu fördern. Auch die Bibel enthält eine Ermutigung dazu, dass man realistisch und zurückhaltend in seinen Erwartungen sein sollte, was die Fähigkeit der Kinder anbelangt, in ihrem Handeln Grund und Folgen zu bedenken.

> „Von Dickmilch und Honig wird er (Immanuel) sich nähren, bis er versteht, das Böse zu verwerfen und das Gute zu erwählen.“
> *(Jes 7,15)*

Diese Schriftstelle zeigt uns zusammen mit anderen, dass in der Kultur des israelischen Volkes ein Kind erst dann beginnt, das Richtige vom Falschen zu unterscheiden, wenn es im Alter von zwei bis drei Jahren entwöhnt worden ist. Dann erst ist es angebracht, ernsthaft mit der Erziehung zur Disziplin zu beginnen.

Trennung will ausprobiert sein

Vom 15. bis zum 20. Monat ist das Kind regelrecht gefangen genommen von allem, was es zu erforschen gilt. Dabei erarbeitet es sich einen gewissen Freiraum von der Symbiose mit der Mutter und erfährt mehr und mehr, was es heißt, von ihr getrennt zu sein. Es entdeckt dadurch auch, was es tun kann und was nicht. Mehr als irgendwann sonst braucht das Kind jetzt Ermutigung, Freiheit und Unterstützung bei seiner „Entdecker-Tätigkeit".[8]

Dies ist nun tatsächlich nicht die Zeit, um im wachsenden Maß Bestrafung als Erziehungsmittel einzusetzen, mehr Disziplin einzufordern oder gar den Bewegungsfreiraum drastisch zu begrenzen. Für das Kleine ist allein wichtig, dass es bei seinen Erkundungszügen ausreichend Schutz hat.

Und ein Letztes: Hier sei noch einmal daran erinnert, was wir schon früher sagten. Wir Erwachsenen reagieren auf das Verhalten unserer Kinder oft deshalb falsch, weil wir keine Vorstellung von dem haben, was ein Kind zu diesem oder jenem Handeln motiviert. Wir wollen einmal folgende Szene betrachten:

Sie haben ihre 15 Monate alte Helen mit in ein Geschäft genommen. Auf einem Regal steht ein kleines Schloss aus Kristallglas. Helen erblickt das äußerst faszinierende, glitzernde Ding und schießt schnurstracks auf das Regal zu, um sich seine „Belohnung" zu holen. Sie können natürlich Helen nicht erlauben, das zerbrechliche, kostbare Ding anzufassen, nicht zuletzt auch deswegen, weil Sie keine Lust haben, ein möglicherweise zersplittertes Kristallschloss zu bezahlen. Darum sagen Sie sehr bestimmt: „Nein, Helen, das fasst du nicht an!" Einige Male versucht es Helen noch: vergeblich, denn Ihre Reaktion ist jedes Mal dieselbe. Schließlich nehmen Sie Helen auf den Arm, zum einen, um die „Versuchung" für die Kleine zu verringern, zum anderen, um die Sicherheit des Kristallschlosses zu gewährleisten. Sie verlassen das Geschäft und schauen auf dem Heimweg noch bei einer

Freundin vorbei. Kaum in ihrem Haus, setzen Sie Helen ab. Leider zu früh, denn Helen erblickt auf dem Couchtisch eine aufregende Überraschung: ein Kristallschloss. Helen explodiert geradezu vor Erwartung und macht sich sofort auf den Weg zum Couchtisch. Während Sie sich angeregt mit Ihrer Freundin unterhalten, bemerken Sie, wie Helen sich dem Tisch mit dem Kristallschloss nähert. Doch dann hält sie an, dreht sich langsam zu Ihnen um, wendet sich wieder dem Tisch zu, schaut dann aber noch einmal zu Ihnen, während sie sich zentimeterweise dem Schlösschen nähert, nicht ohne Sie mit einem kurzen Seitenblick im Auge zu behalten.

Hier wollen wir die Szene einmal anhalten. Wie würden Sie dieses offensichtlich kokette Verhalten Helens deuten? Sagt sie mit ihrem Verhalten: „Sieht mich Mami?", oder: „Komm ich an das Schloss dran, bevor sie wieder nein sagt?"

Ihre Reaktion könnte etwa so aussehen: „Jetzt guck dir mal meine Helen an, sie weiß ganz genau, dass sie das Schloss nicht berühren darf!"

Viele Erwachsene, die diese Szene beobachten könnten, würden meinen, Helens Verhalten zeige eindeutig, dass sie nur ihre Mutter herausfordern will.

„Schau nur, wie sie mich herausfordert! Das tut sie die ganze Zeit!" Nicht wenige von uns würden wahrscheinlich so reagieren.

Mal sehen, wie es wirklich weitergeht.

Jetzt sind Sie einmal Helen. Sie sehen das Kristallschloss und bewegen sich darauf zu mit einer Riesenfreude im Bauch. Sie halten an und blicken zu Ihrer Mami zurück, dann wieder nach vorne auf das Schlösschen. Das wiederholt sich und enthält nur eine Bitte: „Mami, kann ich jetzt endlich dieses da anfassen, ist es okay, wenn ich es mir ganz nah anschaue?" Kein Gedanke daran, die Mami herauszufordern; Sie möchten einzig und allein die Erlaubnis, dieses wundervoll glitzernde Etwas mit allen Sinnen zu erforschen.

Wenn wir Helens verstohlenen Blick als Bitte um Erlaubnis ansehen, statt ihn für eine trotzige Herausforderung zu halten, wird unsere Reaktion völlig anders aussehen. Als Eltern werden wir dann so handeln, wie es dem Vorgang tatsächlich entspricht.

Stimmt das: Disziplin, jetzt oder nie?

Gott lehrt uns durch sein Wort, dass wir unseren Kindern Disziplin beibringen und sie korrigieren sollen (vgl. Spr 19,18; 29,15 u. 17; Eph 6,4). Wir müssen ohne Zweifel unseren Kindern zu ihrem eigenen Vorteil Disziplin beibringen, doch selbst eine gut gemeinte Erziehung kann sich zerstörerisch auswirken, wenn sie zu früh einsetzt. Die berühmte Stelle im Buch Prediger (3,1–8) erinnert uns daran, dass alles seine Zeit hat. Schonen Sie also Ihre Kräfte und vermeiden Sie, frustriert zu werden. Führen Sie Ihr Kind und setzen Sie ihm Schranken, wenn es wirklich notwendig ist. Doch bevor es nicht etwa zwei Jahre alt ist, sollten Sie es keinem Programm zur besseren Disziplinierung unterziehen. Erst mit etwa 17 oder 18 Monaten bei Mädchen und 18 bis 19 Monaten bei Jungen ist es sinnvoll, mit einer gewissen Erziehung zur Disziplin zu *beginnen*. Die nächsten Jahre bringen immer noch genügend Zeit zur Einübung! Ein jüngeres Kind zu korrigieren oder ihm etwas zu verbieten mag hin und wieder notwendig sein, doch erst, wenn das Kind in etwa das Alter von zwei Jahren erreicht hat, sind Korrektur und Disziplin für seine Entwicklung wirklich förderlich.

Wenn dem Kind in diesem Stadium seiner Entwicklung die Freiheit eingeräumt wird, seine kleine Welt zu erforschen – nur von Grenzen umgeben, die wir setzen, um es zu schützen –, wird es im Normalfall, wenn die Zeit dafür da ist, auch wesentlich bereiter sein, auf Maßnahmen gut zu reagieren, die ihm Disziplin beibringen möchten.

Mehr zu diesem Bereich und unseren oft sehr ungesunden Reaktionsweisen gegenüber Kindern auf dieser Entwicklungsstufe finden Sie weiter unten in diesem Kapitel.

Gefragt: Eltern, die ermutigen

In erster Linie müssen Eltern ihrem Kind auf dieser Entwicklungsstufe viel Ermutigung zukommen lassen; Ermutigung, die seine Motivation und Initiative stärkt, die es in seiner Kreativität und neuen Beweglichkeit voll unterstützt. Wenn ein Kind in seiner Motivation gefördert wird, erfährt es dabei auch eine große Stärkung seiner Persönlichkeit und entdeckt dabei, was es tun kann und was (noch) nicht.

Darum ist es jetzt wichtig, für eine Umgebung zu sorgen, die reich ist an Dingen, mit denen das Kind umgehen kann, und die vor allem genügend Platz bietet, seine Welt zu erkunden. Versuchen Sie die Bereiche, in die das Kleine nicht eindringen darf, weil es sich oder irgendwelche wertvollen Dinge gefährdet, so klein wie möglich zu halten. Auch sollte die Dauer solcher „Verbotszonen" begrenzt sein.

In dieser „Erforschungsphase" ist die Sorge um den Schutz des Kindes ganz entscheidend. Wenn wir diesen Punkt sehr ernst nehmen, ohne das Kleine ständig „zurückzupfeifen", wird es seine Freude am Entdecken seiner Umwelt behalten, vor allem, wenn wir für immer neue Gelegenheiten sorgen, etwas Neues zu erforschen.

Klecks und Chaos

Ein achtmonatiges Baby sieht nur selten so aus wie auf den Etiketten der Babynahrung. Es verschmiert sich nun mal gerne, erst recht beim Essen. Darum ist es wichtig, ihm in dieser Phase solche Erfahrungen zuzugestehen, ohne es ständig abzuputzen und ihm vorzuhalten, dass ein „anständiges Kind" so etwas nicht tut. Natürlich meinen wir damit nicht, dass man sein Baby überhaupt nicht abputzen sollte. Das Einzige, worum es uns hier geht, ist, die Tatsache im Auge zu behalten, dass sich bekleckern, matschen und Unordnung machen völlig normale Aktivitäten in diesem Alter sind. Was wir also ein wenig beherrschen sollten, ist unsere Reaktion auf diese – manchmal unappetitlichen – Verhaltensweisen unseres Kindes. Auch hier braucht der kleine Entdecker die Erfahrung unserer bedingungslosen Liebe und seines Angenommenseins, auch dann, wenn das Essen sich auf seinen Wangen, auf der Stirn und rund um seinen Platz verteilt. Gerade, wenn das Kind versucht, sich selbst zu füttern, braucht es unsere Ermutigung, denn damit fördern wir seine Eigeninitiative, seine Motivationskraft und seine wachsende Eigenständigkeit. Mal ehrlich: Gerade dies sind doch die Eigenschaften, die Sie gerne in Ihrem Kind verstärkt sehen wollen.

Exkurs: Der K(r)ampf mit dem Töpfchen

Im Alter von sechs bis 18 Monaten schon mit dem „Töpfchen-Training“ anzufangen ist völlig unangebracht. Das zu versuchen ist nur ein anderer Weg, die Selbstinitiative des Kindes zu blockieren. Erst wenn das Kind selber anfängt, aufs Töpfchen gehen zu wollen, sollten Sie diesem Impuls folgen. Dann aber auch mit allem, was das an Geduld von Ihnen fordert, denn sonst würde das Kind in seiner Motivation und Eigeninitiative entmutigt.
Auch hier gilt die bewährte Regel:
Wird etwas vom Kind selbst gewollt, entspricht es auch seinem Entwicklungsstand.

Auf jeden Fall gehört das „Töpfchen-Training“ zu den Erwartungen an Ihr Kind, die Sie in diesem Alter auf fast null (nicht total) herunterschrauben sollten. Ein simpler Grund dafür ist, dass der Schließmuskel erst im 17. bis 19. Monat hinreichend ausgebildet ist. Das bedeutet allerdings nicht automatisch, dass das Kleine ihn schon voll unter seiner Kontrolle hätte. Darum ist es völlig unangebracht und problematisch, wenn man ein Kind nach alter Methode möglichst früh „stubenrein“ bekommen will. Der erzielte Effekt steht in keinem Verhältnis zu den seelischen Belastungen wie Stress, Angst und Überforderung, die das Kleine aus dieser Phase in seine spätere Entwicklung mitnehmen muss.

Fehler mit Folgen

Dieser Abschnitt wird ausführlicher ausfallen. Das liegt daran, dass wir herausgefunden haben, dass viele Eltern Schwierigkeiten haben, diese Stufe der Entwicklung ihres Kindes zu verstehen. In diesen Monaten (bis etwa um die zwei Jahre) fügen Eltern ihrem Kind mehr seelische Wunden zu als in jedem anderen Stadium seiner Entwicklung. Die hier zu betrachtende Phase wurde und wird immer noch über weite Strecken hinweg missverstanden. Darum haben Eltern oft solche Schwierigkeiten, auf das Verhalten ihres Kindes angemessen reagieren zu können.

Noch einmal zur Erinnerung: Während dieser Monate entwickelt das Kind in sich Eigenschaften wie Antriebsstärke, Selbstinitiative und Kreativität. Diese Eigenschaften müssen also gefördert und belohnt werden, damit sie sich im Wesen des Kindes „einbetten" können.

Dass dies bei vergleichsweise wenigen Menschen geschehen ist, zeigt uns ein Blick auf den Durchschnitt der Bevölkerung. Von all denen, die Ihnen im letzten Jahr begegnet sind: Wie viel Prozent von ihnen waren hoch motiviert, voller Eigeninitiative und Kreativität? Vielleicht fünf Prozent? Wenn Sie Glück hatten: zehn Prozent?

In den vielen Jahren unseres Dienstes haben wir immer wieder feststellen müssen, dass durch Verhaltensfehler der Eltern in dieser Phase vielen Kindern und (!) Erwachsenen Eigenschaften wie Antriebsstärke, Eigeninitiative und Kreativität buchstäblich „herausdiszipliniert" wurden. Wie so etwas passieren konnte? Es gibt einen Hauptgrund: Weil Eltern die entsprechenden Zusammenhänge nicht kannten, wirkte ihre Absicht, ihrem Kind Disziplin beizubringen, auf die genannten Eigenschaften geradezu zerstörerisch. Eine falsche Erziehung kann einen verheerenden Einfluss auf die Ausprägung der Persönlichkeit des Kindes haben. Doch schauen wir uns solche Fehler aus der Nähe an.

Angst ist ein schlechter Ratgeber

Einige Eltern haben gerade für diese Entwicklungsphase ihres Kindes wenig Verständnis. Sie rufen ihr Kleines ständig „zur Ordnung", weisen es in seine (eigentlich: ihre) Schranken und korrigieren es permanent. Für dieses Verhalten haben sie ganz unterschiedliche Gründe. Einer davon ist ganz sicher „Angst". Manche Eltern haben Angst, andere könnten ihnen zu verstehen geben, dass sie unerzogene Kinder großziehen, Kinder, die sich nur schwer kontrollieren lassen. Andere werden von der Angst geleitet, ihrem Kind könne etwas zustoßen oder es könne etwas kaputtmachen. Egal, welche Angst es ist, sie stellt die Hauptmotivation hinter allen Erziehungsmaßnahmen. Sie bestimmt, dass das Kleine daran gehindert wird, seine Welt zu erkunden, eigene Initiative zu ergreifen und etwas ohne Furcht tun zu können. Folglich lernt das Kind sehr früh, dass Antriebskraft und Forscherdrang etwas sind, das man fürchten muss.

Wenn ein Kind erst einmal ein solches Denkmuster übernommen hat, trägt es dieses in sein späteres Leben hinein. Nicht selten ist es eine verschwommene, unerklärliche Angst, die einen Erwachsenen immer wieder davor zurückhält, im Leben die Initiative zu ergreifen, Verantwortung zu übernehmen und mit Bestimmtheit zu handeln. Gerade diesen Bereich haben wir ausführlich in unserem Buch „Mut zur Reife“ besprochen.[11]

Falsche Begrenzungen
Zu den folgenschwersten Fehlern während dieser Entwicklungsphase eines Kindes gehört es, den Bewegungsradius rigoros einzugrenzen und es dem Kind unmöglich zu machen, Dinge anzufassen und mit ihnen umzugehen. Damit wir uns nicht ständig um das Kleine kümmern müssen, setzen wir es in einen „Laufstall“ oder in einen Sitz, der im Türrahmen befestigt wird und das Auf- und Abwippen ermöglicht. Wird das Kleine über eine längere Zeit am Tag so „aufgehoben“, kann dies dazu führen, dass es seine Fähigkeiten, begrifflich und räumlich zu denken, nur sehr unvollkommen ausprägen kann. Das folgende Zitat aus einer erst neulich veröffentlichten Studie mag dies verdeutlichen. Prof. William Greenough von der Universität Illinois stellt darin fest:

„Ein großer Teil der Vernetzung und Organisation der Nervenbahnen im Gehirn findet statt, wenn das Kind Informationen gewinnt, während es sich in seiner Welt bewegt. Wenn Sie also die Aktivitäten eines Kindes unterbinden, verhindern Sie die Bildung der Synapsen im Kleinhirn.“[12]

Reinlichkeit, die Wunden schafft
An dieser Stelle möchten wir noch einmal Eltern warnen: Wenn der Sauberkeitsdrang, besonders der Mutter, im Umgang mit dem Kleinen dominierend wird, kann das Kind leicht den Eindruck gewinnen, dass etwas mit ihm nicht in Ordnung ist und es deshalb auch nicht so angenommen werden kann. Es bekommt natürlich mit, dass Mami immer „supersauber“ ist und sich von einem verschmierten Kind und dem Dreck, den es gemacht hat, abgestoßen fühlt. Denn warum sonst sollte sie ständig alles und vor allem sein Gesicht dauernd abwischen?! Das Kleine verinnerlicht dabei ein Gefühl von Zurückweisung für das, wer es ist und was aus ihm wird. Schließlich entwickelt das Kind in dieser Phase eine erste Wahrnehmung über sich selbst und wie es bei anderen „ankommt“. Erfährt es eine ständige Unzufriedenheit mit seinem Äußeren, so setzt sich in ihm die Auffassung fest, dass mit ihm etwas nicht stimmt. Es wird mit dem Eindruck allein

gelassen, falsch zu liegen, nicht so akzeptiert zu sein, wie es ist oder sein wird.

Nicht selber essen macht schwach

Wenn einem Kind, sobald es das möchte, nicht erlaubt wird, Erfahrungen mit dem „Selberessen" zu machen, wird, wie wir gesehen haben, die Entwicklung entscheidender Eigenschaften wie Eigeninitiative und Antriebsstärke behindert. Stattdessen werden Abhängigkeiten gefördert. Wieder nimmt das Kleine ganz andere Dinge wahr: Abhängigkeit von Eltern oder Autoritäten ist notwendig für meine Entwicklung. Das aber wird zu einem echten Hindernis im Leben des Kindes. Es darf uns nicht überraschen, wenn ein solches Kind, einmal groß geworden, auch noch mit 30 Jahren zu Hause „herumhängt" mit der unausgesprochenen Erwartung, dass die Eltern es auch weiterhin „füttern" werden.

Wenn es Ihr erklärtes Ziel ist, dass Ihr Kind zu einer selbständigen Persönlichkeit heranreift, dann sollten auf dieser Stufe der Entwicklung alle diese Eigenschaften von Ihnen gefördert und nicht behindert werden. Warten Sie damit um alles in der Welt nicht bis zu dem Zeitpunkt, wenn Ihr Kind in die Schule geht oder seinen ersten Job antritt.

Wir haben mit vielen Erwachsenen beratend zu tun gehabt, die von ihren Eltern in ihrer Kleinkindzeit so massiv kontrolliert wurden, dass sich ihre Fähigkeit, Initiative zu ergreifen oder sich für etwas zu motivieren, praktisch überhaupt nicht entwickelt hat. Da dieser Bereich aber so wichtig ist, möchten wir noch einmal auf das Buch „Mut zur Reife" verweisen.[13]

Aufgezwungene „Berührungsängste"

Versetzen Sie sich bitte in folgende, ganz normale Situation:

> Ich bin 15 Monate alt und ihr seid meine Eltern. Ich habe gerade vor, etwas anzufassen. Doch von euch kommt ein „Nein". Gut, ich gehe auf etwas anderes zu. Wieder höre ich:
> „Nein, lass das!" Wenn das x-mal am Tag vorkommt, wo soll ich dann mit meiner Energie, etwas zu erforschen, hin? Wenn ich keine Möglichkeit habe, mich mit etwas näher zu beschäftigen, was mich interessiert? Nein, ein glitzerndes Kristallschloss kann nicht durch einen langweiligen Ball ersetzt werden! Wo also hin mit all der rückgestauten Energie? Irgendwie bleibt sie in mir,

schwer zu erkennen und ohne jede Richtung. Und so lasse ich sie an einer anderen Stelle heraus, völlig unkontrolliert und wahrscheinlich auch nicht verständlich, weil diesmal kein Ziel mehr zu erkennen ist. Ich weiß, dass man dann gerne von mir sagt: „Ist das Kind aber hyperaktiv!" Und der Mann im weißen Kittel bestätigt das: „Ja, Ihr Kind ist ein ADD-Fall (Attention Deficit Disorder – Aufmerksamkeitsstörung) oder hat sogar eine ADHD-Störung", um das „hyperaktiv" auch noch gleich mitzunennen.[14]

Um nicht falsch verstanden zu werden: Es gibt immer Situationen, in denen Sie Ihrem Kind verbieten müssen, etwas anzufassen. Dann aber sollten Sie ihm, wenn irgend möglich, etwas anderes als Zielobjekt geben, das es berühren und mit dem es sich beschäftigen darf. Auf diese Weise kann das Kind seine Energie und Aufmerksamkeit auf ein anderes, lohnendes Objekt richten und so seine „Erforschungsenergie" ausleben. Doch bitte nicht versuchen, mit uninteressanten Dingen höchst attraktive zu ersetzen. Das Kleine will nicht bei Laune gehalten werden, es möchte seine Welt „begreifen" lernen.

Alle können alles besser

Stellen Sie sich eine ganz normale Situation vor, die sich häufig ergibt, wenn ein Kleinkind von älteren Geschwistern oder Erwachsenen umgeben ist. Es ist gerade dabei, einen Ball wegzukicken, aber es klappt nicht. Es versucht Klötze aufeinander zu schichten, doch der Turm kippt um. Es versucht, Stifte in einem Spiel einzustecken, doch auch das geht nur mühsam. Natürlich wird es bei all diesen Versuchen frustriert sein, weil ihm zu vielem noch die nötigen Fähigkeiten fehlen. Ältere Kinder oder auch Erwachsene, die bei solchen Anstrengungen zuschauen, fühlen sich geradezu herausgefordert, dem Kleinen zu zeigen, wie es geht und wie es sich anstellen soll. Was erfährt das Kleine dabei? Es gibt immer jemanden in seiner Umgebung, der alles besser kann als es selbst und es ihm auch beweist. Und nicht nur das, es ist auch immer jemand da, der dem Kleinen die Initiative nimmt oder seine Aufmerksamkeit will. Auch hier bitte kein Missverständnis. Es ist in Ordnung, mit einem kleinen Kind zu spielen und ihm das eine oder andere zu zeigen. Aber wichtig ist dabei, daran zu denken, was es wirklich in dieser Phase seiner Entwicklung braucht: nämlich Zeit und Rahmen für das eigene Spiel, um zu erfahren, was aus eigener Initiative und entsprechender Motivation entstehen kann. Wenn man das Kleinkind zu sehr „betütelt“, verliert es wichtige Anreize, Eigenständigkeit und Eigeninitiative zu entwickeln. Jetzt braucht es weniger Leute, die ihm ständig helfen, sondern eine gewisse Freiheit, Erfahrungen zu sammeln und mit Dingen seiner Umgebung umgehen zu können.

Vom Fluch, allen gefallen zu wollen

Ein anderes, nicht weniger folgenschweres Problem kann auftreten, wenn Eltern ihr Kind ermutigen und von ihm erwarten, dass es sich vor anderen als „süßes, kleines Ding“ darstellt und auch so benimmt. Ein Kind wird sich dem anpassen und rasch lernen, Leuten „etwas vorzumachen“. Wer von einem Kind erwartet, dass es ständig nur „niedlich“ ist und sich vor anderen so darzustellen weiß, liefert es einer großen Gefahr aus. Da ein Kind solchen Erwartungen entsprechen möchte, wird es instinktiv spüren, dass all seine Eigeninitiative und spontanen Beweggründe zwangsläufig andere verletzen müssen. Es lernt, sich über die Maßen anderen anzupassen, mehr auf die Erwartung anderer zu reagieren als auf das, was in seinem Herzen an eigenem Antrieb da ist.

Unsere Erfahrung lehrt: Wenn solch ein Kind erwachsen wird, dann „funktioniert“ es vor allem durch das, was andere von ihm erwarten, aber nicht auf Grund des eigenen Wollens und der Eigeninitiative. Es lebt sein Leben mehr oder weniger fremdgesteuert. Viele Erwachsene vertrauen uns an, sie hätten das Gefühl, dass ihr Leben eigentlich gar nicht ihr eigenes Leben sei. Und das ist tatsächlich so. Sie haben große Schwierigkeiten, ihre eigenen Gefühle wahrzunehmen und einerseits zwischen ihren eigenen Wünschen und Bedürfnissen und andererseits solchen, die von außen an sie herangetragen werden, zu unterscheiden. Oftmals können sie ihre eigenen Wünsche und Erwartungen nicht einmal in Worte fassen, geschweige denn für sie eintreten. Solche Menschen werden in ihrem Leben buchstäblich weitergezogen durch die Forderungen und Erwartungen anderer. Sie gestalten ihr Leben nur sehr selten aus der eigenen Motivation heraus. Somit auch nicht aus der Kraft des Heiligen Geistes, der das Ureigenste eines Menschen schützen und führen möchte.

Im Brief an die Galater (Kap. 1,10) gibt uns Paulus ein einprägsames Porträt eines Menschen, der nicht lebt, um allen und jedem zu gefallen.

„Rede ich etwa den Menschen nach dem Mund?
Ich gehöre Christus und diene ihm – wie kann ich da noch nach dem Beifall der Menschen fragen!“ *(GN)*

Es ist also von großer Wichtigkeit in diesem Lebensabschnitt eines Kindes, dass man seine Erwartungen an sein „Benehmen“ so weit wie möglich herunterschraubt. Damit ist auch klar, dass die meisten Disziplinierungsmaßnahmen und Bestrafungen völlig unangebracht sind. Erst mit einem Alter von etwa zwei Jahren macht es Sinn, mit einer gut durchdachten, konsequenten Erziehung zur Disziplin zu beginnen. Vorher braucht ein Kleinkind liebevolle Führung, Grenzen, wo sie unbedingt notwendig sind, und am wenigsten eine strikte Disziplinierung durch Strafen. Bestrafung greift unmittelbar die Entwicklung von Eigeninitiative, Antriebskraft, Kreativität und Beweglichkeit an. Wird das Kind regelmäßig bestraft, so wird es seine Motivationskraft verlieren, kaum noch Eigeninitiative entwickeln und entweder völlig passiv oder aber hyperaktiv werden. Statt all der wertvollen Eigenschaften, die es in diesen Monaten entwickelt, lernt das Kleine, wie es funktionieren soll, damit es der Strafe entkommt: in Abhängigkeit, ohne eigenen Antrieb und über die Maßen angepasst.

Eigentlich sind die Eltern diejenigen, von denen das Kind am meisten Gutes erwarten darf. Wenn es aber von diesen Eltern bestraft wird, wird aus einem entdeckungsfreudigen, aktiven kleinen Erdenbürger das traurige Gegenteil. Leider sind die Folgen für das spätere Leben, wie wir bereits gesehen haben, gravierender, als man sich vorstellen kann.

Vertrauen ist gut, Kontrolle ist schlechter

Ein Bereich muss hier noch genannt werden. Wenn ein Kind in diesem Alter völlig von der elterlichen Kontrolle umgeben ist, ja beherrscht wird, dann wird es irgendwann die Kontrolle über die eigenen Impulse und Vorgänge in seinem Inneren an die Eltern oder später an andere Autoritätspersonen ausliefern. Eine der Folgen davon ist, dass das Kleine in seiner späteren Entwicklung große Probleme bekommt, mit den eigenen Impulsen umzugehen. Die Geschichte am Ende dieses Kapitels wird dies noch einmal verdeutlichen. Interessant ist es zu sehen, wie die Mutter mit diesem Problem umging.

Zusätzlich muss hier Folgendes erwähnt werden: Wenn ein

Kind in diesem frühen Alter die Kontrolle über seine eigenen inneren Impulse an jemand außerhalb seiner selbst abzugeben gelernt hat, braucht es bis in sein Erwachsenenleben hinein immer jemand anderen, der sein Verhalten beobachtet, es ermahnt und korrigiert. Es wird es als äußerst schwierig empfinden, Selbstdisziplin zu entwickeln. Und das aus keinem anderen Grund, als dass in einer Phase seines Lebens dem Kleinen die Kontrolle über all das entzogen wurde, was es zur Entwicklung seiner Persönlichkeit gebraucht hätte. Hier ist es angebracht, sich an das Wort von Paulus im Galaterbrief (Kap. 6,7) zu erinnern: „Jeder wird ernten, was er gesät hat" (GN).

Wenn Eltern ihr Kind mit einer überzogenen Kontrolle unter Druck setzen, und das ausgerechnet in einer Zeit, in der es so dringend erfahren wollte, was Leben ist und wie man es anstellt, sich eigenständig in seiner Umgebung zu bewegen, dann setzt sich dieser Kontrollzwang nicht selten auch später im Umgang mit anderen fort. Dieses Kind wird einmal Schwierigkeiten haben, grundlegende christliche Prinzipien anzunehmen, zum Beispiel sein Leben Jesus anzuvertrauen, von sich selbst abzusehen und großzügig zu sein.

Andreas

Der kleine Andreas, er ist jetzt fünf Jahre, hatte Probleme mit dem Bettnässen. Er hatte damit zu tun, seit er keine Windeln mehr trug, also mit etwa zwei Jahren. Seine Eltern bemühten sich um ihn und taten alles, von dem sie hofften, dass es ihm helfen würde. Doch nichts schien zu wirken, Nacht für Nacht, Woche für Woche. Jeden Abend versprach er seinen Eltern, nicht mehr ins Bett zu machen, doch am Morgen war alles wie gehabt. Andreas fühlte sich beschämt und entmutigt. Als wir uns mit den Eltern unterhielten, was wohl die Ursache für dieses Problem ihres Sohnes sein könnte, wurde uns mit einem Mal etwas gezeigt: Seine Mami war eine sehr starke, kontrollierende Frau, die den kleinen Andreas geradezu dominierte. Sie erinnerte sich daran, dass sie ihren Sohn besonders in der Zeit, in der er begann, seine Umwelt zu erkunden, sehr durch Kontrolle, Bestrafung und die ständige Erwartung, dass er sich anständig zu verhalten habe, einschränkte. Sie wollte einen wohlerzogenen Sohn, mit dem man sich nicht bei anderen blamiert, vor allem nicht bei ihrer genauso kontrollierenden Mutter. Sie wollte hören, dass sie eine „gute" Mutter sei und einen „braven" Sohn habe. Als wir ihr deutlich machten, dass

diese Art des Umgangs mit ihrem Sohn der Grund für sein Bettnässen war, nahm sie diese Erkenntnis an.
Sie bat Gott um Vergebung. Nun lag ihr alles daran, diese von ihr verursachte Schwierigkeit im Leben ihres Kindes zu beseitigen. Wir gaben ihr einige Hinweise, wie sie für Andreas beten könne (eine ausführliche Anleitung findet der Leser im letzten Kapitel des Buches). Danach ging sie nach Hause und hatte noch am selben Abend eine Gebetszeit mit dem kleinen Andreas. Zwei Wochen später trafen wir uns wieder und sie erzählte uns Folgendes: „Ich bin nach Hause gegangen und habe Andreas erzählt, dass Gott mir gezeigt hat, warum er das Problem mit dem Bettnässen habe. Andreas hörte mir aufmerksam zu, als ich begann, ihm von meinem Willen, ihn zu kontrollieren und ein ‚gutes Benehmen' beizubringen, erzählte, und das in einer Zeit, wo er so gerne frei gewesen wäre, um seine Umwelt zu erforschen und ganz eigene Erfahrungen zu machen. Ich fragte ihn dann, ob ich mit ihm beten dürfe. Schließlich sei es Jesus, der ihn heilen und ihn von der ewigen Bettnässerei befreien möchte. Andreas war zu diesem Zeitpunkt schon sehr wütend auf sich und ihm war das Ganze sehr peinlich; darum war er auch mehr als bereit, ja geradezu aufgeregt bei dem Gedanken, dass genau dafür gebetet würde.
Und so begannen wir mit dem Gebet. Zunächst baten wir Gott, uns beide in die Zeit zurückzubringen, als Andreas gerade in seiner ‚Erkundungsphase' steckte. Ich bat Gott, mich an das zu erinnern, was in dieser Zeit für die Entwicklung von Andreas wichtig gewesen wäre. Und schon fielen mir einige Situationen ein, in denen ich Andreas streng korrigiert hatte. Gott zeigte mir unterschiedliche Gelegenheiten, in denen ich einen enormen Erwartungsdruck auf Andreas gelegt hatte, nur um ein gutes Benehmen zu erzielen. Um meinen Erwartungen Nachdruck zu verleihen, hatte ich ihn gestraft, wenn er nicht augenblicklich nach meinen Vorstellungen reagierte. Einige dieser Situationen schilderte ich dann einfach, so wie mich Gott an sie erinnerte. Und jedes Mal bat ich Gott, mir zu vergeben und Andreas von meiner beherrschenden Art und meinen falschen Erwartungen freizusetzen. Daraufhin sprach ich Andreas Freiheit zu und gab ihm die notwendige Erlaubnis, nach seinen eigenen Vorstellungen seine Welt zu erforschen. Andreas saß mir gegenüber, hörte mir zu und betete laut mit. Mehrmals sagte er: ‚Mami, ich kann ja sehen, wie Jesus zu mir kommt!! Er ist wirklich sehr lieb zu mir. Er sagt mir, dass jetzt alles in Ordnung ist und ich gehen kann.' Nach einer gewis-

sen Zeit fiel mir nichts mehr ein. Daraufhin betete ich für Andreas und bat Gott, alle Wunden zu heilen, die ich diesem kleinen Menschlein in seiner Entwicklung zugefügt hatte. Ich bat Gott, auch die innere Welt seiner Antriebe wieder herzustellen. Ich gab Andreas zurück, was ich ihm entzogen hatte: seine Selbstkontrolle. Schließlich bat ich noch Andreas, mir für die Zeit zu vergeben, in der er unter meinen ‚Erziehungsmethoden' gelitten hatte. Andreas meinte dazu nur: ‚Ach Mami, das ist schon in Ordnung, Jesus heilt mich gerade jetzt.'
Als Andreas an diesem Abend ins Bett ging, war sein Versprechen, nicht mehr ins Bett zu machen, von einer Zuversicht getragen, wie ich es bei ihm noch nie gespürt hatte.
Am nächsten Morgen war Andreas überglücklich – und auch ein bisschen stolz. Er kam zu uns herunter und rief: ‚Mami, ich bin trocken!' Und das wiederholte sich in den nächsten Tagen, Andreas machte nicht mehr ins Bett. Und das ist nun schon vierzehn Tage her. Jesus hat ihn wirklich geheilt und Andreas von diesem für ihn großen Problem befreit.
Ach ja, noch etwas Lustiges möchte ich zum Schluss erzählen. Wir hatten Gäste zum Abendessen, etwa eine Woche nachdem ich mit Andreas gebetet hatte. An diesem Abend steuerte er sofort auf das Ehepaar zu, das am Tisch saß, und sagte mit einigem Stolz in der Stimme: ‚Ich bin jetzt schon eine Woche trocken. Ihr müsst wissen, dass ich jede Nacht ins Bett gemacht habe. Und wisst ihr, warum ich das gemacht habe? Weil meine Mami ziemlichen Mist gebaut hat, als ich noch ein kleiner Junge war. Aber Mami hat mit mir zusammen gebetet und Jesus hat mich geheilt. Deshalb mache ich jetzt auch nicht mehr ins Bett.' Können Sie verstehen, dass mein Mann und ich Gott von ganzem Herzen dankbar sind für das, was er für Andreas getan hat?!"

Es spielt keine Rolle, wie alt Ihr Kind ist, denn wir können für jede Zeit und Situation seines Lebens vor Gott eintreten und für alles um Heilung bitten, wo wir selber es verletzt oder verbogen haben. Jesus sehnt sich danach, unsere Kinder zu heilen und ihnen innere Freiheit zu schenken. Alles, was wir tun müssen, ist, ihn darum zu bitten, und er wird es tun. Dabei stellen wir immer wieder fest, das Kinder offensichtlich nicht die geringsten Probleme damit haben, von Gott Heilung in Anspruch zu nehmen. Sie sind so offen und gerne bereit entgegenzunehmen, was aus seiner Hand kommt. Es ist also auch für Sie möglich, so wie diese Mutter für Ihr Kind zu beten und echte Veränderung zu erfahren.

Zusammenfassung

Ein Kind im Alter von sechs bis 18 Monaten wird von einem starken Drang bewegt, seine kleine Welt zu erkunden. Dabei legt es sich Eigenschaften zu wie Eigeninitiative, Antriebsstärke und Kreativität. Sein ständig sich erweiternder Bewegungsraum und die Möglichkeit, Dinge anzufassen und mit ihnen „etwas zu machen", sorgen dafür, dass sich seine Beziehung zur Räumlichkeit und die Zuordnung von Begriffen entwickeln können.

Auf diese Weise wird auch die Grundlage für die Selbständigkeit und Unabhängigkeit des Kindes angelegt und gefördert. So gehören in diese Monate Verhaltensweisen, die allesamt „gesund" und normal sind: Erkundungsdrang, Selber-essen-Wollen, Freude am Durcheinander und Herummatschen und eine unstillbare Neugier.

Eltern reagieren darauf mit Ermutigung und einem großen Freiraum, nicht ohne die „Erkundungstouren" ihres Sprösslings schützend zu begleiten. Dabei ist ständig ihre bedingungslose Zuneigung gefragt. Sie haben erkannt, wie wichtig es für das Kleine ist, in seiner neu gewonnenen Beweglichkeit ermutigt zu werden und für das Kind ein Umfeld zu schaffen, das voller interessanter Dinge ist, die es anfassen und „untersuchen" kann.

Folgenschwer ist dagegen elterliches Verhalten, das von einem völligen Unverständnis dieser Entwicklungsphase eines Kindes geprägt ist. Darunter fallen ein rigoroses Einschränken der Bewegungsfreiheit, mangelnder Schutz, viel zu frühes „Töpfchen-Training", unangebrachte Disziplinierung verbunden mit Bestrafung jeder Art und elterliche Kontrolle auf einem für das Kind kaum erträglich hohen Niveau.

Wenn auf diese oder andere Weise ein Kind verletzt wird oder seine Bedürfnisse nicht leben darf, kann dies die unterschiedlichsten Folgen nach sich ziehen, die dann wiederum spätere Entwicklungsstufen beeinflussen bis ins Erwachsenenalter hinein. Hier seien nur einige solcher Problemfelder genannt:

➲ Passivität
➲ übertriebenes und häufiges Schreien

- überzogene Angepasstheit
- Ängstlichkeit
- Hang, sich zurückzuziehen
- grundsätzlich negative Lebenseinstellung
- nervöse Überaktivität
- Schwierigkeiten beim Lernen

Unser Gott ist ein Gott, der erlöst. Egal, was jemand, der für Kinder verantwortlich ist, falsch gemacht hat: Unser Gott kann es heilen und wiederherstellen.

Dabei beachten Sie: Falls ein Kind irgendeine dieser Schwierigkeiten auf dieser Stufe seiner Entwicklung aufweist, Eltern intensiv für seine Heilung gebetet haben und das Problem dennoch fortbesteht, dann lesen Sie bitte die Schlussbemerkung zu Kapitel 3. Dort versuchen wir, die Richtung aufzuzeigen, woher das Problem noch kommen könnte und wie Sie damit umgehen können. Und beten Sie bitte Schritt für Schritt so, wie wir es Ihnen am Ende dieses Buches vorgeschlagen haben.

Ein letzter Gedanke

Ein weit verbreitetes Phänomen weltweit ist der ausgeprägte Mangel an Respekt vor Erwachsenen und Autoritäten in der heutigen Jugend.

Einer der Hauptgründe dafür kann aus biblischer Sicht einleuchtend dargestellt werden. Wenn Eltern und Autoritätspersonen „Respekt" vor den Bedürfnissen ihrer Kinder haben, und zwar während dieser frühen, grundlegenden Entwicklungsstufen, dann wachsen ihre Kinder auch mit einem Gespür und der Bereitschaft auf, anderen und ihren Bedürfnissen mit Respekt zu begegnen. Diesem Prinzip begegnen wir auch in unserem Leben mit Gott: „Wir lieben, weil Gott uns zuerst geliebt hat" (1 Joh 4,19; GN). Wir als Eltern sind herausgefordert, in das Leben unserer Kinder den Samen von Respekt zu säen. Respekt vor den Bedürfnissen, die sie auf der jeweiligen Stufe ihrer Entwicklung haben. Die Folge wird sein, dass wir die Frucht des Respekts ernten dürfen, wenn unsere Kinder zu jungen Erwachsenen herangereift sind.

„Macht euch nichts vor. Gott lässt keinen Spott mit sich treiben. Jeder wird ernten, was er gesät hat" (Gal 6,7).

Um es mit einem Wort zu sagen: Wir sind überzeugt, wenn aus einem tieferen Verständnis für die Bedürfnisse des Kindes auf seiner jeweiligen Entwicklungsstufe eine wache und wirklich angebrachte Reaktionsweise unsererseits erwächst, dann werden wir gesunde, positiv eingestellte, liebe- und respektvolle junge Menschen heranziehen – und das in einer ziemlich schwierigen Welt.

Literaturverweise Kapitel 4:

1 J. Madeleine Nash, „Fertuke Nubds“, Time Magzine, 10. Februar 1997, S. 55–62
2 ebda., S. 55–62
3 Sharon Begley, „Your Child's Brain“, Newsweek 19. Februar 1996, S. 55–62
4 L. Joseph Stone u. Joseph Church, Random House, New York 1984, S. 212–215
5 ebda., S. 212–215
6 Begley, a.a.O., S. 55–62
7 J. H. Kennell u. M. H. Klaus, Hrsg., „Birth Interaction and Attachment“, Skillman, N. J.: Johnson and Johnson, S. 35–43
8 ebda., S. 35–43
9 Nash, a.a.O., S. 55–62
10 Stone/Church, a.a.O., S. 285–287
11 Frank u. Catherine Fabiano, Mut zur Reife, Asslar 1999
12 Kennell, a.a.O., S. 35–43
13 Fabiano, a.a.O., S. 74–94
14 Thomas Armstrong, Ph. D., „The Myth of the ADD Child“ New York 1997

KAPITEL 5

Das Kind im Alter von zwei Jahren

„Erzieh deinen Sohn mit Strenge, dann wird er für dich zur Quelle der Zufriedenheit und Freude.“ *(Spr 29,17)*

Micah

Micah beobachtete seinen Vater mit großem Interesse. Dieser war aufgebracht und ganz offensichtlich wegen irgendetwas sauer, als er von der Arbeit nach Hause kam. Die ganze Atmosphäre war geladen. Genau das brauchte der Zweijährige, ein Vorbild, wie man mit seinem Ärger umgehen soll. Als sich die Familie zum Abendessen an den Tisch setzte und Micah in seinen Hochstuhl gesetzt wurde, entschied er sich, seinerseits den ersten Zug zu machen: Er stand in seinem Hochstuhl auf, genau in dem Moment, als sein Papi sich setzte. Prompt kam die Aufforderung: „Micah, setz dich hin!“ Micah lächelte, doch er setzte sich nicht. „Micah, ich hab dir gesagt, setz dich hin!“ – das war nun schon ein Befehl. Doch Micah stand wie angewurzelt. „Micah!! Entweder du setzt dich jetzt hin oder ich komme rüber und bring dir das Sitzen bei!“ Papi war jetzt wütend. Doch Micah stand immer noch steif wie ein Brett und schien den Befehl gar nicht gehört zu haben, denn er lächelte weiterhin. In einem Ausbruch von Frustration und Ärger bewegte sich Papi auf Micah zu und versuchte, seine Beine abzubiegen, damit er ihn auf den Stuhl setzen könnte. Aber kaum hatte er ein Bein gebogen, machte Micah das andere wieder gerade – immer noch mit einem Lächeln. Das ging eine Zeit lang so, bis Papi „fertig“ war: „O. k., dann bleib halt stehen. Ich ess jetzt zu Abend!“ Und während Papi völlig genervt sein Abendessen in sich hineinmampfte, rutschte Micah – immer noch lächelnd – in seinen Sitz und begann zu essen. Ralf, eines der älteren Kinder, bemerkte trocken: „Wow, Papa, ich glaube, du hast da deinen Meister gefunden ...“, und schon brach das bisher unterdrückte Lachen in der ganzen Familie aus. Die Anspannung war verschwunden und am Ende lachten alle.

Kommt Ihnen die Geschichte irgendwie vertraut vor? Die Botschaft ist: Sie können nicht angemessen mit dem Ärger eines

Zweijährigen umgehen, wenn Sie selber wütend sind. Also passen Sie auf im Umgang mit Ihrem „süßen" Zweijährigen. Nicht jedes Kind hat eine Kämpfernatur, das seinen Kampfschrei „NNNEEEIIIINNN!" überall erklingen lässt. Manche haben ein eher friedliches Temperament und eine gewinnende Persönlichkeit. Das sind genau diejenigen, die sich, wenn wir nicht aufpassen, zu viel herausnehmen. Für ein herausforderndes Verhalten braucht es nun mal klare Grenzen, völlig unabhängig, wie nett und süß das Kleine ist. Wenn wir hier nicht von Anfang an richtig reagieren, lehren wir unser Kind – ohne es selbst zu merken –, wie es sein Umfeld so manipulieren kann, dass es sein Ziel erreicht. Dabei ist besonders folgenschwer, dass es nicht mit Konsequenzen für sein Verhalten rechnen muss. Letztlich erzeugt dies ein äußerst negatives Verhaltensmuster fürs spätere Leben.

Doch wir wollen uns diese Entwicklungsstufe erst einmal mit den Augen eines Zweijährigen anschauen:

> „Ich bin ZZWWEEEEIIII!" Jetzt bin ich also wirklich zwei Jahre alt. Es sieht so aus, als ob das eine sehr dynamische, turbulente Zeit in meiner Entwicklung werden könnte. Ich glaube nicht, dass sie schrecklich ist! Ich finde eher, sie ist schrecklich schön!! Jetzt ist die Zeit gekommen, in der ich die Symbiose mit dir, Mami, aufgebe und eine wirklich eigenständige Persönlichkeit werde. Ich bin schon sehr gespannt darauf, aber gleichzeitig bin ich auch ziemlich unsicher, wie ich das anstellen soll.
> Auf jeden Fall fange ich jetzt an, mein Gedächtnis zu trainieren, und entwickle gleichzeitig ein echtes „Ursache-Wirkung-Denken". Du brauchst nichts anderes zu tun, als mich denken und kleine Probleme lösen zu lassen. Mit deiner Hilfe werde ich lernen, für mein eigenes Verhalten verantwortlich zu sein.
> Das ist die Zeit, in der es für mich wichtig ist, einen gewissen Gesellschaftsvertrag zu entwickeln. Das heißt: Ich will lernen, wie ich in dieser „Gesellschaft" leben kann, wie ich mit anderen umgehen und mich um sie kümmern soll. Ich bin darauf angewiesen, dass ihr, Mami und Papi, mir das beibringt. Ich muss langsam begreifen, dass ich nicht länger der Mittelpunkt des Universums bin, und lernen, mit anderen umzugehen und mich ihnen mitzuteilen. Dabei werde ich wohl öfter Probleme damit haben, dass ihr mich kontrolliert, ich ärgerlich werde und auf Opposition gehe. Die herrlichen Tage, an denen ich ohne große Begrenzung und Erwartungen an mein Verhalten alles erkunden konnte, sind

vorbei. Schließlich habe ich dabei mein „Ich" entdeckt und werde nun ein einfaches Wort verwenden, das meine neu erworbene Stellung stärkt: „NEIN!"

Das ebenso notwendige wie ungeliebte „Nein"

Mit etwa zwei Jahren beginnt für das Kind eine völlig neue Ära im Umgang mit seinen Eltern, besonders mit seiner Mami.

Das Kleine wird plötzlich richtig negativ, ärgerlich, schmollend und aufsässig. Gott hat den Zweijährigen ein einziges Wort geschenkt: „Nein". Er hat es allen Kindern auf der ganzen Welt gegeben. Wahrscheinlich kennen Sie das zur Genüge, Sie reichen Ihrem Kleinen ein Eis, und das sagt zunächst einmal: „Nein." Da es aber eigentlich Eis liebt, schaut es dann doch, dass es zu seinem Genuss kommt. Zu vielem aber sagt es erst mal „Nein!". Darum halten manche diese Zeit – oft Trotzphase genannt – für schrecklich. Wir ziehen es vor, sie eher als aufregend interessant zu bezeichnen.[1]

Denn es geschieht jetzt eine Menge. Wir haben es hier mit einer dynamischen Stufe der Persönlichkeitsentwicklung zu tun. Es ist die Geburt der Eigenständigkeit und das Erwachen der Individualität. Die Einmaligkeit der Person des Kindes wird nun herausgearbeitet. Und nicht nur das, auch rein physiologisch gehen im Körper des Kindes eine Menge Veränderungen vor.

Vor allem werden dem Kind auch soziale Verhaltensmuster mit den entsprechenden Erwartungen auferlegt. Jetzt, im Alter von etwa zwei Jahren, beginnt das Kind den Unterschied zwischen Richtig und Falsch zu verstehen. Darum braucht es auf dieser Stufe seiner Entwicklung ausreichende Anleitung, dass es für sein Verhalten nun selber verantwortlich ist.

Alle diese neuen Anforderungen, verbunden mit den körperlichen Veränderungen, erzeugen in dem Kleinen ein Unbehagen, das sich oft in übertriebenem Ärger Luft macht.

Noch einmal: Am auffälligsten ist diese Veränderung im Verhalten des Kleinen zu seiner Mutter zu erkennen. Denn hier steht an, die symbiotische Beziehung zur Mutter abzubrechen, was – seelisch gesehen – ein hartes Stück Arbeit ist. Jetzt müssen Kinder lernen, dass sie jemand anderes sind, sie also von der Mami und anderen Bezugspersonen getrennte Individuen sind. Jetzt fangen sie an zu lernen, selbständig zu denken und „Probleme" zu lösen.

Probleme wie dieses: „Ich hab gerade Hunger. – Oh, ich brauche gar nicht Mami für mein Essen, ich weiß, wo die Kekse sind!“

Die überlebensnotwendige Symbiose der ersten Lebensmonate bricht zusammen. Jetzt gilt es, das Zweijährige zu ermutigen und von ihm zu erwarten, dass es kleine Probleme bereits selber löst. Eine solche Ermutigung ist dann gegeben, wenn Eltern, vor allem aber die Mutter, alle Bemühungen unterstützen, die das Kleine unternimmt, um selbständiger zu werden. Bedingungslose Liebe begleitet es auch hierbei und die mütterliche Fürsorge wird deswegen nicht eingestellt.

Wenn das geschieht, lernt das Zweijährige, dass es völlig in Ordnung ist, selber zu denken, sich auch einmal abzusetzen, ohne dass sein Umsorgtsein gefährdet wäre. Denn eine – natürlich unbewusste – Frage begleitet es: „Wenn ich nun selber denke, meine Probleme ganz alleine löse und mich von Mami absetze, wird sie mich dann immer noch lieb haben und sich um mich kümmern?“ Wir dürfen nicht vergessen, dass das Kind sein ganzes bisheriges Leben in einer Symbiose mit seiner Mami gelebt hat. Diese Symbiose nun in Frage zu stellen ist offensichtlich etwas, das ihm Sorge, wenn nicht gar Angst bereitet.

Doch genau durch diesen Prozess muss das Zweijährige hindurch. Es muss lernen, eigenständig zu denken, unabhängig zu werden und seine eigenen Probleme auch selber zu lösen. Es muss Erfahrungen sammeln, welche (hoffentlich nur) positiven Folgen seine eigenen Entscheidungen in seinem Leben nach sich ziehen.

Noch mit 15 Monaten hat das Kleine mit Entzücken beobachtet, wie sich Milch verhält, wenn man sie auf den Tisch oder Boden tropfen lässt. Jetzt, mit zwei Jahren, kann es passieren, dass es das immer noch tut, doch dann beobachtet es mit einem trotzigen Gesichtsausdruck, was für wilde Sachen Mami in ihrem Ärger macht. Das ist noch viel spannender!

Wie wir schon sahen, hat das Zweijährige mit Ärger zu tun, ohne recht zu wissen, wie es damit umgehen soll. Das muss es erst einmal lernen, und zwar am besten von der Person, mit der es sehr eng verbunden ist, der Mami.[2]

Ärger ist sozusagen der Hebel, den das Kind benutzt, um die Abhängigkeit von der Mutter zu durchbrechen. Dabei erfährt es mehr und mehr, dass es für seine eigenen Gefühle verantwortlich ist und selbständig denken lernen muss. So und nicht anders löst sich das Kind langsam aus der Symbiose. Wenn es dann noch eine angemessene Unterstützung dank einer klaren Erziehung durch seine Eltern erhält, wird es rasch wichtige Aspekte des menschlichen Miteinanders lernen. Dies bedeutet, es lernt, sein Verhalten, das nur um sein eigenes kleines Ich kreiste, langsam auf das Leben mit anderen umzustellen und dabei zu merken, dass es trotz allem nicht zu kurz kommt.

Zu diesen Aspekten des menschlichen Miteinanders gehört auch, dass das Zweijährige lernt: „Andere Leute machen sich Gedanken über das, was ich tue, und sie fühlen etwas dabei!" Von jetzt ab heißt es also zu berücksichtigen, was andere denken oder fühlen, bevor das Kind selbst etwas sagt oder tut. Es kann sich nicht mehr so verhalten, wie es ihm gefällt, ohne andere Menschen vollkommen zu übersehen. Das Zweijährige lernt nun, andere in sein Denken mit einzubeziehen, die Anforderung einer Situation zu erkennen, dabei auch seine eigenen Gefühle und Gedanken ebenso zu berücksichtigen wie die möglichen Folgen seines Handelns. Das alles zu erlernen ist eine enorme Leistung für ein Kind, das erst einmal verkraften muss, dass sich die Welt nicht nur um sein Ich dreht und sich nicht nach seinen Gefühlen richtet. Trotzdem ist dieser Lernprozess lebensnotwendig, versieht er doch das Kind mit einem Verhaltensrahmen, der ihm im späteren Leben hilft, mit anderen zusammenzuarbeiten und mit ihnen in Harmonie zusammenzuleben.

Für manche Kinder mag es ebenso lebenswichtig sein, dass sie schon früh einsehen, mit Wutausbrüchen, Ärger und Widerstand Eltern und letztlich ihre „Welt" nicht kontrollieren und manipulieren zu können. Dem Zorn und der Auflehnung der Kleinen in dieser Phase muss begegnet werden. Haben Sie schon mal einen Zweijährigen erlebt, der seine Eltern vollkommen in der Hand hatte? So etwas hat zerstörerische Züge an sich, ist aber auch für den Zweijährigen folgenschwer, denn es erzeugt in ihm Angst. Je mehr er seine Eltern „unter Kontrolle" hat, desto mehr beherrscht Furcht sein Leben und umso mehr wird er seine Kontrolle ausbilden. Das ist im wahrsten Sinne ein Teufelskreis, der so lange kein Ende hat, bis die Eltern die Kontrolle wieder in die eigene Hand nehmen, über das Kind und ihr eigenes Haus.

Und noch ein Aspekt des menschlichen Miteinanders muss von dem Kleinen nun „verinnerlicht" werden. Es gibt nun einmal Dinge, die getan werden müssen, ob es einem passt oder nicht, ob man dazu aufgelegt ist oder nicht. Eines davon ist das Training, aufs Töpfchen zu gehen.

Windel, ade!

Sobald das Kind etwa zwei Jahre alt ist – immer unter Berücksichtigung seines individuellen Entwicklungstadiums und seines Verhaltens –, dann sollte man mit dem Training fürs Töpfchen beginnen. Warum mit zwei Jahren? Weil nach Gottes Plan in dieser Phase der mehr selbstzentrierte, willkürliche und auf Befriedigung ausgerichtete Lebensstil vom Kind durchbrochen werden sollte. Das Training, von der Windel wegzukommen, wird zwar von außen an den Zweijährigen herangetragen, bezieht sich aber auf einen Impuls, der von innen kommt. Interessanterweise ist dies einer der Bereiche, in dem auf einmal Dinge wie Fühlen, Denken und Handeln ausgeprägt werden. Nicht zuletzt deswegen, weil jedes „Training" auf diesem Gebiet beim Kind den Willen und die Bereitschaft mitzumachen, voraussetzt.

Es handelt sich um ein aktives Geschehen, bei dem es auch um Wettbewerb, Kontrolle und Mitarbeit geht. Hier sind die Eltern wiederum stark gefordert. Wenn sie dieses Training erfolgreich leisten, werden dem Kind neue Möglichkeiten gegeben, Probleme zu lösen, sich selbst unter Kontrolle zu halten und auch mit seinen Impulsen besser umzugehen. Getragen wird dies von dem Willen der Eltern, mit dem Kind „zusammenzuarbeiten" und so die Charakterzüge seiner Persönlichkeit zu entwickeln.

Alle eben genannten Eigenschaften sind wichtige Beiträge für ein gelingendes Miteinander. Ohne sie ist das Kind kaum für die Herausforderungen der Zukunft gerüstet. Mit vielen Bereichen, die sich in einem Alter von zwei Jahren nicht ausprägen konnten, wird ein Mensch auch als Erwachsener echte Schwierigkeiten haben. Doch davon später mehr.

„Freiheit ist der Zweck des Zwanges ..."

Auf dieser Stufe der Entwicklung ist die Erziehung zur Disziplin, wenn sie angemessen geschieht, etwas unverzichtbar Wichtiges. Eltern müssen jetzt anfangen, ihrem Kind einfache Grunderwartungen zu vermitteln; sie sollten ihm einen gewissen Tagesplan geben und Grenzen ziehen, an die sich das Kind halten muss. Es braucht tatsächlich auch die Konfrontation mit anderen, um sein Verhalten bei Ärger zu testen, aber auch den Ärger anderer Leute. Es lernt dabei, Grenzen und Folgen anzunehmen, wenn es sich nicht richtig verhalten hat. Ebenso wird es erfahren, wie es Entscheidungen fällen kann, damit daraus ein angemessenes und annehmbares Verhalten hervorgeht.

An dieser Stelle ist es angebracht, sich über verschiedene Methoden der Disziplinierung Gedanken zu machen, da sie ja mit dazu beitragen sollen, dass das Kind zu positiven Ergebnissen kommt. Um welche Methoden handelt es sich hierbei?

Eine Anzahl von Eltern sind überzeugt, dass körperliche Züchtigung zu guten Ergebnissen führt. Dabei reicht die Skala von einer Ohrfeige über eine Tracht Prügel bis hin zu verschiedensten Methoden, dem Kleinen Schmerzen zuzufügen. Damit, so meint man, würde dem Kind beigebracht, dass die Folgen seines Fehlverhaltens schmerzhaft sind oder sogar verletzend. Nicht wenige in besonders bibeltreuen Kreisen fühlen sich von Gott geradezu angeleitet, ihre Kinder körperlich zu züchtigen. Dabei berufen sie sich alle auf das Wort „Rute“ im Buch der Sprichwörter.

Es gibt eine Unmenge von Studien und selbst in Zeitungen kann man immer wieder nachlesen, welche Folgen körperliche Bestrafung für das Kind hat. Wer sich hier einen kleinen Einblick verschaffen will, sei auf verschiedene Publikationen hingewiesen.[3,4,5,6,7,8,9,10,11]

Grundsätzlich kann zusammenfassend dazu gesagt werden, dass jede Art von körperlicher Züchtigung die unwirksamste Methode ist, einem Kind Disziplin beizubringen. Im Gegenteil: In den meisten Fällen ist sie äußerst kontraproduktiv, wenn es darum geht, einem Kind beizubringen, wie es ein rücksichtsvoller, liebesfähiger und verantwortungsbewusster Erwachsener werden soll. Daher möchten wir die Gelegenheit wahrnehmen, mit Ihnen das zu teilen, was uns in den vielen Jahren unseres Dienstes deutlich geworden ist.

Ein Kind zu schlagen ist keine geeignete Methode, ihm zu helfen, selber zu denken, seine Probleme zu lösen und gute, annehmbare Entscheidungen zu fällen, die sein späteres Verhalten beeinflussen. Das alles wollen wir schließlich für unsere Kinder! Andererseits ist der Weg dorthin mit Sicherheit nicht die Tracht Prügel. Wir haben uns intensiv mit dem Wort „Rute“ im Buch der Sprüche beschäftigt, und um das Ergebnis schon vorwegzunehmen:

Das Wort „Rute“ bezieht sich nicht auf einen wörtlich gemeinten „Prügelstab“, wie es viele Christen aufgrund ihrer Bibelübersetzung glauben, sondern auf die übertragene Bedeutung, und zwar auf die von Gott gegebene Autorität, die Eltern haben und um der Kinder willen auch gebrauchen sollen.

In neuerer Zeit weisen auch schon andere christliche Autoren darauf hin, dass die traditionelle Auffassung von „Rute“ zu hinterfragen ist.

> „Ich kann nicht verstehen, wie jemand auf den Gedanken kommen kann, es sei im Willen Gottes, sein Kind mit einem Stock zu schlagen ...“[12]

oder:

> „Wenn man die ‚shebet‘-Textstellen im Buch der Sprüche liest, wird man feststellen, dass die ‚Rute‘ überall durch das Wort ‚Autorität‘ ersetzt werden kann. Die ‚Rute‘ wird nämlich auch in Bezug auf Gott und seine Autorität gegenüber den Völkern verwendet. Entsprechend muss dieses Wort auch auf die Eltern bezogen werden und deren Autorität bezeichnen, und das gilt für alle fünf Stellen im Buch der Sprüche.“[13]

Die NIV-Sudienbibel (New International Version) schreibt in einer Fußnote zu Spr 13,24 unmissverständlich: „*Rute* ist ein bildhaftes Wort für jede Form von Erziehungsautorität.“ Die entscheidende Aussage ist hier, dass es sich bei der „Rute“ nicht um ein Züchtigungsgerät, sondern um ein Symbolwort handelt. In Anbetracht dessen sind wir der Auffassung, dass wir Christen herausgefordert sind, unsere Auffassung, Gott hätte uns die Erlaubnis gegeben, unseren Kindern mit einem richtigen Stock Schmerzen zuzufügen, zu korrigieren.

Doch hören wir erst einmal den Bericht einer Mutter nach einem unserer Vorträge über Erziehungsmethoden:

> „Ich habe immer geglaubt, dass es Gottes Wille sei, die ‚Rute‘ bei der Erziehung unserer Kinder zu gebrauchen. Ich war tatsächlich so überzeugt davon, dass ich jemand war, der andere dazu anleitete, die ‚Rute‘ richtig zu gebrauchen. Ich habe in Gemeinden und christlichen Gemeinschaften Tagesseminare darüber gehalten und gezeigt, wie die Rute anzuwenden sei auf dem ‚Lern-Gesäß‘ der Kinder.

Ich war einfach überzeugt, dass das richtig war. Als ich dann Ihre Erklärung des Wortes ‚Rute' hörte, betete ich, und Gott erinnerte mich an einen Tag, an dem ich meiner Tochter eine richtige Tracht Prügel verabreicht hatte. Sie ist heute 12 Jahre alt, damals war sie erst acht, als ich sie wirklich schlimm malträtierte. Sie schrie und weinte sehr und rannte schließlich in ihr Zimmer. Dort blieb sie und ich hörte sie noch lange Zeit weinen. Es hörte überhaupt nicht mehr auf. Ich wusste, dass diese Tracht Prügel gesessen hatte. Nach etwa einer Stunde kam meine Tochter aus ihrem Zimmer – sie weinte immer noch. Sie ging direkt auf mich zu und die Tränen liefen ihr nur so über die Wangen. Ihre Augen waren rot vom Weinen. Da sagte sie: ‚Mama, ich glaube nicht, dass Jesus, wie ich ihn kenne, mir so etwas antun würde.' In diesem Moment spürte ich, wie die Beziehung zwischen uns beiden zerbrach. Es war, als wenn eine unsichtbare Wand zwischen ihr und mir heruntergelassen worden wäre. Ich konnte sie nicht berühren und sie wollte auch ganz sicher nicht, dass ich sie anfassen sollte. Ich versuchte zwar, sie zu halten und zu trösten, aber sie wollte nichts von alledem. Sie stand nur noch einen Moment da und schaute mir in die Augen. In ihnen sah ich einen sehr entschiedenen, harten und kalten Ausdruck; dann drehte sie sich um und ging. Von diesem Tag an bis heute ist die Beziehung zu meiner Tochter kalt und auf Distanz. Dieser Tag hat die Beziehung zwischen uns so zerstört, dass sie bis heute nicht mehr wieder hergestellt werden konnte. Jetzt weiß ich, warum. Der Herr selbst hat mich überzeugt und ich weiß nun, was für einen Schaden ich meiner Tochter zugefügt habe, als ich sie dermaßen ‚züchtigte'. Ich habe gleich hier und jetzt Gott um Vergebung gebeten und dass er meine Tochter heilend berührt. Sobald ich heute von hier nach Hause komme, werde ich auch meine Tochter um Vergebung bitten. Ich werde ihr erzählen, was ich heute erfahren habe. Ich werde mit ihr um Heilung ihrer seelischen Wunden beten, der Wunden, die ich ihr zugefügt habe. Ich bin fest entschlossen, alles zu tun, um die Beziehung zwischen ihr und mir wieder herzustellen. Mit der Hilfe unseres Herrn und unter seiner Leitung werde ich es schaffen. Ich danke Gott, dass er mir das alles gezeigt und mich in meinem falschen Denken überführt hat."

Wir denken, dass dies eine dramatische Geschichte ist, die uns noch einmal vor Augen führen kann, welch verheerenden Schaden wir anrichten können, wenn wir zu körperlichen Züchtigungsmethoden greifen. Um hier zu einer grundsätzlich anderen Auffassung von der „Rute" zu kommen, sollten wir die Anstrengung nicht scheuen, nachzufragen, was Gottes Wort wirklich damit meint.

„Die Rute – Gottes Schlagstock?"

> „Wer seine Rute schont, der hasst seinen Sohn; wer ihn aber lieb hat, der züchtigt ihn beizeiten." *(Spr 13,24)*

Diese Schriftstelle und noch einige andere im Buch der Sprüche wurden traditionell so verstanden, dass Gott uns auftragen würde, nur ja nicht zu zögern, unsere Kinder mit einem Stock zu verprügeln, wenn wir sie denn lieben.

Wir sind uns dabei im Klaren, was wir damit in bestimmten christlichen Kreisen mit dem aufrühren, was wir hier darlegen. Doch wir würden unserer Verantwortung nicht gerecht, wenn wir das nicht weitergeben würden, was Catherine und ich in unseren Studien über die „Rute" vom Herrn gezeigt bekommen haben.

Zunächst einmal müssen wir verschiedene Punkte besprechen, bevor wir auf das Wort „Rute" eingehen können. Eine Frage ist: Wissen wir in unserem Leben bereits alles, was Gott uns zeigen möchte, oder gibt es immer noch Dinge, die wir lernen können und in denen wir uns weiterentwickeln können? Wir sind überzeugt, dass Letzteres zutrifft.

Zweitens: Wenn etwas schon mit langer Tradition gelehrt und für wahr gehalten wurde, ist es dann deswegen schon Gottes Wahrheit? Oder anders ausgedrückt: Kann es sein, dass einige unserer übernommenen christlichen Wertvorstellungen und Lehren das wahre Wort Gottes unwirksam, ja falsch wiedergegeben haben? Wir sind überzeugt, dass so etwas passieren kann und passiert ist. Wenn auch Sie das für möglich halten, sollten wir folgender Frage nachgehen: Ist es möglich, dass wir völlig missverstanden haben, was Gott uns in all den Schriftstellen, die sich auf Kinder beziehen und gleichzeitig das Wort „Rute" enthalten, sagen wollte?

Wir haben uns dazu entschieden, dieser Frage gründlich nachzugehen. Ein Hauptgrund dafür war, dass eine große Anzahl ernst zu nehmender Untersuchungen über die Folgen körperlicher Züchtigung („Rute“) zu folgendem Ergebnis kam: In den meisten Fällen führt körperliche Züchtigung im Vergleich zu Erziehungsmethoden, die keine Gewalt anwenden, zu negativen, geradezu zerstörerischen Folgen im menschlichen Wesen.

Uns ließ die Frage nach dieser „schlechten Frucht“ nicht mehr los. Wenn wir tun, was Gottes Wort doch offensichtlich zu sagen scheint, also unsere Kinder mit Prügel züchtigen, warum ist dann das Ergebnis so schlecht? Tun wir da wirklich, was Gott von uns erwartet? Natürlich haben wir auch Untersuchungen gesehen, die aufzeigen, dass körperliche Züchtigung hilfreich sein soll. Uns geht es hier nicht darum, beide Auffassungen gegeneinander antreten zu lassen. Was wir wollen, ist eines: Wir möchten wissen, was Gott uns durch das Wort „Rute“ wirklich sagen will. Darum wollen wir uns jetzt mit dem Wort selbst beschäftigen.

„Rute“, das hebräische Wort dafür ist „shay'bet“ oder „sheybet“. Dieses Wort hat zehn verschiedene Bedeutungen. Fünf davon sind wörtlich, fünf übertragen zu verstehen.

Wörtliche Bedeutung
- Wanderstab
- Reiterstab
- Kampfstock
- Stock zum Schlagen
- Herrscherstab

Übertragene Bedeutung
- Zepter der Autorität
- Symbol der Autorität
- Verlängerung des rechten Arms des Hirten
- Symbol der Stärke, Kraft und Autorität in irgendeiner ernsten Situation
- Gottes Wort – eine Verlängerung seiner Absichten

Unter allen diesen Bedeutungen ist nur eine, die das Wort sheybet als Stock zum Schlagen meint. Warum haben wir uns in unserer Tradition entschieden, ausgerechnet diese Bedeutung zu wählen? Nur, weil wir es immer schon getan haben? Das reicht nicht als Begründung. Oder weil die Tradition bisher so daran festgehalten hat? Auch dies ist keine ausreichende Begründung.

Von Sprachwissenschaftlern wissen wir: Wenn in einem Satz oder einem bestimmten Text einem Wort eine besondere Bedeutung zugedacht wird, dann muss dieses Wort auch im gesamten Kontext des geschriebenen Werkes die gleiche Bedeutung haben.

Das heißt, die Übersetzung dieses bestimmten Wortes muss auch zu allen anderen Stellen passen, in denen das Wort vorkommt.

Als Beispiel folgende Schriftstelle: „Lass nicht ab, den Knaben zu züchtigen; denn wenn du ihn mit der Rute schlägst, so wird er sein Leben behalten; du schlägst ihn mit der Rute, aber du errettest ihn vom Tode“ (Spr 23,13f).

Wenn ich nun der Überzeugung bin, dass sheybet wörtlich als „Stock zum Schlagen“ zu verstehen ist, dann ist das Wort „schlagen“ auch wörtlich zu gebrauchen, das heißt, wiederholt und hart zuzuschlagen. Daher scheint uns diese Schriftstelle dazu aufzufordern, unsere Kinder zu verprügeln. Wenn wir jedoch das Wort sheybet im übertragenen Sinn verstehen, muss auch das Wort „schlagen“ eine völlig andere Bedeutung haben (die es tatsächlich hat, wie wir später sehen werden).

Lasst uns nun annehmen, wir würden die wörtliche Bedeutung von sheybet für richtig halten, also den Stock zum Schlagen darunter verstehen. Wenn wir uns dann dem Wort Gottes zuwenden, wollen wir ja seinem ganzen Wort gegenüber gehorsam sein, nicht wahr? Diese Schriftstelle sagt uns nun, dass wir unsere Kinder schlagen sollen. Wie viele liebevolle, mitfühlende, empfindsame und sich sorgende Eltern werden also zum Stock greifen und ihre Kinder immer wieder und hart durchhauen? Das meint ja „schlagen“. Wenn wir also diese Deutung als die einzig richtige ansehen, müssen wir tun, was Gottes Wort uns sagt. Zunächst einmal: Wenn Sie das z. B. in einem skandinavischen Land tun würden, kämen Sie hinter Gitter, weil Sie ein Gesetz dieser Länder gebrochen hätten, sobald Sie ein Kind schlagen. Möchte Gott, dass Sie ein gutes Gesetz eines Landes brechen? Darauf zu antworten ist klar. Aber auch in anderen Ländern, in denen die Prügelstrafe nicht per Gesetz verboten ist, können Sie wegen Misshandlung Ihres Kindes angezeigt und zu Gefängnis verurteilt werden, falls Sie so weit gehen würden, Ihr Kind mit einem Stock zu schlagen.

Da gibt es noch einen anderen Gesichtspunkt, den wir Ihnen darlegen wollen, bevor wir uns der eigentlichen Bedeutung von sheybet zuwenden. Ausgehend von dem Satz: Wenn wir schon das Wort Gottes befolgen wollen, dann muss es das ganze sein. Das ist damit gemeint, wenn Jakobus schreibt: „Seid aber Täter des Worts und nicht Hörer allein, sonst betrügt ihr euch selbst" (Jak 1,22). Von daher sind wir angehalten, das ganze Wort Gottes zu tun und nicht nur das herauszupicken, was uns angenehm erscheint. Wir wissen, dass dies wahr ist. Wenn wir das im Blick behalten, können wir uns noch andere Schriftstellen näher anschauen.

> Spr 10,13: „Auf den Lippen des Verständigen findet man Weisheit; aber auf den Rücken der Unverständigen gehört eine Rute." Oder Spr 26,3: „Dem Ross eine Peitsche und dem Esel einen Zaum und dem Toren eine Rute auf den Rücken!"

Die Bibel beschreibt einen Toren als jemanden, der seine eigenen, also nicht Gottes Wege geht, als jemand, der unverständig ist, sich nicht um Gott in seinem Leben kümmert. Wie viele von uns sind in den letzten Wochen so unverständig gewesen, dass sie ihre eigenen Wege gegangen sind? Ihre eigenen, nicht Gottes Wege? Wir meinen, dass eigentlich keiner von sich behaupten kann, er wäre immer auf Gottes Wegen gegangen. In dieser Hinsicht war wohl jeder von uns in der letzten Zeit mal hier, mal dort ein Tor, auf dessen Rücken die Rute gehört. Wenn wir also überzeugt sind, dass unsere Kinder mit dem Stock gezüchtigt werden müssen, dann kommen wir nicht daran vorbei, selber einen Stock zu nehmen und zu den Ältesten oder dem Pastor unserer Gemeinde zu gehen, unsere Dummheit zu bekennen und sie zu bitten, uns eine Tracht Prügel zu verpassen. Das wäre nur konsequent. Aber jeder mit einem gesunden Verständnis von Gottes Wort wird nur den Kopf schütteln und das Ganze für blanken Unsinn ansehen.

Wenn dem so ist, dann folgern wir daraus, dass das Schlagen der Kinder nicht weniger Unsinn und Zeichen einer Verirrung ist. Wir wollen aber noch eine andere Schriftstelle anschauen:

Spr 22,6: „Gewöhne einen Knaben an seinen Weg, so lässt er auch nicht davon, wenn er alt wird." Das ist eine Vorschrift in Gottes Wort, wie wir Kinder großziehen sollen. In der NIV Studienbibel heißt es dazu in der Fußnote: „Der Befehl, ein Kind an seinen Weg zu gewöhnen, beinhaltet so etwas wie ein Training." Weiter unten wird dann noch deutlicher beschrieben, was Gott meint, wenn er sagt: „Gewöhne einen Knaben". Zitat: „Das bedeutet nicht eine körperliche Bestrafung, sondern schließt drei Gedanken ein: Hingabe, Unterweisung und Motivation."

Wenn wir also den Blick auf das gesamte Wort Gottes hin weiten, wird es uns schwer fallen zu verstehen, wie wir noch an unserer Tradition hängen bleiben und glauben können, Gott würde uns die Erlaubnis geben, unsere Kinder zu schlagen oder sogar mit einem Stock zu verprügeln. Auch hier müssten wir uns den Vorwurf Jesu gefallen lassen, dass wir unsere eigenen Vorstellungen und Traditionen über den erklärten Willen Gottes setzen (vgl. Mk 7,6–9.13).

Wie viele Kinder werden weltweit seelisch und auch körperlich verletzt, weil sie mit Gewalt „gezüchtigt" werden. Die dabei entstandenen Wunden bringen alles andere als gute Früchte hervor, wie uns zahllose Studien bestätigen. Sie hinterlassen oft Kinder in einem seelisch desolaten Zustand, vor allem auch deswegen, weil ihnen diese Schmerzen von ihren eigenen Eltern, die vielleicht schlecht informiert oder fehlgeleitet waren, zugefügt wurden.

Was aber will uns dann die Bibel sagen, wenn sie von sheybet, der „Rute" im Buch der Sprüche, redet?

Was bedeutet „Rute" tatsächlich?

Wie wir schon gesehen haben, spricht selbst der Kommentar der NIV-Studienbibel von der Rute als einem Bildwort, das nur übertragen zu verstehen ist. Deutlich wird dies, wenn wir andere Schriftstellen zu Rate ziehen: Jes 11,4; Psalm 2,9; Offenbarung 2,26f; 12,5 und 19,15. In allen diesen Stellen symbolisiert die sheybet Gottes Wort, seine Autorität, seine Kraft und Stärke.

Von daher können wir gar nicht anders, als die Schriftstellen im Buch der Sprüche auch in einem übertragenen Sinn zu verstehen, nämlich dass Gott von Eltern erwartet, dass sie die rechtmäßige Autorität, ihre Kraft und Stärke gegenüber ihren Kindern einsetzen, denn dafür hat Gott sie ihnen verliehen. Sie sollen sie sorgfältig, beharrlich und mit innerer Stärke zum Nutzen der Kinder gebrauchen. Wenn wir mit diesem Verständnis an die entsprechenden Stellen herangehen, werden wir merken, dass sie viel mehr Sinn ergeben. Auch das Wort „schlagen" bekommt von daher eine etwas andere Bedeutung.

(Vgl. Spr 23,13f) Es sagt etwas aus über die Art, wie Autorität ausgeübt wird: kraftvoll und mit einer unausweichlichen Konstanz. Wie sehr diese Sicht der Gesamtaussage des Wortes Gottes entspricht, mag auch noch folgender Gedanke unterstreichen:

Der Psalm 23 ist vielen als das Lied vom guten Hirten vertraut. In Vers 4 heißt es:

„Dein Stecken und dein Stab trösten mich ..." Ein guter Hirte hat einen Stock und einen Hirtenstab bei sich. Den Stock benutzt er, um Feinde von der Herde abzuhalten, also mit Tieren wie Wölfen oder Bären zu kämpfen. Niemals würde ein Hirte diesen Stock benutzen, um auf seine Schafe einzuschlagen. Sein Hirtenstab ist dagegen eine lange Stange mit einem großen, gebogenen Haken an seinem Ende. Wenn ein Schaf vom Weg abkommt, holt der Hirte das Schaf wieder auf den richtigen Weg zurück, indem er den Haken um den Hals des Tieres legt und es vorsichtig heranzieht. Außerdem kann er mit diesem Stab Zweige von Büschen und Bäumen herabbiegen, deren Blätter dann von den Schafen abgefressen werden.

An dieser Stelle möchten wir noch einen Bericht weitergeben, der uns betroffen machte:

In einem englischen Pub, in dem hauptsächlich Schäfer zusammenkamen, wurde einmal über den Gebrauch vom Stock gegenüber den Schafen diskutiert. Eine Aussage, der alle zustimmten, war: „Wir Hirten würden niemals einen Stock benützen, um unsere Schafe zu schlagen. Warum? Weil sie uns einfach viel zu kostbar sind!" Wir denken doch, dass wir Eltern unsere Kinder für noch weit wertvoller halten als die Hirten ihre Schafe. Wenn dem so ist, muss es für uns mindestens so unvorstellbar sein wie für sie, unsere Kinder zu schlagen.

Wir denken, dass es an der Zeit ist, wirklich Reue darüber zu empfinden, dass wir Gottes Wort so einseitig und damit falsch gedeutet haben. Wir müssen ihn um Vergebung bitten, aber auch unsere Kinder, denn wir haben Gottes Wesen ihnen gegenüber auf schlimme Weise unrichtig dargestellt. Es ist an der Zeit, das zu tun, was Gott uns wirklich aufgetragen hat, nämlich unsere rechtmäßige Autorität gegenüber unseren Kindern einzunehmen. Das heißt, wir müssen Wege finden, sie zu lehren, zu korrigieren, zu formen und zu stärken. Wir müssen ihnen Disziplin beibringen, ohne körperliche Gewalt anzuwenden. Im folgenden Abschnitt möchten wir Eltern eine Alternative aufzeigen, die sie in Situationen gebrauchen können, in denen Autorität und Konsequenz von uns gefordert sind, so wie sie uns Gott in seinem Wort aufträgt.

Wenn keine „Rute", was dann??
Die beste Methode, einem Kind in Richtung Disziplin zu helfen, ist diejenige, die es ihm ermöglicht, seine Gefühle, Gedanken und Handlungen zu erkennen und noch einmal aufzuarbeiten. Letztlich eine Methode, die zum Ergebnis hat, dass das Kind sein Verhalten besser durchdenken, Entscheidungen fällen und so Probleme lösen kann. Nur so kann das Kind in seine eigene Verantwortlichkeit zurückgeführt werden, aus der heraus es dann notwendige, angemessene Entscheidungen für die Zukunft fällen kann, die nicht ohne Folgen für sein Verhalten bleiben.

Eine Methode, die solche erwünschten Ergebnisse hervorzubringen vermag, möchten wir Ihnen hier vorstellen: die „Nachdenk-Ecke". Wenn es Sie interessiert, dann erfahren Sie im folgenden Einschub mehr darüber.

Die „Nachdenk-Ecke"

„Von allen Seiten umgibst du mich
und hältst deine Hand über mir." *(Psalm 139,5)*

„Und dein Lehrer wird sich nicht mehr verbergen müssen,
sondern deine Augen werden deinen Lehrer sehen.
Deine Ohren werden hinter dir das Wort hören:
‚Dies ist der Weg; den geht! Sonst weder zur Rechten
noch zur Linken!'" *(Jes 30,20b–21)*

Natürlich ist uns bewusst, dass die „Ecke" in früheren Jahren ein Mittel war, ein Kind zu beschämen. Es ist also nicht weiter verwunderlich, wenn Leute auf unseren Vorschlag, die Ecke zu gebrauchen, zunächst einmal sehr negativ reagieren. Doch wir möchten den Gebrauch der Ecke als eine Alternative zur körperlichen Züchtigung darstellen. Und zwar nicht als Ecke, um beschämt zu werden, sondern als Platz, an dem ausschließlich nachgedacht, Entscheidungen gefällt und Probleme gelöst werden können. Sie darf niemals als Strafe oder als Drohung verwendet werden. Wenn die „Nachdenk-Ecke" dran ist, dann sollte sie nicht so nebenbei, sondern ganz bewusst und mit einer konkreten Absicht eingesetzt werden. Das Ziel ist, dem Kind zu helfen, in Zukunft Entscheidungen zu treffen, die ein angemessenes, annehmbares Verhalten zur Folge haben, und das möglichst bevor es durch eine solche äußere Maßnahme wie der „Nachdenk-Ecke“ zur Veränderung seines Verhaltens gebracht werden muss. Denn in der Ecke wird dem Kind auf unbequeme Weise sein Fehlverhalten bewusst gemacht, damit es lernt, daraus für sich und sein Verhalten Schlüsse zu ziehen.

Die „Nachdenk-Ecke“ ist eine sehr dynamische Erziehungsmethode, die erfordert, dass die Eltern mit ganzem Herzen dabei sind. Sie gibt ihnen aber auch ein Instrument an die Hand, das Verhalten eines Kindes zu verändern, ohne ihm körperliche Schmerzen zufügen zu müssen. Sie ist ein Mittel, die Aufmerksamkeit des Kindes auf die Innenseite seines Verhaltens zu lenken, was seine Selbstkontrolle ausprägt. Für manche Kinder mag es darum schlimmer sein, in die „Nachdenk-Ecke“ zu müssen, als einfach nur Schläge zu bekommen. Sie ziehen ein paar Schläge, die rasch vorbei sind, einem Prozess vor, den sie durchlaufen müssen, wenn sie in der Ecke stehen, nachdenken und Probleme lösen müssen, um möglichst zu einer neuen Entscheidung zu kommen. Ihr unausgesprochenes Signal ist: „Jetzt bestraf mich schon, ich möchte mit meinen Sachen weitermachen!“ Wir denken, Grund genug, die „Nachdenk-Ecke“ einzusetzen.

Wie sieht das nun praktisch aus?

Das Kind geht freiwillig oder von seinen Eltern geschickt in eine Ecke. Dort steht es aufrecht mit dem Gesicht zur Ecke und den Händen an seiner Seite. Alles, was es tun darf, ist denken und Entscheidungen fällen. Weder umdrehen, schreien, weinen oder mit anderen reden sind erlaubt. Wenn das Kind dann nachgedacht hat und eine Entscheidung gefällt hat, darf es seine Eltern um Erlaubnis fragen, ob es sich umdrehen und ihnen berichten kann. Die Eltern entscheiden dann, ob das Kind wirklich zur Einsicht gekommen ist und sein Verhalten in Zukunft verändern möchte oder ob zu wenig geschehen ist. Dann sollte es eine weitere Zeit in der Ecke stehen. Bei manchen Kindern mag es notwendig sein, dass man sie in der Ecke festhalten muss. Das sollte man dann nur sehr vorsichtig tun, ohne dem Kind in irgendeiner Weise wehzutun.

Die Aufgabe für das Kind in der „Nachdenk-Ecke“ wird natürlich im Zuge seiner Entwicklung vielschichtiger. Ein Beispiel, um das zu verdeutlichen: Ein Zweijähriger muss lernen, darüber nachzudenken und Entscheidungen zu fällen, besser seinen Eltern zu gehorchen. Ein Zweijähriger hat eine Menge zu leisten, er beginnt selbständig zu denken, sich von seiner Mutter abzusetzen, seine eigenen kleinen Probleme zu lösen und muss auch noch lernen, mit anderen in einer annehmbaren Weise umzugehen. Für ihn bietet die „Nachdenk-Ecke" ein Begreifen seiner Grenzen und was für Konsequenzen es hat, wenn er sich nicht richtig verhält.

Natürlich ermutigen wir dazu, andere Konsequenzen außerhalb der „Nachdenk-Ecke" einzusetzen. Das hängt vom Kind, seinem Alter und der Situation ab. Wenn es älter wird, werden auch die Erwartungen größer sein, die ihm seine Eltern in die Ecke mitgeben. Somit auch all die zusätzlichen Konsequenzen, die im Erziehungsprozess notwendig werden sollten.

Ein drei- bis fünfjähriges Kind versteht schon mehr über seine Gefühle und was es in vielen Situationen tun soll. Wenn dieses dann in die „Nachdenk-Ecke" geht, dann nicht nur, um „gute Entscheidungen" zu fällen, wie es sich in Zukunft besser verhalten soll, sondern auch, um darüber nachzudenken, was es gefühlt, gedacht und warum es das getan hat, was es getan hat. Das alles kann es schon bedenken und dem „Nachdenk-Ecke-Agenten", im Normalfall Mutter oder Vater, berichten.

Das Kind stellt sich in seine „Nachdenk-Ecke" im gleichen Raum, in dem auch die Eltern sind. Auf diese Weise empfindet das Kind keine Zurückweisung oder leidet unter dem Gefühl, verlassen zu sein, nur weil es etwas falsch gemacht hat. Außerdem sind die Eltern dabei, um eine aktive, wirkungsvolle Rolle in dem Prozess zu spielen. Das alles braucht natürlich mehr Kraft und Zeit, als ein Kind einfach „durchzuhauen". Kein Wunder, dass manche Eltern diese Art von „Züchtigung" vorziehen.

Während das Kind nun in der Ecke steht, braucht es vielleicht einige Anleitungen von den Eltern, um zu wissen, worüber es eigentlich nachdenken soll. Sicher müssen sie dann eingreifen, wenn es darum geht, sitzen, weinen, umdrehen zu verhindern, alles Dinge, die es vom Eigentlichen abhalten, was in der „Nachdenk-Ecke" geschehen soll. Im Alter von sechs bis zwölf Jahren bringt der Gang in die Ecke natürlich ganz andere Herausforderungen für den jungen Menschen mit. Mehr als bei jüngeren Kindern muss diese Erziehungsmethode von anderen, zusätzlichen Konsequenzen begleitet werden, die oft besser greifen.

Was das Alter anbelangt, in dem man die „Nachdenk-Ecke" einsetzen kann, so müssen wir sagen: von der Zeit an, in der Kinder sprechen lernen, bis – ja eigentlich immer!

Ernsthaft: Wir haben die „Nachdenk-Ecke" auch bei Erwachsenen eingesetzt, und das mit unglaublichen Ergebnissen. Eine Warnung möchten wir hier anbringen: Beginnen Sie nie mit der „Nachdenk-Ecke", ohne Ihrem Kind eine gründliche Einführung gegeben zu haben. Es muss wissen, was da warum und wie geschieht. Erst recht gilt das für Erwachsene. Sie können und dürfen niemanden in eine Ecke schicken, ohne dass dieser nicht ausdrücklich damit einverstanden ist. Wenn wir die „Nachdenk-Ecke" bei Erwachsenen anwendeten, geschah dies meist während einer Beratungszeit und auch nur dann, wenn beim Ratsuchenden die Gedanken durcheinander gerieten und er nicht mehr in der Lage war, eine Entscheidung zu fällen, oder wenn er versuchte, die ganze Verantwortung für etwas, das er nun tun müsse, auf uns abzuwälzen.

Wir haben die „Nachdenk-Ecke" als etwas erfahren, das jedem, egal, wie alt er sein mag, helfen kann, seine eigene Verantwortung wieder zu erkennen und in einer guten, angemessenen Weise auf seine Lebenssituation und ihre Umstände zu reagieren.

Sascha

Sascha war acht Jahre alt. Sein Vater war davon überzeugt, dass nur Schläge ihn zu einem gefügsamen Sohn machen könnten. Doch offensichtlich war die Menge an Schlägen nicht abschreckend genug, Sascha daran zu hindern, in der Schule große Schwierigkeiten zu machen. Irgendwann entschied sich der Vater, mit der Prügelstrafe aufzuhören und die „Nachdenk-Ecke" einzusetzen. Fast augenblicklich begann sich Saschas Verhalten in der Schule zu verbessern. Sein Vater erhielt nie wieder Anrufe von Lehrern, die sich über Saschas Benehmen beschwerten. Sascha entwickelte sich mehr und mehr, nicht nur in der Schule, sondern auch zu Hause. Nach einem Jahr fragte der Vater Sascha: „Sag mal, Sohnemann, wir haben jetzt ein Jahr lang Schläge durch die ‚Nachdenk-Ecke' ersetzt, sag mir, wie du den Unterschied zwischen beidem empfindest." Sascha schaute seinen Vater an und meinte: „Papa, wenn du mich verprügelt hast, hast du für mich gedacht, in der Ecke denke ich selbst nach. Dafür bin ich dir echt dankbar."

Das ist eine sehr interessante Antwort und sie illustriert geradezu perfekt den Segen, den die „Nachdenk-Ecke" in das Leben eines Kindes bringen kann, wenn sie mit großer Sorgfalt angewendet wird.

Über die Jahre haben wir überschwängliche Berichte und viele positive Ergebnisse von Eltern mitgeteilt bekommen, darunter auch einige Lehrer, die in ihren Klassen diese Methode angewendet haben. Einer von ihnen erzählte uns folgende humorvolle und zudem sehr ermutigende Geschichte:

> „Nachdem Sie bei uns Ihr Seminar über die ‚Nachdenk-Ecke' und seine Auswirkungen gehalten hatten, entschieden wir Lehrer uns, diese Möglichkeit auch bei unseren Schülern einzusetzen. Eine Woche später, wir nahmen gerade neue Schüler in unsere Vorschulklasse auf, passierte Folgendes: Ich schrieb mir gerade die Daten eines Vierjährigen auf, da kam dieser an meine Seite und sagte:
> ‚Herr Jeramiah, ich bin aus drei Vorschulen herausgeflogen, weil niemand mit mir fertig wird.' Im selben Moment dachte ich nur eines: ‚Nachdenk-Ecke' für diesen kleinen Knirps. Die Schule begann am Montagmorgen und tatsächlich verbrachte der Vierjährige die meiste Zeit in der Ecke, um Entscheidungen zu fällen. Auch am Dienstag war er die längste Zeit in der Ecke. Am Mittwoch war sein Aufenthalt dort schon wesentlich kürzer. Am Donnerstag verbrachte er fast gar keine Zeit mehr dort und am Freitag musste er überhaupt nicht mehr in die Ecke. Er arbeitete prima mit, lernte eifrig und hatte Freude an der Schule. Freitagabend erhielt ich einen Telefonanruf von seinen Eltern. Sie fragten: ‚Was haben Sie nur mit unserem Sohn gemacht? Er hat sich völlig geändert!' So erklärte ich ihnen, was ich die ganze Woche über mit ihm getan hatte und warum ich dieses Erziehungsmittel gebrauche. Ich konnte ihnen erzählen, wie wirkungsvoll es sich während der Woche erwiesen hatte.
> Daraufhin meinten sie, jetzt könnten sie verstehen, was ihr Sohn ihnen gesagt hatte. Und sie erzählten folgende Begebenheit: ‚wir hatten gerade zu Abend gegessen, da rückte unser Sohn vom Tisch ab, stand auf und machte eine Ankündigung. ›Mami, Papi, seht ihr da drüben die Ecke?‹ Dabei zeigte er auf eine Ecke im Esszimmer. Dann sagte er weiter: ›Das ist die, in die ich zum Denken hineingehe, um Probleme zu lösen und Entscheidungen zu fällen.‹'
> Der kleine Knirps hatte voll erfasst, um was es ging. Er gebrauchte die ‚Nachdenk-Ecke' auch zu Hause. Sein Verhalten wurde von Mal zu Mal besser und er veränderte sich zu einem der besten Schüler dieser Vorschule."

Wenn wir von Fällen hörten, bei denen es nur ein geringes oder gar kein positives Ergebnis gab, konnten wir immer wieder feststellen, dass Eltern die „Nachdenk-Ecke“ nicht richtig anwendeten oder dass noch andere Konsequenzen stärker diese Methode ergänzen sollten.

Wenn die „Nachdenk-Ecke“ verstanden wurde und von Eltern in einer guten Weise angewendet wird, ist sie eine starke Alternative gegenüber der körperlichen Züchtigung. Viele Eltern berichten von geradezu wunderbaren Veränderungen, die sie mit ihren Kindern erlebten, als sie „von der Rute zur Ecke“ wechselten. Hier der Bericht einer Mutter:

> „Nachdem ich Ihre Erklärung über die Rute und über die Ecke als bessere Alternative gehört hatte, ging ich nach Hause und erzählte meinem sechs Jahre alten Sohn, dass ich einiges Neues gelernt hätte, das ihm in puncto Disziplin helfen könnte. Vor allem sagte ich ihm, dass ich ihn nicht länger schlagen, sondern beginnen würde, die Ecke zu gebrauchen, um ihm beizubringen, wie man nachdenkt, Entscheidungen trifft und Probleme löst. Bevor ich noch Atem holen konnte, um fortzufahren, platzte es aus meinem Sohn förmlich heraus: ‚O Mami, ich bin ja so glücklich! Ich habe zu Jesus gebetet, er soll doch mit dir über das dauernde Schlagen reden!‘“

Kinder sind ganz aufgeregt, wenn sie erleben, dass ihre Gebete beantwortet werden. Und genauso bewundern und respektieren sie ihre Eltern, wenn diese bereit sind, sich um ihrer Kinder willen zu verändern.

Ein Vater erzählte uns folgende kleine, ermutigende Geschichte:

> „Meine Tochter Sarah, die jetzt 22 Monate alt ist, zeigte schon früh das Verhalten einer Zweijährigen, was natürlich auch den Gebrauch des Wortes ‚Nein!‘ mit einschloss. Seit einigen Monaten hatte sie uns beobachtet, wie wir die ‚Nachdenk-Ecke‘ bei unserem Sohn anwendeten. Der ist jetzt vier Jahre alt. Eines Tages weigerte sich Sarah, etwas zu tun, was wir ihr aufgetragen hatten. Sie wurde regelrecht aufsässig und dickköpfig. Direkt vor unseren Augen war er voll in Gang, der ‚Zweijährigen-Aufstand‘. In diesem Moment entschieden wir uns, Sarah mit der Ecke vertraut zu machen. Ich schaute sie sehr ernst an und sagte: ‚Sarah, ich glau-

> be, es ist an der Zeit, dass du in die Ecke gehst.' Ihre Reaktion schockierte uns regelrecht. Mit einem richtigen Freudenschrei sprang sie auf und jubelte: ,Ich bin jetzt ein großes Mädchen! Ich kann in die Ecke gehen! Juhu!' Und sie steuerte gleich darauf schnurstracks auf die Ecke zu, die wir normalerweise für ihren Bruder gebrauchten."

Das ist eine sehr interessante kleine Geschichte. Natürlich werden nicht alle Kinder so voller Begeisterung wie Sarah darauf reagieren, dass sie in die Ecke müssen. Doch wenn die „Nachdenk-Ecke" richtig angewendet wird, bringt sie eine echte Frucht im Leben der Kinder hervor: ein Gespür für das Richtige.

Das Zweijährige – Herausforderung auf zwei Beinen

Wenn wir auf den Ärger eines Zweijährigen reagieren und das Kind konsequent und angemessen zur Disziplin angehalten wird, versteht es immer mehr, dass es jemand anderes ist als seine Mami und seine Gefühle anders sind als die ihren. Dabei ist es für das Kind enorm wichtig, verstehen zu lernen, dass es immer mehr für seine eigenen Gefühle, Gedanken und Handlungen verantwortlich ist. Wenn die ursprüngliche Symbiose auseinander gegangen ist, müssen unsere erzieherischen Maßnahmen dem Kleinen helfen, zwischen sich und anderen Grenzen zu ziehen. Für das Kind ist es wichtig, herauszubekommen, wie es sich abgrenzen kann, was unter seiner Kontrolle steht und was nicht. Wenn es von uns empfängt, was es in dieser Phase für sein gesundes Wachstum und seine Entwicklung braucht, dann ist es auch gut darauf vorbereitet, dem nächsten Abschnitt seines Lebens mit all seinen Herausforderungen zu begegnen. Das Kind sollte dieses Stadium seiner Entwicklung mit fundamental wichtigen Fähigkeiten verlassen: Es muss anfanghaft gelernt haben, zu denken, Probleme zu lösen und für sein Verhalten verantwortlich zu sein. Das ist auch das Stadium, in dem es den „Miteinander-Vertrag" nach und nach verinnerlichen sollte. Es erfährt sich nun getrennt von seiner Mami und beginnt, mehr und mehr über Selbstkontrolle und Selbstdisziplin zu lernen. Das alles zu ermöglichen und zu begleiten ist die ehrenhafte Aufgabe der Eltern.

Elterliche Hilfestellung

Die Hauptaufgabe für alle, die mit Kindern in diesem Alter zu tun haben, ist es, ihnen zu helfen, sich abzunabeln, selbständig zu denken und erste Probleme zu lösen. Das Kind braucht in dieser Phase seine Eltern, vor allem aber die Mami, die ihm helfen, sich abzulösen und verantwortlich für das eigene Denken und Handeln zu werden. Die notwendige Erziehung zur Disziplin äußert sich im einfachen, aber konsequenten Setzen von Grenzen. Grenzen, deren Überschreiten unweigerlich Konsequenzen nach sich ziehen.

Jetzt ist ein durchdachtes, konsequentes Erziehungsprogramm wichtig und notwendig. Doch genauso müssen Eltern es vermeiden, ihre Kinder mit zu vielen Regeln, Vorschriften und Erwartungen von morgens bis abends zu ermüden.

Wie Eltern mit dem Ärger eines Zweijährigen umgehen, und das vor allem in Zeiten offensichtlich herausfordernder Opposition und Verweigerung, bringt dem Kind bei, wie es selbst mit Ärger umgehen und ihn in einer angemessenen Weise zum Ausdruck bringen kann.

Wenn wir Erwachsenen angemessen unseren Ärger ausdrücken und das Kind erfährt, welche Konsequenzen sein Fehlverhalten mit sich bringt, wird dies zu einer ersten Begegnung mit dem „Miteinander-Vertrag“.

Bei einem Zweijährigen sollte man eines nicht aus dem Auge verlieren: Es wird versuchen, seine Umwelt und seine Eltern unter Kontrolle zu bekommen. Dies ist ein Zeichen dafür, dass es aufgebracht ist, weil sich „seine Welt“ radikal verändert hat. Im Normalfall gefällt ihm das überhaupt nicht und es möchte deshalb umso mehr an SEINEM Weg festhalten. Eltern müssen in dieser Zeit unbedingt die Oberhand behalten und von ihrem zweijährigen Kind erwarten, sich „kooperativ“ zu zeigen und sich den elterlichen Grenzziehungen und Erwartungen entsprechend zu verhalten.

Leider reagieren Eltern in dieser Entwicklungsphase ihres Kindes oft mit der Einstellung:

„Es ist doch noch ein Baby ...!“ Doch genau das erschwert es dem Kind, eigenes Denken zu entwickeln, seine kleinen Probleme zu lösen und in einer guten Weise auf die Erwartungen seiner Eltern zu reagieren.

Wenn Eltern nicht verstehen, was in ihrem Kind vor sich geht

Gefahrvolle Eigenständigkeit

Für das Kleine stellt es in diesem Alter eine unglaubliche Herausforderung an seinen Überlebenswillen dar, immer mehr zu realisieren, dass es von seiner Mami getrennt und unabhängig ist und eigenständig denken kann. Es muss nun mit dem Widerspruch fertig werden: „Wenn ich denke und auf meine Weise Probleme löse, wird dann meine Mami immer noch für mich sorgen? Werde ich verlassen und allein gelassen?" Hier zeigt sich wieder die Grundangst: Kann ich überleben?

Versetzen Sie sich für einen Moment in die Lage eines Zweijährigen. Wenn Sie überzeugt wären, dass Ihr Streben nach Unabhängigkeit und eigenständigem Denken Ihre Mami so abschrecken könnte, dass sie im Gegenzug Ihnen die Ernährung und Pflege verweigern würde (was wiederum Ihr Überleben bedrohen könnte), würden Sie dann noch versuchen, eigenständig zu denken oder Ihre Probleme selbständig zu lösen?

Nein, natürlich nicht! Um zu überleben, würden Sie es vermeiden, anders zu denken als Ihre Mutter, koste es, was es wolle. Diese Festlegung würde auf lange Zeit Ihre Motivation, selber zu denken, lahm legen und Sie zu einem passiven Menschen machen.

Und genau in diesem Dilemma finden sich viele Zweijährige wieder, die eine unsichere und von Ängsten bestimmte Mutter haben. Denn diese wird ihr Kleines unter Kontrolle haben wollen, weil sie dessen Drang, sich abzulösen, als eine Bedrohung ihrer Autorität im eigenen Heim deutet.

Wenn eine Mutter ihr Zweijähriges immer wieder in den Babystatus zurückzieht, indem sie alles für das Kleine macht, es mit ihren Anweisungen förmlich erdrückt, bedroht und kontrolliert, kann das Ergebnis nichts anderes sein als Frustration und nicht selten sogar die Behinderung der sich entwickelnden Fähigkeit, für sich selbst zu denken, eigene Probleme zu lösen und Verantwortung für das eigene Handeln zu übernehmen.

Das Gegenteil hierzu stellt eine Mutter dar, die ihrer Pflicht nicht nachkommt, auf ihr Kind aufzupassen. Wenn das Kind nun seine neu gewonnene Unabhängigkeit ausprobieren möchte, wird es sich wehtun oder gar verletzen. Auch in diesem Fall wird der Wille des Kindes, unbedingt zu überleben, bedroht.

Beiden Kindern ist gemeinsam, dass sie sich irgendwann entscheiden, abhängig von anderen zu bleiben, die ihre Probleme lösen und so ihr „Überleben" sichern.

Wir sind überzeugt, dass es zu viele „Erwachsene" in dieser Welt gibt, in denen sich das oben beschriebene Muster eines Zweijährigen zeigt. Das „Nicht-eigenständig-Denken" und das „riskante eigenständige Handeln" werden zu einem Schutzmechanismus, der bei allem eingesetzt wird, was bedrohlich erscheint. Aus der kleinen Person, die dieses Verhaltensmuster eingeprägt bekam, wird dann ein Kind und nicht selten auch ein Erwachsener, der andere gebraucht und bedrängt, um seine eigenen Probleme zu lösen. (Hierzu mehr in unserem Buch: Mut zur Reife[14].)

Es ist an der Zeit, sich darum zu bemühen, diese unguten Schutzmechanismen aus der Welt zu schaffen, indem wir unseren zweijährigen Kindern mit dem richtigen Verständnis und der entsprechenden Erziehung begegnen.

Mami und Papi auf der Palme

Ein zweijähriges Kind scheint regelrecht dafür geschaffen zu sein, seine Mami oder seinen Papi wütend zu machen. Dabei muss es selber lernen, mit seinem Ärger und seinen Bedürfnissen umzugehen. Wahrscheinlich wählt es dafür meistens nicht den idealen Zeitpunkt für Sie und Ihren Tagesplan ...

> Ich bin zwei Jahre alt. Meine Mami ist die Sprecherin von allen Fürbittern aus den Gemeinden in unserem Gebiet. Sie ist gerade dabei, eine Versammlung der Leiter und Leiterinnen bei uns zu Hause vorzubereiten. Sie wollen heute Nachmittag über das weitere Vorgehen in ihrem Dienst sprechen. Mami ist schon den ganzen Morgen sehr beschäftigt. Sie putzt das Haus noch einmal durch, bereitet einen Imbiss und Kaffee vor. Doch bei alldem übersieht sie mich komplett – den ganzen Morgen lang! Kein Wunder, dass ich ganz schön sauer bin. Darum tue ich jetzt Dinge, die sie zwingen, mit ihrem Zeug aufzuhören und mir beizubringen, dass ich das nicht tun darf. Ich mache aber mit meinen dummen Sachen weiter, denn ihre Aufmerksamkeit, wenn sie mich schimpft, ist immer noch besser als gar keine Aufmerksamkeit. Mami ist schon ganz schön genervt wegen mir, aber ich bin immer noch ärgerlich und weiß überhaupt nicht, wie ich damit

umgehen soll. Na gut, ich werde warten bis zum richtigen Moment, um Mami mal zu zeigen, wie sauer ich wirklich bin. Mittlerweile sind alle Leute in unserem Haus angekommen. Sie sitzen in unserem Wohnzimmer und halten ihre Besprechung ab. Mami leitet das Gespräch. Jetzt ist die Zeit gekommen! Ich nehme ein Glas Milch, stell mich genau vor Mami auf, schau ihr ins Gesicht und dann kippt mir doch das volle Glas einfach um – alles auf den Teppich. „Was wirst du nun tun, o du starke, gesalbte, christliche Mutter?!" Mami ist völlig schockiert über das, was ich getan habe, und das noch mit solch einem trotzigen Gesichtsausdruck! Wahrscheinlich denkt sie jetzt: Auflehnung hat immer etwas mit finsteren Mächten zu tun! Mami verliert für einen Moment ihre Fähigkeit, vernünftig zu denken, und verhaut mir ziemlich stark mein Hinterteil. Dabei schreit sie mich an: „Tu das nie wieder, junger Mann! Ab jetzt, in dein Zimmer!" Tja, und da habe ich gerade eine wichtige Lektion über den Umgang mit Ärger gelernt.

Wenn ein Kind seine Mami wütend macht und sie ihren Ärger dadurch zum Ausdruck bringt, dass sie es schlägt, lernt es von ihr Folgendes: *Wenn du wütend bist, kannst du jemanden schlagen, du musst nur warten, bis du stärker bist als der andere.* Wir Eltern müssen uns wirklich bewusst sein, welche Signale wir gegenüber unseren Kindern aussenden, die aufgenommen werden und wie eine Saat im späteren Leben aufgehen.

Ein anderes Problem tritt in dieser Zeit auf, wenn der Ärger, Rebellion oder regelrechte Wutanfälle die Eltern einschüchtern und sie dem Kind hier nicht entschieden begegnen. Wenn das passiert und das Zweijährige jedes Mal bekommt, was es will, dann lernt es sehr schnell, seine Eltern zu beherrschen und somit auch seine Welt, indem es seinen Ärger, seine Rebellion und seine Wutanfälle als Mittel einsetzt. Wenn es dann älter wird, hat es sich diese Taktik vollkommen zu Eigen gemacht.

Aber auch das andere muss bedacht werden. Was geschieht, wenn das Kind sozusagen vom Ärger der Eltern überwältigt wird? Das vor allem in der Zeit, in der es seinem Alter entsprechend „aufmüpfig" wird? Wenn Eltern dann wütender und bedrohlicher werden, als es die kleine Person verkraften kann, wirkt das Angst einflößend und lebensbedrohend. Es wird sich dann später von Autoritätspersonen immer bedroht fühlen, andere aber mit ihrer Wut genauso bedrohen, um das zu bekommen, was es will.

Beide falschen Reaktionsweisen der Eltern führen letztlich zu einem ungesunden, ja destruktiven Lebensstil, der ein Kind daran hindert, mit anderen in Harmonie leben zu können, wie es Gottes Absicht für uns ist.

Wir wagen zu behaupten, dass unsere Welt voll von selbstsüchtigen, ichkonzentrierten, machtgierigen Erwachsenen ist, weil deren Eltern oder Erzieher grundsätzlich missverstanden oder nicht gewusst haben, was in einem Zweijährigen vorgeht. Diese Erwachsenen werden ihr ungutes Erbe an ihre Nachkommen weitergeben, es sei denn, Gott greift in jedes Leben, egal, ob Kind oder Erwachsener, verändernd ein. Es ist der Wunsch unseres Vaters im Himmel, noch einmal für uns in der Zeit als Zweijährige unser Vater zu sein und uns mit dem zu versorgen, was wir damals wirklich gebraucht hätten.

Topf und Tränen

Wenn ein Kind auf eine ungute Weise „trainiert" wurde, auf den Topf zu gehen, und dabei seelische Verletzungen erlitt, zeigt sich das später in den Schwierigkeiten, die ein solcher Mensch mit Selbstbeherrschung, Umgang mit eigenen Impulsen und Zusammenwirken mit anderen hat. Wenn zum Beispiel das „Töpfchen-Training" zu rigoros durchgezogen wird und von vielem Schimpfen begleitet ist, kann es in einem Kind die gegenteilige Reaktion hervorrufen. Es verliert seine Motivation, mitzuwirken, zu denken, um seine Probleme zu lösen und sich ein gewisses Maß an Selbstbeherrschung einzuverleiben. Das Ergebnis ist ein Kind, das sich rebellisch gegen Autoritäten zur Wehr setzt. Es wird seine Lebensreise mit einer „Versuch-mal-mich-zu-zwingen-Haltung" jeder Autorität gegenüber beginnen. Der „Miteinander-Vertrag", den es langsam verinnerlichen sollte, ist negativ belegt, letztendlich verzerrt und wirkungslos. Das Kind wird später nicht gerne mit anderen zusammenarbeiten oder sich Leuten unterstellen, die Autorität haben und die Gott in sein Leben gestellt hat. Das hat auch Auswirkungen auf seine Beziehung zu Gott. Denn irgendwann wird sich diese Rebellion auch gegen Gott richten, was sich oft darin zeigt, dass ein solcher Mensch nicht bereit ist, sich der Führung Jesu zu unterstellen.

Ein anderes Problem entsteht dann, wenn das Kind zu früh aufs Töpfchen sollte, ohne dass es dazu von seiner Entwicklung her schon in der Lage war. Wir sind zwar schon im vorausgegangenen Kapitel darauf eingegangen, doch auf der Stufe des zweijährigen Kindes kommen noch einige wesentliche Aspekte hinzu.

Wenn das „Töpfchen-Training“ zu früh erfolgreich beendet werden konnte, beruht dieser „Erfolg“ einzig und allein auf der altbekannten Methode, wie man Lebewesen konditioniert. Uns ist diese Methode durch die berühmten Hundeversuche des Ivan Pavlov bekannt.[15] Man kann solche Konditionierungsmethoden auch mit Erfolg bei Kindern einsetzen und erhält dadurch ein Verhalten, das man sich wünscht. Gleichzeitig aber nimmt man dem Kind die Möglichkeit, selber auf die Erwartungen, die es spürt, einzugehen und sie zu erfüllen, sobald es von seinem Entwicklungsstand dazu in der Lage ist. Nur „dressiert“ ist es nicht in der Lage, seine eigenen Gefühle zu entwickeln, selbständig zu denken und seine kleinen Probleme wirkungsvoll zu lösen.

Wenn also beim „Töpfchen-Training“ das Kind einfach nur konditioniert wurde, um zu tun, was erwartet wird, ohne dass es dazu bereits körperlich und verstandesmäßig bereit ist, hat es auch keine Gelegenheit, sich mit Dingen wie Selbstkontrolle, Machtkampf und Zusammenarbeit auseinander zu setzen, alles Bereiche, die jetzt eigentlich wichtig sind. Das Kind bekommt einfach nicht die Gelegenheit, Entscheidungen zu fällen, zusammenzuarbeiten und im wahrsten Sinne des Wortes seine Eingeweide zu kontrollieren. Und das alles nur, weil es durch Methoden, die andere anwendeten, schon im Voraus konditioniert wurde.

Die eigenen Ausscheidungsorgane unter Kontrolle zu bekommen ist eine erste Form von Selbstkontrolle und damit einer der Bausteine für die Entwicklung von Selbstdisziplin im Leben eines Erwachsenen. Im vorausgegangenen Kapitel haben wir darauf hingewiesen, welche Folgen es hat, wenn man von einem Baby etwas erwartet, was es entwicklungsmäßig noch gar nicht leisten kann. In diesem Kapitel nun haben wir erfahren, wie solche Forderungen das Kleinkind dazu bringen, seine Selbstkontrolle, inneren Impulse und Prozesse an eine andere Person abzugeben. Nun ist das zu frühe „Töpfchen-Training“ geradezu ein Paradebeispiel dafür, dass eine Entwicklung gebremst wird und Verletzungen entstehen, wenn die inneren Impulse und Prozesse dem Kind durch zu starke Fremdkontrolle genommen werden. Was im Grunde am meisten geschieht, ist, dass das Kind seine Fähigkeit, die eigenen inneren Impulse zu kontrollieren, an seine Eltern abgibt. Auf diese Weise lernt es, Impulse, die auch sein Verhalten betreffen, zu unterdrücken und stattdessen auf äußere Einflüsse zu reagieren. So ist die Grundlage, auf der sich Selbstdisziplin und Selbstkontrolle aufbauen könnten, geschwächt oder, was noch schlimmer wäre, völlig unterentwickelt. Ein solches Kind bekommt später häufig das Etikett: „Problemkind", das ständig elterliche Erziehungsmaßnahmen, Korrektur und Bestrafung zu brauchen scheint. Die Eltern eines solchen Kindes finden sich dann in der wenig beneidenswerten Lage, ständig ihr Kind „überwachen" zu müssen, da es sonst nichts als Schwierigkeiten bekommt. Wundert es da jemanden, dass es ein „Problemkind" ist? Es gab seine sich vorsichtig entfaltende Fähigkeit, sich Selbstdisziplin anzueignen, ab an seine dominierenden, ständig kontrollierenden Eltern.

Die eigene innere Kontrolle an andere abzugeben ist ein schwerwiegendes Problem. Es ist eine der Wurzeln für das „Immer-die-gleiche-alte-Sünde-wiederholen-Syndrom", welches so viele Erwachsene frustriert und unfrei sein lässt. Wir haben immer wieder festgestellt, dass dieser Lebensstil vor allen Dingen bei Menschen auftrat, die mit stark kontrollierenden Eltern aufgewachsen sind. Falsche Machtausübung ist nun mal außerordentlich zerstörerisch und verursacht großen Schaden im Leben der Kinder. An dieser Stelle müssen wir noch mehr in die Tiefe gehen.

Machtausübung – bringt sie Leben oder Tod?

In den vergangenen Jahren wurde in der Fachliteratur Machtausübung als etwas dargestellt, das äußerst zerstörerisch wirkt. Auch uns geht es immer wieder darum, die destruktiven Ergebnisse aufzuzeigen, die ein kontrollierendes Verhalten in das Leben der Menschen, ihre Organisationen und Kulturen bringt. Hier möchten wir einige Ergebnisse unserer Studien weitergeben und auch das, was wir glauben, das uns Gott über den „Kontrollgeist" gezeigt hat.

Zunächst einmal: Es gibt verschiedene Formen von Kontrolle. Hier sei angemerkt, dass im Englischen Kontrolle weit mehr bedeutet als im Deutschen. Bitte bei diesem Wort also auch in Zukunft immer Bedeutungen mitdenken wie Herrschaft, Macht, Machtausübung, Gewalt, Beherrschung, Aufsicht.

a) Die Selbstkontrolle (Selbstbeherrschung) als eine Frucht des Heiligen Geistes.
b) Macht, die notwendig ist und von Gott Einzelnen, Leitern und Autoritätspersonen verliehen wurde, um seine Herrschaft, eine rechtmäßige Autorität und Verantwortlichkeit in die Welt zu tragen. Diese Art der Machtausübung ist geprägt von einer besonderen Form des Leitens und des richtungsweisenden Führens. Durch sie entsteht Ordnung, eine Mitte, Klarheit, Sicherheit und Disziplin. Das wiederum bringt so wertvolle Dinge hervor wie Leben, Gesundheit, Wachstum und Freiheit für Gemeinschaften, Organisationen und Kulturen.
c) Qualitätskontrolle lässt den Käufer sicher sein, dass dieses oder jenes Produkt von hoher Qualität ist. Dass es diese Form von Kontrolle braucht, ist offensichtlich.
d) Schließlich gibt es die Kontrolle, um die es uns in diesem Zusammenhang geht. Es ist die Macht, die Einzelne, Organisationen oder Kulturen zu beeinflussen sucht und unter Druck setzt, um die selbstsüchtigen, durch die kontrollierende Person willkürlich gesetzten Ziele zu erreichen. Diese Form der Machtausübung beruht auf Angst. Weil Gott uns aber keinen Geist der Angst gegeben hat, ist diese Form der Kontrolle direkt vom Gegenspieler selbst inspiriert. Das zeigt sich für jeden sichtbar in deren Ausübung: Unterdrückung, Manipulation und Einschüchterung. Die Folgen sind durchweg negativ, sie bringen Tod, Zerstörung und Unfreiheit über Einzelne, Beziehungen, Gemeinschaften und ganze Kulturen.

Wir sehen also: Es gibt eine Form der Kontrolle, die der Entwicklung eines Menschen gut tut. Sie bringt ein gesundes Wachstum der Persönlichkeit und echte Reife hervor. Sie erzeugt unabhängige, verantwortungsbewusste Menschen und festigt deren persönliche Rechte und Freiheiten.

Im Gegensatz dazu ist die ungute Art der Kontrolle für die Entwicklung eines Menschen geradezu zerstörerisch. Sie bringt nur eines hervor: ein behindertes Wachstum der Persönlichkeit und deren Unreife. Sie erzeugt eine dauerhafte Abhängigkeit von dem, der Kontrolle ausübt, und zementiert die Tatsache, dass dem Einzelnen keine Rechte zustehen, er deshalb auch weiterhin an ihn gebunden bleibt.

Einen interessanten Aspekt fanden wir in einem Lexikon

unter dem Stichwort „Kontrolle“: *Eine Persönlichkeit oder ein Geist, von dem man annimmt, dass er aktiviert, was ein spiritistisches Medium ihm an Übersinnlichem mitteilt.* Letztlich ist der Kontrollgeist tatsächlich ein Geist und nicht die Eigenheit oder der Charakterzug eines bestimmten Menschen. Das ist der Grund, warum dieser Geist so zerstörerisch ist, wenn er sich nur ausleben kann. Denken wir nur an die Art und Weise, wie er sich zeigt: Einschüchterung, Beherrschung und Manipulation sind seine Mittel, die er einsetzt. Und an diesen drei ist gar nichts gut. Sie leben davon, dass Angst erzeugt wird. Wie wir gesehen haben, kann dies schon beim neugeborenen Baby beginnen. Wenn sich der Kontrollgeist bei ihm manifestieren darf, wird es lernen, alles zu tun, um nur am Leben zu bleiben. Die Angst, dass seinen lebensnotwendigen Bedürfnissen nicht mehr bedingungslos entsprochen wird, setzt sich bereits im Neugeborenen fest. Angst ist dann seine Motivation, wenn es darum geht, mit einer Welt umzugehen, die seinen Bedürfnissen nur entgegenkommt, wenn es sich deren Kontrolle unterwirft. Hat dieser Kontrollgeist das Leben eines Kindes erst einmal im Griff, dann ist der Lebensweg des Kleinen von dieser unglücklichen Verquickung bestimmt: Du bekommst nur das, was du brauchst und was deine Bedürfnisse befriedigt, wenn du dich einer kontrollierenden Macht unterstellst.

Das wirklich Teuflische daran ist: Keiner bekommt letztlich, was er wirklich sucht. Bei dem, der Kontrolle ausübt, zeigt sich eine echte Schwäche, denn auch er ist in Abhängigkeit geraten. Er ist ständig auf Kräfte von außen angewiesen, um das fertig zu bringen, was er getan haben will.

Erst recht wird die Person geschwächt, die der Kontrolle ausgeliefert ist. Sie wird nämlich in ihrer Entwicklung behindert, unabhängig zu denken, zu wachsen, Selbstdisziplin und Selbstbeherrschung zu erlangen.

Nicht zuletzt kann sich zwischen beiden nie eine echte Beziehung aufbauen.[16]

Weil nun Angst die treibende Kraft hinter dieser geistlichen Macht ist, ersetzt Furcht auch das Zusammenwirken, und die betroffenen Leute handeln nach eigenem Gutdünken; sie sind mit anderen uneins, ehrgeizig und befinden sich in ständiger Verteidigungshaltung.

Wo der Geist der Kontrolle am Werk ist, zeigt sich normalerweise immer auch eine Gegenkraft: die Auflehnung und Rebellion. Überall, wo Sie Kontrollmechanismen finden, werden Sie wahrscheinlich auch auf Rebellion stoßen. Umgekehrt gilt dasselbe: Wo immer Sie Rebellion finden, wird Ihnen die Unterdrückung durch einen Kontrollgeist begegnen, sei es, dass er gerade in Aktion ist, sei es, dass er sich früher im Leben des Betreffenden hat auswirken können.

Wir sind überzeugt, dass Menschen häufig Kontrolle ausüben, weil sie gar keinen anderen Weg kennen, eine bestimmte Aufgabe erfüllt zu bekommen oder sicherzustellen, dass ihren Bedürfnissen begegnet wird. Dabei hat das Ausüben von Macht etwas Suchthaftes. Wenn es einmal in der gewünschten Weise gewirkt hat, wird es zu einer Festlegung des eigenen Verhaltens führen, damit die eigenen Bedürfnisse, Wünsche und Sehnsüchte auch weiterhin befriedigt werden. Wir alle haben Kontrolle gelernt über die Art und Weise, wie unsere Eltern mit uns und unseren Bedürfnissen in unserer Kindheit umgegangen sind. Leider ist diese Form der Kontrolle etwas, was von Generation zu Generation weitergegeben wird. Man muss sich also nicht nur mit ihr im Leben des Einzelnen, sondern auch im Hinblick auf die früheren Generationen beschäftigen.

Uns hat es immer wieder sehr traurig gemacht, zu sehen, wie viele Kinder unter dieser Form der Kontrolle aufwachsen mussten. In unserem Dienst werden wir ständig mit den zerstörerischen Folgen dieser Form der Kontrolle konfrontiert. Wir können sagen, dass in irgendeiner Form alle Erwachsenen, mit denen wir seit Beginn unseres Dienstes 1978 zu tun hatten, von einem Geist der Kontrolle unterdrückt worden waren.

Helfende Worte aus der Bibel

Paulus schreibt an die Gemeinde in Korinth (2 Kor 5,14): „Denn die Liebe Christi treibt uns ..." Wenn wir nun dieses biblische Prinzip von Liebe und dem Einsatz von Kraft auf unsere Beziehungen anwenden, stoßen wir auf die gleiche Tatsache: Es ist die Liebe zu anderen und deren Liebe zu uns, welche uns „treibt", das heißt, welche uns beeinflusst und uns zu gesunden, erstrebenswerten Ergebnissen führt. Wenn die Hauptsache in der Gleichung unseres Lebens fehlt, nämlich die Liebe, dann müssen wir damit rechnen, dass die Kontrolle zu etwas wird, das sich verselbständigt und nur noch seine Interessen im Blick hat. Kontrolle wird dann zur einzigen Kraft, die uns und andere „treibt", unseren Bedürfnissen zu entsprechen, unsere Sehnsüchte zu erfüllen und unsere Ziele zu erreichen.

Der erste Johannesbrief (1 Joh 4,18) sagt uns: Wo Liebe ist, kann es keine Furcht geben. Wortwörtlich steht da: „Die vollkommene Liebe vertreibt alle Furcht." Das Fundament für den Kontrollgeist ist aber Furcht. Wenn nun Furcht vertrieben wird, weil es die Liebe gibt, dann gibt es weder die Motivation noch das Bedürfnis, andere zu kontrollieren.

Ein letztes Wort zu diesem Thema finden wir im zweiten Brief an Timotheus (2 Tim 1,7 GN): „Denn der Geist, den Gott uns gegeben hat, macht uns nicht zaghaft, sondern gibt uns Kraft, Liebe und Besonnenheit."

Wie wir gesehen haben, ist die Grundlage und die Motivationskraft des Kontrollgeistes die Angst. Wenn nun Situationen auftreten, die Angst erzeugen, und der Einzelne nicht gelernt hat, damit im Gebet umzugehen und den Heiligen Geist um Wegweisung zu bitten, dann riskiert er es, bei selbst gemachten Methoden Hilfe zu suchen, um mit solchen Momenten umgehen zu können. Solche Methoden ersetzen dann das, was eigentlich der Heilige Geist anregen wollte, und sie erhalten ihre Kraft einzig und allein durch menschliche Anstrengung. Die Energie, die das kostet, wird durch den Kontrollgeist aufrechterhalten, da der Mensch sich in einer solchen Situation nicht an den Tröster und Beistand direkt gewandt hat. Dieser tritt in so einem Fall einfach zur Seite. Der Kontrollgeist ist nun frei, als motivierende Kraft hinter den Gefühlen, dem Denken und Handeln des Betreffenden seinen Platz einzunehmen. Kontrolle tritt an die Stelle des Heiligen Geistes und wird so zum „Herrn". Es braucht nicht viel Phantasie, sich vorzustellen, was dabei herauskommt. Kontrolle ist tatsächlich ein übles Instrument in der Hand des Menschenverderbers von Anbeginn, das nur dazu geschaffen wurde, seelische Qualen zu erzeugen und das Leben von Menschen zu zerstören.

Wir glauben fest daran, dass unser Herr alle Menschen kennt und versteht, die in diese Form von Kontrolle geraten sind. Wir sind auch ganz sicher, dass Gott uns deswegen nicht verdammt, sondern dass er von uns erwartet, so schnell wie möglich aus diesen verhängnisvollen Bindungen herauszukommen, sobald wir diese Zusammenhänge erkannt haben.

Jetzt aber Disziplin!

Weil es an wirklicher, von innen kommender Disziplin mangelt, es nicht einmal eine Vorstellung davon gibt, wächst ein Kind zum Erwachsenen heran mit einer Unzahl von Vergleichs- und Kontrollmechanismen. Das liegt vor allem daran, dass nie über unangemessene, übertriebene Disziplinierung gelehrt wurde, die oft großen Druck erzeugt oder mit ernsten Konsequenzen für falsches Verhalten droht. Der Mensch, der aus einer solchen Erziehung herauskommt, hat alle Anlagen in sich, ein egozentrischer, negativer, in ständiger Auflehnung lebender Erwachsener zu werden, der es äußerst schwierig findet, sich einer Autorität zu unterstellen, nicht zuletzt auch der Autorität des lebendigen Gottes. Als Kind bereits wird es mehr und mehr unwillig, mit anderen zusammenzuarbeiten, dafür aber wird es umso nachsichtiger mit sich selbst. Es wird von der Angst getrieben, nicht das zu bekommen, was es braucht oder möchte. Deshalb beginnt es zu drohen, andere herumzukommandieren oder zu manipulieren, um seine Ziele zu erreichen. Das klingt doch ziemlich schlimm, nicht wahr? Und es ist es wirklich!

Nur wenn die Liebe uns treibt (vgl. 2 Kor 5,14), hat jede Erziehung zur Disziplin auch den gewünschten Erfolg.

Zweijährige brauchen Gebet

Kein Zweifel: Gott ist größer als ein Zweijähriger! Er sehnt sich danach, Ihr Kind von allen zerstörerischen, zwei Jahre alten Bindungen freizusetzen. Wir als Eltern müssen Gott „erlauben", uns die Wurzeln der oft zwei Jahre alten Verwundungen im Leben unserer Kinder zu zeigen. Gott möchte all diese Bereiche berühren, ihre Herzen heilen und von Wunden und Festlegungen befreien, die durch unsere unangemessenen Reaktionen entstanden sind. Gott unser Vater ist in der Lage und er hat das Verlangen, unsere Kinder buchstäblich wieder herzustellen. Halten wir uns sein Wort vor Augen: „Er kann euch so reich beschenken, dass ihr nicht nur jederzeit genug habt für euch selbst, sondern auch noch anderen reichlich Gutes tun könnt" (2 Kor 9,8).

Die folgende Geschichte bezeugt dies und kann in das Herz vieler Eltern neue Hoffnung legen. Oftmals sind die Schwierigkeiten, die Eltern mit dem Verhalten ihrer Kinder auf einer bestimmten Stufe ihrer Entwicklung haben, nicht die Folgen von Verletzungen, die zur gleichen Zeit entstanden, sondern kommen oft aus den Wunden, die in einer früheren Entwicklungsphase entstanden sind. Um eine solche Situation handelt es sich in dem unten stehenden Bericht. Er kann ausgezeichnet illustrieren, wie Eltern mit einem größeren Problem umgehen sollen, und zwar auf die wirkungsvollste Weise.

Rachel

Die Vorgeschichte. Rachel war ein sehr schwieriges, zweijähriges Mädchen. Sie war überempfindlich und reagierte extrem auf alles, was ihre Eltern ihr beibringen wollten. Jedes Mal, wenn ihre Eltern versuchten, ihr Grenzen zu ziehen, die sie zu beachten hatte, explodierte sie förmlich und bekam regelrechte Wutanfälle. Irgendwann beschlossen die Eltern, die Gelegenheiten, mit Rachel in Konflikt zu geraten, aufs äußerste zu beschränken. Doch genau dadurch bekam Rachel die ganze Familie unter ihre Kontrolle. Die Eltern waren von ihrer zwei Jahre alten Tochter eingeschüchtert und hatten geradezu Angst davor, Rachel mit ihrem Verhalten zu konfrontieren, weil sie keine Lust mehr hatten, sich ihrer explosiven Wut auszusetzen.

Die Mutter besuchte nun eines unserer Seminare und lernte eine Menge darüber, dass oftmals solche Kinder ein problematisches Verhalten zeigen, die früher auf irgendeine Weise verletzt wurden. So fragte sie uns, was wir ihr in Bezug auf Rachel raten könnten. In unserem Gespräch kam heraus, dass sie Rachel einen festen „Schlafplan" aufgezwungen hatten, als sie erst drei Monate alt war. Sie wollten einfach, dass sich Rachel daran gewöhnt, abends früh schlafen zu gehen, weil sie morgens immer schon so früh aufwachte. Wochenlang hatten sie daran gearbeitet, ihr dieses „Programm" beizubringen. Doch Abend für Abend wiederholte sich das gleiche Drama: Rachel schrie ihren Ärger aus der Seele, sobald sie zum Schlafen ins Bettchen gelegt wurde. Doch die Eltern hielten durch in dem Glauben, dass sie es bei Rachel mit einem besonders willensstarken Kind zu tun hätten. Und jetzt war es an der Zeit, diesen starken Willen zu brechen. (Wir erinnern an ein früheres Kapitel, in dem wir darlegten, wie falsch es ist, einem Säugling von 0–6 Monaten irgendein Programm aufzwingen zu wollen.)

Als wir nun gemeinsam mit der Mutter für eine Lösung dieses Problems beteten, wurde uns gezeigt, dass Rachel ihr Leben bedroht sah, weil ihre Eltern nicht auf ihre wirklichen Bedürfnisse eingegangen waren. Je mehr wir beteten und miteinander sprachen, desto deutlicher wurde es, dass Rachel wahrscheinlich das Bedürfnis gehabt hatte, etwas länger mit ihrer Mami am Abend zusammen zu sein, statt schon so früh ins Bett zu müssen. Rachel liebte bis zum Beginn des „Schlaf-Programms" Zärtlichkeit und Kuscheln über alles.

Letztendlich waren die Eltern mit ihrer Methode „erfolgreich". Aber der Umgang mit Rachel wurde in den Zeiten, in denen sie wach war, nach und nach immer schwieriger. Sie war lange nicht mehr so auf Zärtlichkeit bedacht, ja verweigerte sich oft, wenn ihre Eltern sie in den Arm nehmen und mit ihr schmusen wollten. Ihr Verhalten irgendwie noch beeinflussen zu können wurde immer komplizierter, bis Rachel schließlich für sie nicht mehr erreichbar war.

Wir konnten nun der Mutter erklären, dass sich Rachel die hilflose Wut aus dem „Schlaf-Programm" einverleibt hatte, dass daher ihr Verhalten jetzt völlig unkontrollierbar geworden war, weil sie ihren Eltern misstraute, für ihre wirklichen Bedürfnisse zu sorgen. Und nicht nur das, sie erlaubte ihren Eltern auch nicht länger, sie mit ihren Liebesbezeugungen zu trösten. Rachel war sich selbst genug; ihre Wut wurde ihr Schutz und ihr Trost.

Als Rachel also zwei Jahre alt war, wurden ihre Rebellion und ihre Wut geradezu abnormal, einfach zu extrem, selbst für eine Zweijährige. Die Mutter war deshalb entschlossen, für sie zu beten, und zwar um Heilung der Wunden, die ihr durch das „Schlaf-Programm" beigebracht worden waren. Hier nun ihr Bericht:

„Als ich an diesem Tag, nachdem ich mit euch gesprochen hatte, nach Hause kam, sprach ich mit meinem Mann darüber, welchen Eindruck wir bekamen, als wir für das Problem mit Rachel beteten, für ihren Ärger und ihre Wutanfälle. Mein Mann erkannte auch sofort, was wir für einen Fehler gemacht hatten, und wir baten Jesus gemeinsam um Vergebung, was wir in unserer Tochter durch unser ‚Schlaf-Programm' angerichtet hatten. In dieser Nacht, als Rachel schlief, gingen wir in ihr Zimmer, knieten uns neben ihrem Bettchen nieder, legten unsere Hände auf sie und beteten: ‚Herr, wir erinnern uns an all die schwierigen Zeiten, in denen wir Rachel zum Schlafen bringen wollten, und alles, was sie tat, war nur zorniges Schreien. Bitte, Herr, zeige du dich unserer

Tochter. Komm du zu ihr und tröste sie. Nimm sie in deinen Arm, Herr, und schenke ihr die Nähe, die sie gebraucht hätte, die wir ihr damals aber nicht gegeben haben. Wir wissen, dass du auf das Weinen deiner Kinder antwortest. Rachel ist dein Kind, Herr, bitte komm zu ihr. Nimm die Angst von ihr weg. Nimm ihr die Wut und ersetze sie durch deine Liebe, deinen Trost, deine Sicherheit und deinen Frieden.' Während wir beteten, spürten wir die Gegenwart Gottes mitten im Zimmer. Wir wussten, dass Gott unsere Tochter heilen würde. So dankten wir ihm für die Heilung von Rachel und dass er sie von Angst und Wut befreien werde. Wir baten ihn noch, ihr Vertrauen in uns wieder herzustellen und auch ihr Bedürfnis nach Nähe und Zärtlichkeit, wie sie es vor unserem Trainingsprogramm hatte.

Am nächsten Tag war es nicht mehr zu übersehen: Im Leben von Rachel hatte sich etwas ganz entscheidend verändert! Das Erste, was sie tat, nachdem sie ihr Bettchen verlassen hatte, war, dass sie zu mir kam und mich umarmte. Wie ich sie so im Arm hielt, wurde mir bewusst, dass sie meine Umarmung annahm und ganz nah bei mir blieb, ganz im Gegensatz zu ihrer üblichen Art, sich sofort mir zu entziehen. Auch während des Tages, wenn ich ihr das eine oder andere sagen musste, reagierte sie ganz normal, ohne rebellisch zu sein oder einen Wutanfall zu bekommen. Jetzt begegnete ich nur noch dem ganz normalen Widerstand, den Zweijährige nun mal den Forderungen ihrer Eltern entgegensetzen. Sobald ich aber auf Befolgung bestand, gab sie nach. Es war ein Wunder! Ich war so aufgeregt, dass ich meinen Mann bei der Arbeit anrufen musste. Er war natürlich ebenso berührt, aber auch vorsichtig, um seine Erwartungen nicht zu hoch anzusetzen. Wir wussten, dass Jesus Rachel in der Nacht zuvor berührt hatte, aber wir waren kaum in der Lage, wirklich anzunehmen, dass sie geheilt ist. Es war eine seltsame Reaktion, die bei uns beiden auftrat. Nun gut, jetzt nach einem Jahr brauchen wir wohl nicht mehr zu sagen, dass Rachel dieses kostbare Geschenk wurde, von dem wir immer schon wussten, dass sie es war. Sie verhält sich so, wie man es von einer Dreijährigen erwartet, sie ist sehr anhänglich geblieben und wir können erkennen, dass sie ihr Vertrauen in uns wiedergewonnen hat. Ihre Zornausbrüche und Wutanfälle haben mit dem Tag aufgehört, der unserem Gebet folgte. Rachel hat nie wieder diese Art von Reaktion gezeigt. Kinder empfangen Heilung von Gott in großzügiger Weise. Ganz sicher wird es unseren Glauben stärken, wenn wir für ein Kind beten. Gott schenkt in reichlichem Maß und Kinder empfangen mit offenem Herzen. Wir danken dem Herrn für sein wunderbares Eingreifen im Leben unserer Rachel. Wir werden die Lektion, die wir lernen durften, nie mehr vergessen. Es spielt keine Rolle, wie groß das Problem ist, das wir unseren Kindern durch unser Verhalten geschaffen haben: Wir können immer zum Herrn gehen und ihn bitten, uns zu zeigen, was die Wurzel des Problems ist, und dann dafür beten. Gott wird Heilung bringen. Unsere Aufgabe ist es, zuzugeben, dass wir unseren Kindern Wunden zugefügt haben, dies zu bereuen und Gott – und unser Kind – um Vergebung zu bitten. Dann können wir unseren Herrn voll Vertrauen darum bitten, unser Kind zu berühren und zu heilen. Er ist treu und er wird auf das Weinen seiner Kinder antworten."

Dieser Bericht ist ein überzeugendes Beispiel dafür, was Gott für jeden von uns, ob Vater oder Mutter, tun will, wenn wir zu ihm gehen und Heilung für unsere Kinder suchen.

Zusammenfassung

Dieser Abschnitt der Kindheit ist geprägt von Ärger, Widerstand, Unabhängigkeit und beginnendem eigenständigem Denken. Es ist die Zeit, in der das Kind beginnt, die Symbiose mit seiner Mami zu durchbrechen. Es arbeitet daran, seine Eigenständigkeit zu entwickeln, denken zu lernen und seine Probleme zu lösen. Jetzt müssen von ihm Dinge wie wetteiferndes Vergleichen, das Zusammenarbeiten mit anderen und Unterordnung unter eine Autorität verarbeitet werden. Es lernt nun, sich um andere zu kümmern und mit ihnen auszukommen, wichtige Eckpunkte im „Miteinander-Vertrag".

Eltern gehen in dieser Zeit gut mit ihrem Kind um, wenn sie es ermutigen, seine Probleme selbst zu lösen, eine gewisse Ordnung und Grenzen einzuhalten. Erst recht müssen sie ihm beibringen, dass falsches Verhalten auch entsprechende Folgen hat und dass sie langsam den Blick dafür bekommen sollen, was andere fühlen und wünschen.

Problematisch ist es, wenn Eltern in dieser Zeit keinen Wert auf eine gewisse Disziplin legen oder kaum Erwartungen an das Kind stellen. Das ist genauso schädlich für die Entwicklung des

Kindes wie übertriebene Erwartungen, denen mit ungutem Druck und einem alles beherrschenden Kontrollgeist Nachdruck verliehen wird. Auch sollten die Folgen für ein bestimmtes Verhalten schon jetzt dem Zweijährigen beigebracht werden. Eltern, die alles laufen lassen, erlauben letztlich ihrem Kind, sie einzuschüchtern und zu kontrollieren, was für beide Seiten äußerst zerstörerisch ist.

Mögliche Probleme des Kindes auf dieser Entwicklungsstufe

Bei einem Kind in diesem Alter können folgende Probleme auftreten:

- immer wiederkehrende Wutausbrüche bei Situationen, in denen Gehorsam gefragt wäre
- Machtausübung durch Einschüchterung und Manipulation
- Ängste
- sich zurückziehen
- Überanpassung

Das letzte Verhaltensmerkmal ist oft nicht leicht zu erkennen. Nicht selten sind es die so genannten wirklich lieben Kinder, die darunter leiden. Denn ihr Verhalten kam nicht aus ihrem Herzen, sondern wurde durch den einschüchternden Ärger der Eltern und ihre Art, kontrollierende Macht auszuüben, herbeigeführt. Überangepasste Kinder werden niemals das Risiko eingehen, sich gegen ihre Eltern zu stellen und aufmüpfig zu sein.

Probleme, die ihre Wurzeln in dieser Stufe der Entwicklung haben, wirken sich auf die kommenden Jahre und oft bis ins Erwachsenenalter aus. Wenn wir im Umgang mit unseren Kindern Fehler gemacht haben, wird Jesus unsere Kinder heilen und wieder herstellen. Alles, was wir tun müssen, ist, ihn zu bitten und ihm zu vertrauen, dass er tut, um was wir ihn gebeten haben.

Ein letzter Hinweis:
Wenn ein Kind auf dieser Entwicklungsstufe Schwierigkeiten hat und die Eltern für seine Heilung beten, das Problem aber bleibt, dann möchten wir hier noch einmal auf die Schlussbemerkung von Kapitel 3 hinweisen, wo Näheres gesagt wird, was in einem solchen Fall zu tun ist.

Literaturverweise Kapitel 5:

1 Bernice Weissbourd, „The Myth of the Terrible Two's. Rethinking toddler's Bad Rap. (AS They Grow: 2 Years)", Parents Magazine, Okt. 1995, 70 N10, 77(2)
2 Nancy Samalin, „How to Love Your Child, Even When You're Angry", Family Circle, April 1996, N%, 24(2)
3 James & Mary Kenny. „Punishment Won't Make Your Kids Good", US Catholic, Juli 1996, Bd. 61, Nr. 7 26(5)
4 Nick Gallo, „Why Spanking Takes the Spunk Out of Kids", Child, März 1996, S. 103.146f
5 „Puplik Spanking: Is It an Answer to Teen Crime?". Current Events, 11. März 1996, 95 nr 21, 3(1)
6 Ellen Wlody, „To Spank or Not to Spank?", American Baby, November 1995, 57, Nr. 11 56(5)
7 „Dr. Spock's Guide to Effective Discipline", Parenting, Juni/Juli 1995, 9, Nr. 5 58(6)
8 Nancy Samalin, „What's Wrong with Spanking?", Parents Magazine, Mai 1995, 70 Nr. 5, S. 35 (2)
9 William Sears & Martha Sears, „8 Reasons Spanking Doesn't Work ... but 5 Kinds of Techniques that Do", Redbook, März 1995, 184 Nr. 5 156
10 „Sparing the Rod, Save the Child" (Corporal Punishment in the United Kingdom), New Statement and Society, 24. Juni 1994, 7 Nr. 308 5(1)
11 Hans Joachim Heil, „Ein missverstandener Begriff: Züchtigung – was soll denn das?", Der Auftrag, Dez. 1996, Nr. 61, 58
12 Ishmael, „Reclaiming a Generation", Kingsway Publications, Eastbourne, England
13 Crystal Lutton, „Biblical Parenting", Millenial Mind Publishing 2001
14 Frank & Catherine Fabiano, „Mut zur Reife", Gerth Medien GmbH, Asslar 1999, S. 95–115
15 Pavlov, I. P., „Conditioned Reflexes" (Übers. G. V. Anrep), London, Oxford Univ. Press 1927
16 Stephen R. Covey, „Seven Habits of an Effective Leader", Simon & Schuster, New York 1990, S. 39

KAPITEL 6

Das drei- bis fünfjährige Kind

„Die Liebe kennt keine Angst.
Wahre Liebe vertreibt die Angst.
Wer Angst hat und vor der Strafe zittert,
bei dem hat die Liebe ihr Ziel noch nicht erreicht."

(1 Joh 4,18; GN)

Judith
Judiths Eltern gefiel nicht, was der Pastor bei der Predigt im Sonntagsgottesdienst gesagt hatte. Als sie dann im Auto nach Hause fuhren – Judith saß auf dem Rücksitz –, redeten sie über das, was dieser „dumme Pastor" von sich gegeben hatte. Mittwochabends hatten sie den Pastor zum Abendessen eingeladen und alles war längst vergessen. Als es an der Tür klingelte, rannte Judith hin, voll Freude darüber, dass der Besuch endlich da war. Sie öffnete die Tür mit strahlendem Lächeln, drehte sich um und rief ihren Eltern zu, die noch in der Küche beschäftigt waren: „Mama, Papa, der dumme Pastor, von dem ihr neulich gesprochen habt, ist da!"

Kommt Ihnen diese Szene irgendwie bekannt vor?

Die Entwicklungsstufe aus der Sicht des Kindes

Das ist eine Zeit in meinem Leben, in der ich mich mit meinen Rollen in der Gesellschaft identifiziere und die Welt um mich herum verstehen lerne. Während dieser Entwicklungsstufe nehme ich die Werte und Moralvorstellungen meiner Familie und meiner Kultur in mich auf. Ich lerne, wie ich mich in meine Familie und Umgebung einfügen kann. Das ist auch die Zeit, in der ich in meine Kultur eingegliedert werde, indem ich die speziellen Eigenheiten meiner Kultur annehme. Ich wiederhole alles, was ich höre. Ich mache, was ich sehe. Das ist die Zeit, in der sich meine Identität herausbildet und meine Geschlechtsrolle festgelegt wird. Ich entdecke, was es in meiner Familie, meinem sozialen Umfeld und meiner Kultur bedeutet, männlich oder weiblich zu sein. Meine

Kultur wirkt sich in diesem Alter sehr stark auf meine charakterliche Entwicklung aus. Mutter und Vater sind in diesen Jahren wichtige Rollenvorbilder für mich.[1]

Entwicklungsbedingte Bedürfnisse des Kindes

Ist Ihnen noch bewusst, dass ein Kind im Alter von zwei Jahren einen „Miteinander-Vertrag" eingeht? Im Alter von drei bis fünf Jahren muss das Kind nun eine Menge an Informationen sammeln, um diesen Vertrag umsetzen zu können. Das Kind wird seine Gefühle von seinem äußeren Umfeld ableiten.

Das Alter von zweieinhalb bis drei Jahren ist für das Kind eine Zeit großer Anpassung. Das Kind ist dann ach so süß und nett! Das ist eine willkommene Erleichterung nach dem vorangegangenen Stadium, in dem das Zweijährige vieles ausgetestet und opponiert hat, um sich abzulösen. Das Kind ist nun hilfreich und will alles Mögliche für Mama und Papa tun. Die Beziehung zwischen Mutter und Kind ist viel positiver als im Alter von zwei Jahren. Es gibt viele Eltern, die durchaus nichts dagegen hätten, wenn sich ihr Kind das ganze Leben wie ein Dreijähriges verhalten würde, denn es ist ja so nett, so hilfreich, so kooperativ!

Was diese Kleinen sehen, das tun sie auch. Und was sie hören, das sagen sie auch. „Was für Mami und Papi richtig ist, das ist auch für mich in Ordnung", scheint das Motto zu sein, nach dem ein Dreijähriges lebt. Das Kind sagt und tut Dinge, die es von den Erwachsenen übernommen hat, sei es zur gelegenen oder zur ungelegenen Zeit. Manchmal auch sehr zur Überraschung und Verlegenheit der Eltern.

Dieser unersättliche Drang des Kindes, Informationen einzusammeln, kann dazu führen, dass Eltern sogar nach dem Lexikon greifen, um das unaufhörliche „Warum" ihrer Kinder beantworten zu können. Dieses Wort *„Warum?"* ist Gottes spezielles Geschenk an die Dreijährigen.

„Papa, wohin gehst du?"
„Zum Einkaufen, mein Schatz."
„Warum?"

„Weil wir Lebensmittel brauchen."
„Warum?"
„Damit wir etwas zu essen haben."
„Warum?"
„Damit wir groß und stark werden, mein Schatz."
„Warum?"
„Damit wir das tun können, was Gott von uns will."
„Warum?"
„Weil Gott das von uns will."
„Warum?"
Nun, was sagt man in so einem Fall?
„Ich weiß es nicht! Wahrscheinlich hat er es so angeordnet, weil es für uns das Beste ist!"

Das Kind ist jetzt sehr aufmerksam, es scheint das intelligenteste Kind der ganzen Welt zu sein. Es gibt nichts, das seiner Aufmerksamkeit entgeht. Es ist dabei, Informationen über diese Welt zu sammeln. Das ist der Grund, warum es diese vielen „Warum-Fragen" stellt. Das Kind braucht jetzt richtige Informationen, ohne dass es verspottet oder geneckt wird oder dass man sich auf seine Kosten lustig macht.

Das Kind lernt, worauf andere reagieren und worauf nicht. Sein Forscherdrang ist jetzt mehr auf das gesellschaftliche Umfeld gerichtet, viel mehr als im Alter von sechs Monaten bis eineinhalb Jahren. Es lernt, was in dieser Welt logisch und folgerichtig ist und was nicht. Es muss gesellschaftliche Umgangsformen und Höflichkeitsregeln lernen. Zum Beispiel sollte es jetzt lernen, wann man reden darf und wann man aus Rücksicht auf andere still sein muss. Das Dreijährige braucht dieses Wissen. Es muss lernen, was man sagen darf und was nicht. Worauf man eine Antwort bekommt und worauf nicht. Es muss lernen, Rücksicht zu nehmen, wenn andere miteinander reden.

Kinder fangen in diesem Alter an, die ganze Palette ihrer Gefühle zu erfahren und auch die Gefühle anderer um sich herum wahrzunehmen. Sie müssen lernen, diese Gefühle, die sie bei sich und anderen entdecken, mit dem Geschehen um sich herum in Einklang zu bringen. Dieses Training im sozialen und zwischenmenschlichen Bereich ist erforderlich, damit sie später ihr Erwachsenenleben meistern können. Dazu ein interessanter Auszug aus einem Artikel, der im Oktober 1995 in der Zeitschrift „Time" erschienen ist:

„Wenn die Gefühle, die Kinder in diesem Alter auszudrücken beginnen, von den Erwachsenen in ihrer Umgebung nicht anerkannt oder bestätigt werden, hören sie nicht nur damit auf, diese Gefühle zu äußern, sondern es verringert sich auch ihre Fähigkeit, eigene oder fremde Gefühle wahrzunehmen.“[2]

Ein Kind braucht es, dass Gefühle benannt werden: „Das macht mich glücklich, traurig, zornig etc.“ Auf diese Weise fängt es an zu verstehen, wie andere in seinem Umfeld auf bestimmte Ereignisse reagieren. Das Kind entwickelt nun auch starke Verbindungen zwischen Fühlen, Denken und Tun. Es ist eine Zeit, in der Gedanken und Wahrnehmungen geprüft werden, um ein fundamentales Verständnis davon zu bekommen, was es heißt, in der Gesellschaft zu funktionieren.

Im Alter von vier Jahren

Sobald ein Kind vier Jahre alt ist, prägt sich vor allem ein Hauptanliegen aus: sich gut zu benehmen. Es wünscht sich, für seine Eltern ein gutes Kind zu sein. Es hat ein ganzes Jahr lang Informationen eingesammelt. Je mehr es über die Welt lernt, desto mehr fragt es sich aber auch, ob es gut genug ist, um es in dieser Welt zu schaffen. Und dann tritt ein neues Gefühl in den Vordergrund. Was der Zorn für das Zweijährige war, das ist nun die Angst für das Vierjährige.

Das Auftauchen von Angst

Ist Ihnen schon aufgefallen, dass Vierjährige plötzlich Angst zu bekommen scheinen? Sie werden von Alpträumen geplagt und fangen an, über Geister und andere furchterregende Dinge zu reden. Sie hören gerne Geschichten darüber, wie Jesus Menschen von Dämonen befreite. Das ist das Alter, in dem nachts ein Licht anbleiben muss, weil es so dunkel und unheimlich im Zimmer ist. Auch sich gut zu benehmen ist, wie bereits gesagt, für ein vierjähriges Kind sehr wichtig. Es hat oft den Eindruck, nicht gut genug zu sein, um es in dieser Welt zu schaffen. Darum sucht es nach einem Mechanismus, der sein gutes Benehmen sicherstellt. Da Angst sein vorherrschendes Gefühl in dieser Zeit ist, greift es auf die Angst zurück. Wenn zum Beispiel ein Mensch von Angst überwältigt wird, sagt er, dass er starr vor Angst ist und sich nicht bewegen kann. Wer sich nicht bewegen kann, der kann sich auch nicht schlecht benehmen. Das ist natürlich der Extremfall, aber Sie verstehen, was damit gemeint ist. Folglich kann ein Vierjähriges leicht die Angst benutzen, um sich selbst am Handeln zu hindern und damit sicherzustellen, dass es nichts Falsches tut.

Ein Kind in diesem Alter braucht eine beständige, strukturierte Disziplin. Je mehr es sein eigenes Verhalten selbst unter Kontrolle halten muss, ohne Mithilfe der Eltern, desto mehr Angst wird nötig sein, um das zu bewerkstelligen. Diese Sache ist also ein Erziehungsproblem, das wir etwas später in diesem Kapitel noch besprechen werden.

Das Alter von fünf Jahren

Sobald ein Kind fünf Jahre alt ist, kann es zwischen Richtig und Falsch bereits gut unterscheiden. Es weiß, was zu tun ist, hat aber noch Schwierigkeiten, es umzusetzen. Das Tun des Richtigen muss eingeübt werden, und das geschieht in der nächsten Phase, im Alter zwischen sechs und zwölf Jahren.

Das Kind fängt an zu erkennen, was Realität und was Phantasie ist. So hat es zum Beispiel bis jetzt geglaubt, dass „Micky Mouse" oder andere ihm bekannte Figuren reale Personen sind, die mit realen Ereignissen zu tun haben.

Es ist auch ein Alter großer Selbstgerechtigkeit. Das Kind sieht alles in Schwarzweiß, als richtig oder falsch. Wenn man wissen möchte, wie Gesetzlichkeit in seiner unverfälschtesten Form aussieht, braucht man nur ein Fünfjähriges zu beobachten. Es kennt sehr wenig Gnade. Wenn das Kind jetzt von Gott erzählt bekommt und beten lernt, kann es zu einem eindrucksvollen Kämpfer im Gebet werden. Denn Fünfjährige glauben Gott und wissen, dass er tut, was er sagt. Der Glaube eines Fünfjährigen kann den eines Erwachsenen mitunter bei weitem übertreffen.

Das Kind ist in diesem Alter sehr angepasst. Es nimmt nun viele Maßstäbe, Werte und Moralvorstellungen seiner Familie in sich auf. Es erhält jetzt viele Informationen darüber, welche Rolle ein Mann bzw. eine Frau in der Familie, in der Kultur und in der Welt einnimmt. Wie fügt sich ein Mann bzw. eine Frau in die

Familienstruktur ein? Wie verhalten sich Frauen gegenüber anderen Frauen oder gegenüber Männern? Das Kind übt diese Rollen ein, indem es Mutter und Vater beobachtet und von ihnen beeinflusst wird. Der Vater wird zum wichtigsten Rollenvorbild für seine Söhne und die Mutter für ihre Töchter. Beide Eltern liefern wichtige Informationen darüber, welche Rolle das Kind als Erwachsener innerhalb der Familie und Gesellschaft einnehmen soll. Ein Kind braucht diesen Kontakt mit beidem, dem Männlichen und dem Weiblichen, um zu einem angemessenen, gesunden und ausgewogenen Verständnis zu kommen, wie man in der Gesellschaft lebt.

Da sein Hauptaugenmerk jetzt vor allem darauf gerichtet ist, was gesellschaftlich richtig oder falsch ist, wird das Kind jedes Mal Angst bekommen, wenn es sieht, dass jemand etwas tut, was nicht in Ordnung ist. Es fühlt sich in seinem sich entwickelnden Gerechtigkeitssinn bedroht. Wenn also der Vater schneller fährt, als erlaubt ist, wird ihn das Kind umgehend darüber informieren, dass er ein Verkehrssünder ist.

Vielleicht beantwortet Gott die Gebete von Fünfjährigen nur deshalb so schnell, weil er sich mit Gesetzlichkeit nicht lange aufhalten will – ein kleiner Scherz!

> Ich kann mich noch gut daran erinnern, dass ich einmal mit einer Gruppe von Fünfjährigen in den Zoo gehen wollte, als es regnete. Ich gab also bekannt: „Kinder, es regnet, deshalb werden wir heute zu McDonald's gehen!" Die Kinder protestierten und machten deutlich, dass sie in den Zoo gehen wollten. Sie beschlossen, sich an den Händen zu nehmen und Gott zu bitten, den Regen aufhören zu lassen. Eines der Kinder betete: „Jesus, es regnet. Wir wollen in den Zoo gehen. Bitte, lass den Regen aufhören. Amen. Kommt, wir gehen!" Sie informierten mich, dass wir jetzt ruhig in den Zoo gehen können, weil Gott sie gehört hat und der Regen sich verziehen wird. Glaubensstark, wie ich war, angesichts der Tatsache, dass es wie aus Kübeln goss, beschloss ich darum, den Umweg zum Zoo zu machen, auf den Regen zu verweisen und weiter zu McDonald's zu fahren. Als ich auf den Parkplatz vor dem Zoo einbog, musste ich feststellen, dass Gott bereits da gewesen war. Es regnete nicht einen Tropfen über diesem Gebiet! Ja, es schien sogar die Sonne, obwohl es außerhalb des Zoos überall regnete.

Brauchen Sie Geld? Einen Durchbruch im Leben? Holen Sie ein paar Fünfjährige zusammen, damit sie beten. Kommen Sie gemeinsam vor Gott – und Sie werden bekommen, worum Sie bitten.

Ein Vater erzählte mir folgende Geschichte:

> „Eines Tages kam ich stark erkältet nach Hause. Meine Nase war völlig verstopft, sodass ich kaum Luft bekam. Ich setzte mich aufs Sofa, um ein wenig auszuruhen. Mein fünfjähriger Sohn sah, dass es mir nicht gut ging, und fragte: ‚Papa, was ist los?' Ich antwortete: ‚Ich bin fürchterlich erkältet, meine Nase ist völlig zu, und ich kriege kaum Luft.' Mein Sohn fragte: ‚Papa, darf ich für dich beten?' Da ich wusste, wie schnell die Gebete Fünfjähriger erhört werden, sagte ich: ‚O ja, bitte, tu das!' Mein Sohn legte seine Hand auf meine Nase, die andere Hand hob er zum Himmel hoch und betete voll Inbrunst: ‚Heile sie, Herr, oder ... nimm sie weg!' Ich griff schnell ein und sagte: ‚Halt, stopp! Ich liebe meine Nase! Nein, Gott, bitte nimm sie nicht weg!'

Der Vater fügte dann noch die Warnung hinzu: Man sollte gut darauf achten, wie man Fünfjährigen das Beten lehrt!

Identifizierung mit der Geschlechtsrolle

Gegen Ende dieser Zeit hat das Kind ein gutes Verständnis von seiner Identität gewonnen. Es hat gelernt, was es innerhalb der Familie und Gesellschaft tun darf und was nicht. Ausgestattet mit einem Verhalten, das gesellschaftlich angemessen ist, mit der Sicherheit über seine Identität und mit Strukturen zu Problemlösungen, die ihm von den Eltern beigebracht wurden, ist das Kind nun gut gerüstet, um in die nächste Phase der Kindheit einzusteigen. Dieses Alter von sechs bis zwölf Jahren wird eine äußerst aktive Zeit sein.

Was tun Eltern in dieser Zeit?

Es ist Aufgabe der Eltern und anderer Erzieher, Kinder im Alter von drei bis sechs Jahren darin zu schulen, wie sie sich in der Gesellschaft zu verhalten haben. Sie müssen dem Kind helfen, ein angemessenes Verhalten und die Identifikation mit seiner Geschlechtsrolle zu finden. Sie sind für das Kind Vorbild dafür, wie man sich verhält und was man tut. Dieses Ziel wird in den verschiedenen Kulturen unterschiedlich gut erreicht. Es ist nun besonders wichtig, dass die Erziehung konsequent und strukturiert ist, damit sich das Kind sicher, geborgen und beschützt weiß. Es werden nun auch andere Autoritätsfiguren neben den Eltern wichtig, um Kindern zu helfen, diese sozialen Fähigkeiten zu entwickeln.

Wie jetzt angemessen erziehen?

Es ist wichtig, dass Eltern das „Warum?" ihrer Dreijährigen beantworten. Eltern kann es manchmal sehr schwer fallen, nicht aus lauter Frust auf dieses beständige „Warum?" zu antworten: „Sei doch endlich still!"

Das Kind braucht richtige Informationen. Das „Warum?" dient dazu, dem Kind die nötigen Informationen zu liefern, die es für sein Leben in der Gesellschaft braucht.

Wenn Sie die Fragen Ihres Kindes ausreichend oft beantwortet haben und sicher sind, dass das Kind die Antwort weiß, es aber weiterhin „Warum?" fragt, dann könnten Sie Folgendes tun: Wenden Sie sich Ihrem Kind zu, blicken Sie ihm in die Augen und sagen: „Mein Schatz, du weißt die Antwort!" Das versichert dem Kind, dass es etwas gelernt hat. „Mein Papa weiß, dass ich es weiß!" Das Kind wird so in seinem Wissen bestätigt und bestärkt, auch weiterhin lernen zu wollen.

Eltern müssen ihren Dreijährigen die nötigen Umfangsformen im Gespräch beibringen, wann sie reden dürfen und wann nicht. Was sie sagen dürfen und was nicht. Kinder müssen lernen, dass sie nicht bei jedem Gespräch, das in ihrer Gegenwart geführt wird, der absolute Mittelpunkt sind. Es ist wichtig, sie zu korrigieren, damit sie lernen, nicht ins Gespräch einzugreifen, wann immer sie Lust darauf haben. Ähnlich wichtig ist es aber auch, dass sie lernen, ein Gespräch auf angemessene Weise zu unterbrechen, wenn es wirklich nötig ist.

Vor diesem Hintergrund ist es nun wichtig, drei Punkte im Hinblick auf das Verhalten eines Dreijährigen zu besprechen.

Erstens: Dreijährige sind von Natur aus süß und niedlich. Sie sagen und tun Dinge, die manchmal unangebracht sind. Weil sie diese Dinge aber auf so unschuldige Weise von sich geben, kann es komisch sein. Es ist dringend davon abzuraten, dass Eltern ein solches Verhalten, egal, wie unschuldig oder lustig es sein mag, durch ihr Lachen bestätigen und bestärken. Dreijährige sind dabei zu lernen, wie man sich in die Gesellschaft einfügt. Wenn sie das Signal bekommen, dass ihr unangemessenes Verhalten zu positiver Aufmerksamkeit führt, weil sie so „süß" sind, braucht man sich nicht darüber zu wundern, wenn sie bei dieser Methode bleiben. Wenn sie älter werden, wird man sie aber viel weniger „süß" dabei finden.

Zweitens: Wenn Dreijährige dazu herangezogen werden, um zur Unterhaltung der Eltern beizutragen – was der Fall ist, wenn Eltern ihre Kinder anleiten, vor Mama, Papa, Onkel, Tante, Oma oder Opa etwas „Süßes" zu sagen oder zu tun –, dann wird das dazu führen, dass Kinder diese Neigung auch im späteren Leben beibehalten. Sie lernen es, damit Menschen gefallen zu wollen, und das wird für ihr ganzes weiteres Leben die Richtung angeben.

Im Epheserbrief heißt es:

> „Tut es nicht nur äußerlich, um euch bei ihnen einzuschmeicheln. Betrachtet euch vielmehr als Sklaven von Christus, die den Willen Gottes gerne tun." *(Eph 6,6)*

Drittens: Dreijährige lieben es, Mama und Papa zu helfen. Sie legen dieses Hilfsverhalten oft an den Tag, ohne dass sie darum gebeten werden. Es ist wichtig, dass Eltern diese Überangepasstheit nicht bestärken oder bestätigen. Wenn sie es tun, lernt das Kind, Vermutungen über die Bedürfnisse anderer anzustellen und aufgrund dieser Annahmen darauf zu reagieren. Viele von uns wissen, wie gefährlich es ist, unser Verhalten danach auszurichten, was wir bei anderen vermuten. Solche Annahmen treffen oft nicht zu. Es wäre viel besser, unseren Kleinen beizubringen, dass sie danach fragen sollen, ob jemand etwas braucht oder ihre Hilfe benötigt.

Vergessen Sie nicht, dass Dreijährige beobachten und zuhören. Sie hören Dinge, ohne dass man weiß, woher sie kommen. Seien Sie also nicht schockiert, wenn Sie völlig Unangebrachtes aus dem Mund Ihres Kindes hören. Es hat diese Worte einfach irgendwo aufgeschnappt.

Wenn im Alter von vier Jahren die Angst aufzusteigen beginnt, müssen Eltern konsequent sein und genau wissen, was sie zu tun haben. Richten Sie Angst niemals als Erziehungsmittel gegen das Kind selbst! Es steht jetzt in Gefahr, einen Geist der Angst in sich aufzunehmen, wenn man versucht, ihm Angst zu machen, um damit sein Verhalten zu beeinflussen. Wenn in diesem Alter etwas Traumatisches passiert, kann auch das dazu führen, dass das Kind die Angst in sich aufnimmt und viele Jahre lang von ihr gequält wird.

Wenn Kinder fünf Jahre alt werden, müssen für sie die Eltern in allem, was sie tun, vollkommen sein. Nun, vielleicht nicht ganz perfekt, aber sie sollten sich dessen bewusst sein, dass Gerechtigkeit für Fünfjährige ein Hauptthema ist. Wenn also Eltern oder andere Autoritätspersonen etwas tun, das gesellschaftlich unangebracht ist, wird das einem Fünfjährigen Angst machen und sein Gerechtigkeitsgefühl verletzen.

Unser Sohn Todd ist ein ausgezeichnetes Beispiel dafür:

> Als Todd fünf Jahre alt war, ging ich mit ihm auf den Markt zum Einkaufen. Im Laden lagen frisch ausgelegte Trauben auf der Theke, die zum Verkauf angeboten waren. Ich wollte vor dem Kauf eine davon probieren, um zu sehen, ob sie auch süß genug sind. Wir waren von einer ganzen Gruppe von Menschen umgeben. Ich nahm also eine einzelne Beere, steckte sie in den Mund und begann darauf herumzukauen. Schockiert von dem, was ich tat, fing Todd an, aus vollem Hals zu brüllen: „Papa, Papa, spuck das aus!" Erschreckt von seiner verbalen Explosion gehorchte ich sofort und spuckte die Beere wieder aus. Ich dachte, dass mit ihr vielleicht irgendetwas nicht in Ordnung sei. „Was ist los, Sohn?", fragte ich. Todd antwortete, mit Tränen in den Augen: „Papa, du kommst ins Gefängnis! Du hast eine Weintraube gestohlen!" Legal gesehen hatte ich tatsächlich eine Weintraube gestohlen. Zumindest hatte ich nicht dafür bezahlt. Es wäre richtiger gewesen, Todd beobachten zu lassen, wie ich um Erlaubnis darum bat, kosten zu dürfen, bevor ich es tatsächlich tat. Damit wäre ich auch der Peinlichkeit entgangen, von den Leuten ringsum als Dieb angesehen zu werden. Und was noch wichtiger ist, ich hätte meinem Sohn den Schock ersparen können, den er erlitt, als sein Gerechtigkeitsempfinden verletzt wurde.

Es ist offensichtlich, worum es hier geht. Eltern müssen für ihre Kinder bezüglich Gerechtigkeit unbescholtene Vorbilder sein, insbesondere im Alter von fünf Jahren. Etwas vorzuleben ist die beste Erziehung, die Eltern ihren Kindern bieten können, sowohl innerhalb als auch außerhalb des Hauses. Zu keiner Zeit gilt der Spruch mehr als jetzt: Es nützt die beste Erziehung nichts, die Kinder machen uns ja doch alles nach!

Wenn Eltern damit Schwierigkeiten haben, sich entsprechend zu verhalten oder Grenzen zu respektieren, wird es bei ihrem Kind nicht anders sein. Zeigen Sie mir ein Kind, das keine Grenzen zu kennen scheint, und ich zeige Ihnen Eltern, die keine Grenzen respektieren. Es gibt hier nur sehr wenige Ausnahmen von der Regel. Eltern werden ihren Kindern immer die Probleme hinterlassen, mit denen auch sie zu kämpfen haben.

Erziehung, die nicht weiterhilft

Im Alter von drei Jahren

Dreijährige lieben es, ihre neu gefundenen, verbalen Fähigkeiten einzuüben. Sie reden sehr viel, stellen eine Menge Fragen und sind sehr sensibel für die Bedürfnisse, Wünsche und Reaktionen ihrer Eltern. Wenn Eltern ihre Kinder einschüchtern, damit sie zu reden aufhören oder nicht so viele Fragen stellen, dann wird ihnen oft vorgehalten, sie sollten nicht so vorwitzig sein. Das kann dazu führen, dass Kinder anfangen sich zu schämen und den Eindruck gewinnen, dass mit ihnen irgendetwas nicht in Ordnung ist. Dieses Schamgefühl wird dann zur Grundlage für die Überzeugung, dass sie unwichtig sind, nichts Wichtiges zu sagen haben oder kein Recht darauf haben, sich durchzusetzen.

Es ist überhaupt nicht angebracht, sich über ein dreijähriges Kind in dieser kritischen Zeit des Einsammelns von Informationen lustig zu machen oder es zu verspotten. Kinder, die von ihren Eltern eine solche Behandlung erfahren, können später Probleme bekommen. Sie nehmen dann vielleicht das Lernen nicht ernst oder können sich nicht entsprechend konzentrieren, wenn etwas Neues zu lernen ist. Sie können später neuen Informationen gegenüber sehr misstrauisch sein, weil sie den Menschen nicht vertrauen, von denen sie solche Informationen bekommen, speziell wenn es sich dabei um Autoritätspersonen handelt.

> Ein Vater geht mit seinem Sohn die Straße entlang. Der Sohn weist zum Himmel und fragt: „Papa, was ist das?" Der Vater antwortet: „Das ist ein Flugzeug." Sie gehen ein Stück weiter und der Sohn deutet auf die Fahrbahn. „Papa, was ist das?" Der Vater antwortet: „Ein Laster." Wieder ein wenig später zeigt der Sohn auf den Himmel und sagt: „Papa, guck, ein Flugzeug!" Der Vater antwortet: „Nee, Sohn, das ist ein Laster." Der Sohn ist überrascht und verwirrt. Der Vater lacht und sagt: „Nein, ich habe nur gescherzt, natürlich ist das ein Flugzeug."

Das Alter von drei Jahren ist keine Zeit, um mit den lieben Kleinen zu scherzen oder sie verbal auf den Arm zu nehmen. Die Persönlichkeit des Kindes ist noch nicht weit genug entwickelt, dass es diese Art von Witzen verstehen könnte. Scherze verlangen eine reifere Persönlichkeitsentwicklung, ehe das Kind diese Art von spielerischer Kommunikation mit seinen Eltern verstehen kann.

Im Alter von vier Jahren

Angst wird zu einem Gefühl, für das Vierjährige sehr sensibel sind. Wenn Eltern in ihrer Erziehung inkonsequent oder unstrukturiert sind – und das gilt besonders für die Zeit, in der ein Kind vier Jahre alt wird –, wird sich im Leben des Kindes die Angst einnisten. Sein Wunsch, sich gut zu benehmen, erfordert Eltern, die dem Kind das geben, was es braucht. Das ist die Sicherheit, dass sie, die Eltern, die nötige Disziplin aufbringen, damit sich das Vierjährige angemessen benehmen kann.

Es gibt eine direkte Beziehung zwischen strukturierter, konsequenter Erziehung und Angst. Je strukturierter die Beziehung, desto geringer wird die Angst sein, und umgekehrt.

Das Kind braucht und wünscht sich Disziplin, und wenn es diese nicht bekommt, kann das dazu führen, dass es ständig um seine Angst kreist. Die Angst wird dann zu einem selbst auferlegten Mechanismus, um das Ziel zu erreichen, ein braves Kind zu sein, das sich gut benimmt.

Angesichts der Sensibilität eines Vierjährigen für die Angst ist es uns wichtig darauf hinzuweisen, dass diese Angst von wohlmeinenden Menschen (Eltern wie Erziehern oder Babysittern) nicht verstärkt werden darf, indem sie versuchen, sie zu vertreiben. Die folgende Geschichte ist ein Beispiel dafür, wie man es nicht machen sollte:

Sarah liegt im Bett. Es ist Zeit zum Schlafengehen. Es ist so dunkel und unheimlich, deshalb bittet Sarah darum, dass in ihrem Zimmer ein Licht anbleibt. Aber auch das kann ihre Angst nicht beschwichtigen. Im Gegenteil, die Schatten, die das Licht an die Wand und auf die Decke wirft, machen ihre Panik vor der Dunkelheit nur noch größer. Sie fängt an sich vorzustellen, dass unter ihrem Bett ein Geist ist. Sie ruft nach ihrem Papa. Papa kommt und fragt: „Was ist los, mein Schatz?" Sarah antwortet: „Unter meinem Bett ist ein Geist, Papa, ich habe Angst!" Papa bückt sich, schaut unters Bett, kommt wieder hoch, legt die Finger auf seine Lippen und sagt: „Ganz still! Ich bin gleich wieder da!" Nun, mehr hätte es nicht gebraucht, um eine völlig verängstigte Sarah davon zu überzeugen, dass auch Papa den Geist gesehen hat. Sie liegt ganz still da, starr vor Angst. Papa kommt mit einem langen Besenstiel zurück, fährt damit unter das Bett, hämmert gegen das Bettgestell, macht einen Mordslärm und schreit: „Raus mit dir, du Geist, sofort raus hier!" Nachdem Papa mit diesem Theater fertig ist, informiert er Sarah darüber, dass jetzt alles in Ordnung ist. Der Geist ist weg. Nun, damit ist aber für Sarah keineswegs alles wieder in Ordnung. Was Papa da veranstaltet hat, hat nur dazu beigetragen, Sarahs Angst zu vertiefen und sie fester in ihrer Seele zu verankern. Sie hat mehr Angst als je zuvor. Es wäre entschieden besser gewesen, wenn Papa mit Sarah gebetet hätte, um Jesus zu bitten, dass er bei Sarah bleibt, um auf sie aufzupassen und sie zu beschützen.

Das ist sicherlich ein extremes Beispiel, aber es veranschaulicht, wie man die Angst in einem Kind verstärken kann.

Der Punkt, auf den es hier ankommt, liegt darin, der Angst nicht zuzustimmen und nichts zu tun, was dazu beiträgt, sie im Kind zu verstärken.

Ein weiterer Punkt, den man hinsichtlich der Angst bei einem Vierjährigen beachten sollte: Wenn es in diesem Alter zu einem Unfall kommt oder sonst etwas Traumatisches im Leben des Kindes passiert, kann es sein, dass das Kind seine Angst verinnerlicht und noch viele Jahre später von ihr gequält wird.

Die vierjährige Sonja fuhr oben auf der Veranda ihres Hauses mit ihrem kleinen Dreirad. Ihr kleiner Bruder fing an, auf die Treppe zuzukriechen, die nach unten zu einem Zementboden führte. Sie befürchtete, dass er die Treppe hinunterstürzen könnte, denn es gab kein Kindergitter, das ihn daran hätte hindern können. Sonja fuhr mit dem Dreirad hin, um zwischen ihren Bruder und die Treppe zu kommen. Sie schaffte es gerade noch rechtzeitig. Doch dabei war sie versehentlich über die kleine Hand ihres Bruders gefahren. Dieser fing an zu brüllen, hielt seine schmerzende Hand und blickte auf Sonja. Die Mutter kam voller Angst, Wut und Sorge gelaufen und bestrafte Sonja, ohne erst zu fragen, was passiert sei. Sie schlug Sonja heftig auf ihr Bein, weil sie dem Bruder wehgetan hatte. Sonja stand in diesem Moment gerade mit gespreizten Beinen über ihrem Dreirad, am Rande der Treppe. Als sie geschlagen wurde, verlor sie das Gleichgewicht, purzelte mitsamt dem Dreirad kopfüber hinunter und brach sich dabei den Arm. Die Mutter kam die Treppe heruntergelaufen und rief aus: „Ach, Sonja, es tut mir Leid ... es tut mir so Leid!"

Das ist eine wahre Geschichte aus der Kindheit einer Frau, die den Großteil ihres Lebens von Angst umgetrieben wurde. Sonja ist jetzt, im Alter von fünfunddreißig Jahren, frei von ihrer Angst. Doch sie brauchte 31 Jahre, um die Wurzeln dieser Angst herauszufinden.

Hätte die Mutter gewusst, was zu tun ist, dann hätte sie Jesus gebeten, ihre Tochter zu heilen, und Sonja wäre noch am selben Tag von ihrer Angst befreit worden. Das hätte ihr den Schmerz erspart, mit dieser quälenden Angst jahrelang leben zu müssen. Eltern gelingt es nicht immer, das Richtige zu tun. Wir alle machen Fehler. Wenn wir aber wissen, wie wir für unsere Kinder beten können, wenn sie verletzt sind, dann werden wir auch die positiven Folgen erfahren, wenn Jesus sie heilt.

Ein Vater erzählte uns die folgende Geschichte von seinem vierjährigen Sohn und wie er mit dessen Angst umging.

„Eines Abends, als ich im Wohnzimmer saß und las, kam mein vierjähriger Sohn aus seinem Zimmer und blieb still vor mir stehen. Ich legte mein Buch beiseite und fragte: ‚Stimmt irgendetwas nicht, mein Kleiner?' Er sagte: ‚Es ist so dunkel in meinem Zimmer und ich habe Angst.' Ich versicherte ihm: ‚Es ist alles in Ordnung, mein Junge, Jesus ist da drinnen bei dir. Da bist du ganz sicher.' Mein Sohn blickte mich einen Augenblick lang an, drehte sich dann wortlos um und ging zurück zu seinem Zimmer. Als er bei der Tür angekommen war, die in sein Zimmer führte, blieb er

> an der Schwelle stehen. Er hielt sich am Türrahmen fest, lehnte sich nach vorne, streckte seinen kleinen Kopf ins Zimmer und flüsterte: ‚Jesus?' Dann zog er seinen Kopf schnell zurück. Er wartete ein paar Sekunden, horchte und wiederholte dann die ganze Prozedur. Er lehnte sich wieder nach vorne, steckte seinen Kopf ins Zimmer und rief mit verhaltener Stimme: ‚Jesus?!', zog seinen Kopf wieder zurück, um aufmerksam auf eine Antwort zu lauschen. Offensichtlich war nichts aus dem Zimmer zu hören. Mein Sohn beugte sich ein drittes Mal ins Zimmer und rief mit halblauter Stimme: ‚Jesus, wenn du da drinnen bist, rühr dich ja nicht, sonst erschreckst du mich zu Tode!'
> Ich brauchte meine ganze Selbstbeherrschung, mein Lachen zu unterdrücken. Aber mein Sohn hatte getan, was er tun musste, um sicher in sein Zimmer zu gelangen."

Wir sollten noch eines in Betracht ziehen, ehe wir dieses Alter wieder verlassen.

Angesichts der Neigung Vierjähriger, Angst zu haben, sind wir beunruhigt darüber, wie unsensibel Eltern und andere Erwachsene gegenüber den kindlichen Bedürfnissen in diesem Alter geworden sind. Warum sollten zum Beispiel liebevolle Eltern, die nur das Beste für ihr Kind wollen, Bücher kaufen, deren Hauptanliegen es ist, dem Kind Angst einzujagen? Vor nicht allzu langer Zeit wurde eine Buchreihe herausgegeben, die bewusst darauf angelegt war, die Kleinen verschiedenen Stufen von Angst auszusetzen. Die Werbung stellte die herausfordernde Frage: „Wie viel Angst kann Ihr Kind verkraften?" Jedes Buch hat drei verschiedene Ausgänge, die mit sich steigernder möglicher Angst zu tun haben. Die Person, die Kindern das Buch vorliest, sollte einen bestimmten Schluss auswählen, um zu sehen, wie viel das Kind an Angst verkraften kann. Nun, Drei-, Vier- oder Fünfjährige sind nicht die Käuferschicht, die gleich scharenweise in Buchläden einfällt, um diese Bücher zu erstehen. Diese Reihe stand aber jahrelang auf der Bestsellerliste. Sie wurde von den Eltern gekauft. Eltern haben ihren drei- bis fünfjährigen Kindern diese Bücher vorgelesen, sie haben ein bestimmtes Ende ausgewählt und ihre Kinder unterschiedlich starker Angst ausgesetzt. Angst macht süchtig ... und darum werden diese Kinder später zu guten Kunden, die auch weiterhin diese Bücher kaufen. Sie geben damit Herausgebern und Autoren, die in eine ganze Kindergeneration Angst eingepflanzt haben, obendrein noch eine finanzielle Belohnung. Ich bin aber sicher, dass diese Herausgeber und Autoren keine Ahnung von den entwicklungsbedingten Bedürfnissen eines Kindes haben. Diese Art von Literatur ist für kein Kind gut, ganz besonders aber nicht für Drei- bis Fünfjährige.

Es gibt bestimmte Märchen, die man ebenfalls keinem drei- oder vierjährigen Kind vorlesen sollte. Die Märchen der Gebrüder Grimm wurden zum Beispiel nicht für Kinder geschrieben. Als sie aufgezeichnet wurden, wollte man damit politische und gesellschaftliche Kommentare für Erwachsene abgeben. In den letzten fünfzig Jahren wurden diese Märchen jedoch zur bevorzugten Literatur für Kinder. Bei allem, was Sie inzwischen über Vierjährige wissen – dass sie auf Angst zurückgreifen, um ihr eigenes gutes Benehmen sicherzustellen –, können Sie sich immer noch vorstellen, einem Vierjährigen „Hänsel und Gretel" als Gutenachtgeschichte vorzulesen? Dieses Märchen diente ganz besonders dazu, Kindern Angst einzujagen, damit sie sich ordentlich benehmen.

Wir Eltern müssen überdenken, was wir unseren Kindern zumuten wollen. Wenn wir uns ausgeglichene, gesellschaftlich und politisch verantwortungsbewusste Erwachsene wünschen, müssen wir anfangen, guten Samen auf den fruchtbaren Boden des Lebens unserer Kinder auszusäen, damit sie ebensolche Früchte bringen. Denn was wir säen, werden wir auch ernten.

> „Macht euch nichts vor! Gott lässt keinen Spott
> mit sich treiben (zum Beispiel indem man etwas vortäuscht,
> während seine Gebote beiseite geschoben werden;
> Anm. der Autoren). Jeder Mensch wird ernten,
> was er gesät hat." *(Gal 6,7)*

Christen wissen auch, dass Angst und Furcht nicht von Gott kommen (vgl. 2 Tim 1,7). Wir sollten darum dem Widersacher nicht als Werkzeuge dienen, durch die er seine Saat unter den Kindern dieser Welt aussäen kann. Wir alle wissen gut genug, dass es in dieser Welt noch genug Angst gibt, mit der wir fertig werden müssen, ohne dass Eltern diese noch vergrößern müssten, indem bereits im Leben ihrer Kinder Angststrukturen angelegt werden.

Es ist wichtig, dass wir bei unseren Kindern niemals Angst als eine Erziehungsmaßnahme benutzen.

> Der vierjährige Johnny fürchtet sich vor Männern und Frauen, die Uniformen tragen – vor Polizisten, Soldaten und Feuerwehrmännern. Diese Angst ist unbegründet, aber es ist trotz allem eine Angst. Johnnys Vater weiß das. Als sie eines Tages zu Fuß in die Stadt gehen, ist Johnny ungezogen und frustriert seinen Vater mit seinem auffälligen Benehmen. Verschiedene Ermahnungen von Seiten des Vaters fruchten nichts. Da sieht der Vater auf der anderen Straßenseite einen Polizisten. Er sagt zu seinem Sohn: „Siehst du den Polizisten dort drüben? Wenn du nicht hörst und dich nicht benimmst, werde ich ihn holen, und er wird dich ins Gefängnis stecken." Johnny hört sofort auf, sich danebenzubenehmen.

Aber sein gutes Benehmen hat einen hohen Preis. Denn die Angst wird ihn noch viele Jahre lang quälen, wenn diese Erziehungsmaßnahme beständig angewandt wird.

Im Alter von fünf Jahren
Kinder können im Alter von fünf Jahren sehr leicht in ihrem Gerechtigkeitsempfinden verletzt werden, wenn wichtige Erwachsene in ihrem Leben Dinge tun, die im Widerspruch zu dem stehen, was gesellschaftlich akzeptabel und angemessen ist.

> Ein Vater bestraft seinen Sohn streng, nachdem er gelogen und gestohlen hat. Als die beiden dann eines Tages in einem Autozubehörgeschäft einkaufen gehen, beobachtet der Sohn, wie der Vater einige Dinge vom Regal nimmt und in seiner Hosentasche verschwinden lässt. Zu Hause angekommen sagt der Vater zur Mutter, er hätte diese Dinge von einem Freund geschenkt bekommen.

Ein solches Tun verletzt ein Kind in seinem Gerechtigkeitsempfinden schwer. Der Vater stiehlt und erzählt dann auch noch Lügen darüber.

Wir verweisen unsere Leser auf das Buch „Mut zur Reife", das viele Informationen über solche Verletzungen in der Kindheit und deren Auswirkungen im Erwachsenenleben enthält.[3]

Abschließend noch ein Thema, das weltweit verbreitet ist und mit sexueller Identität und der Geschlechtsrolle zu tun hat. Der Widersacher ist sich völlig bewusst, dass das Alter von drei bis fünf Jahren eine Phase ist, in der die Identität des Kindes geformt wird. Aus diesem Grund greift er Kinder gerne durch Menschen an, die eine verwirrte und verdrehte Sexualität haben. Wenn das geschieht, wird diesen unschuldigen Kindern eine verwirrte, pervertierte und verdrehte Sicht von Sexualität vermittelt. Ihre sexuelle Identität wird durch den Missbrauch verletzt und verzerrt. Homosexualität kann auch die Folge sein, wenn es in der Familie schon seit Generationen Homosexualität, sexuellen Missbrauch und Perversionen gibt. Wenn zum Beispiel ein Kind von einer Person desselben Geschlechts sexuell missbraucht wird, wird es in der Folge von einem Geist der Homosexualität bedrückt, der sich in der Seele des Kindes niedergelassen hat. Wenn dieses Kind dann aufwächst, wird es mit seiner Geschlechtsrolle kämpfen, weil diese verwirrt und verzerrt ist. Wenn es dann zum Teenager und jungen Erwachsenen heranwächst, erlebt es vielleicht zusätzliche sexuelle Übergriffe oder Begegnungen, sodass es vermutet, dass es vielleicht selbst homosexuell ist. Es denkt, das sei seine Identität. Ist das verwunderlich? Der erste Angriff, der seine Identität verzerrte, wurde geführt, als es sich in der Phase seiner Identitätsbildung befand. Um nun ein Leben frei von Gewissensbissen führen zu können, muss es dafür plädieren, dass Homosexualität ein alternativer Lebensstil ist und keine Perversion oder Abweichung von der sexuellen Norm. Auch wenn es ihm gelingt, andere und die Gesellschaft davon zu überzeugen, dass seine Homosexualität nichts weiter als ein alternativer Lebensstil ist, wird es in der Tiefe seiner Seele genau von der Sache gequält, die es als etwas Normales hinzustellen versucht.

Wir sind uns bewusst, wie unpopulär das ist, was wir eben gesagt haben. Aber es ist eine Tatsache, dass auch Jesus und seine Lehre bei den Menschen dieser Welt nicht immer auf Gegenliebe gestoßen sind. Wir glauben, dass die Wahrheit heute in unserer modernen, aufgeklärten Welt genauso unter Beschuss ist wie damals, als Jesus über diese Erde ging und die Wahrheit verkündete.

Wenn ein Kind von einer Person des anderen Geschlechts sexuell missbraucht wird, wird das dazu führen, dass es später im Leben mit Promiskuität zu kämpfen hat, mit sexuellen Ängsten und mit Problemen bei intimen Beziehungen zum anderen Geschlecht.

Jeder sexuelle Angriff auf das Kind, speziell in diesem Alter, wird zu schweren Verdrehungen und Verzerrungen seiner sexuellen Identität und seiner Geschlechtsrolle führen.

Das Kind kann auch noch auf eine andere Weise in seiner sexuellen Identität angegriffen werden. Das geschieht, wenn Vater oder Mutter nicht beieinander nach emotionalem Trost suchen, so wie Gott es vorgesehen hat, sondern bei Sohn oder Tochter. Dazu ein Auszug aus einer Geschichte, die wir in unserem Buch „Mut zur Reife" berichten (S. 125–132):

> Tom war das älteste von drei Kindern und der einzige Junge. Während seiner ersten Lebensjahre war sein Vater im Krieg. Die Nähe, die sich zwischen Tom und seiner Mutter entwickelt hatte, verstärkte sich noch, als sein Vater aus dem Krieg nach Hause kam. Toms Vater, ein depressiver und verschlossener Mann, der überdies mit Drogenabhängigkeit zu kämpfen hatte, war nicht in der Lage, die emotionalen und sexuellen Bedürfnisse seiner Frau zu erfüllen. Als Tom fünf Jahre alt war, wurde ihm die überzogene Zuwendung seiner Mutter peinlich und unangenehm. Er kann sich an Abende erinnern, an denen ihn seine Mutter bat, neben ihr auf dem Sofa zu sitzen, wenn sein Vater nicht zu Hause war. Seine Mutter hatte ihn an solchen Abenden gerne ganz nah bei sich. Als er sechs war, löste das bei Tom große Schuldgefühle aus. Er musste sich andauernd fragen: „Warum fühle ich mich nur so schlecht? Mama braucht mich doch!" Tom fing an zu glauben, dass mit ihm etwas nicht in Ordnung sei. Er weiß noch, wie er betete und Gott darum bat, seinen Vater nach Hause zu schicken, damit er endlich zu Bett gehen kann. Denn er wollte seine Mutter nicht alleine auf dem Sofa zurücklassen, wenn sie ihn brauchte.

Da Toms Vater nicht in der Lage war, die emotionalen Bedürfnisse seiner Frau nach Nähe zu erfüllen und sie zu unterstützen, so wie das ein Ehemann normalerweise tut, wandte sie sich unbewusst ihrem Sohn zu, um die fehlende emotionale Unterstützung von ihm zu bekommen. Tom wurde so zu einem kleinen „Ersatzehemann" für seine Mutter. Er wurde von ihr erzogen, sollte sich aber gleichzeitig auch um ihre Gefühle und weiblichen Bedürfnisse nach Liebe und Zuwendung kümmern.

Das war eine explosiv-destruktive Mischung, die Tom in tiefe emotionale Verwirrung stürzte und die Auffassung von seiner Geschlechtsrolle völlig durcheinander brachte. Diese Dinge führten bei Tom zu einer Verzerrung seiner Auffassung von Sexualität und von sexuellen Aktivitäten. Obwohl es mit seiner Mutter zu keinem körperlichen Kontakt oder sexuellen Aktivitäten gekommen war, war Tom verwirrt über seine sexuelle Identität und seine Geschlechtsrolle.

Eine solche Familiensituation kann als „emotionaler Inzest" bezeichnet werden. Toms Mutter hatte das sicherlich niemals beabsichtigt. Wenn jedoch die emotionalen Bedürfnisse einer Frau nach intimer Nähe zu ihrem Ehemann unerfüllt bleiben, können sie sich mit den normalen Gefühlen vermischen, die bei der Erziehung ihrer Kinder auftreten.

Tom war bereits erwachsen, als er zu uns zur Seelsorge kam, aber seine Probleme reichten weit zurück. Sie hatten ihre Wurzeln im Alter von drei bis sechs Jahren. Tom war nur einer von vielen, die an ähnlichen Problemen leiden, die besonders in bestimmten Kulturen weit verbreitet sind.

Die Attacke auf die Identität des Kindes durch diese Verletzung ist folgenschwer. Wenn eine Tochter durch ihren Vater in eine solche Situation kommt, wird das nicht nur zu sexueller Pervertierung und sexuellen Identitätsproblemen bei der Tochter führen, sondern es wird auch eine gewisse Rivalität zwischen Mutter und Tochter entstehen. Im Falle eines Sohnes, so wie im eben beschriebenen Beispiel, wird es zwischen Vater und Sohn zu Rivalität und zu einem angespannten Verhältnis kommen.

Die Identität eines Menschen ist etwas Entscheidendes. Wenn ein Kind nicht weiß, wer es ist, oder wenn seine Identität pervertiert oder verzerrt ist, wie soll es dann sein rechtmäßiges Erbe als Kind Gottes antreten? Wenn ein Kind nicht weiß, wer es nach dem Willen seines Schöpfers ist, wie kann es dann den Sinn erfüllen, den Gott in sein Leben hineingelegt hat?

Die Antwort besteht darin, mit dem Kind zu beten, es von jeder Verzerrung und Verdrehung freizusetzen und es von allen Verletzungen zu heilen, die sein Leben überschatten. Gott wird die Gebete der Eltern für ihre Kinder beantworten. Der folgende Bericht soll uns ermutigen, nach Gott zu suchen und um Heilung für unsere Kinder zu bitten.

Gebet um Heilung

Erik
Der siebenjährige Erik befand sich mit seinen Klassenkameraden auf einem Schulausflug. Die Klasse besuchte eine historische Höhle. Als sie tiefer in die Höhle hineingingen, fing Erik an, immer schneller zu atmen, und er geriet in Panik. Er schrie hysterisch und bat darum, doch wieder aus dieser Höhle hinausgehen zu dürfen. Der Lehrer konnte ihn beruhigen, so viel er wollte, es half alles nichts. Als sie am Ende der Höhle angekommen waren, hatte sich Eriks Panik so sehr gesteigert, dass er seine Orientierung verlor. Der Lehrer bat eine andere Begleitperson, Erik schnell aus der Höhle hinauszubringen. Sobald sie die Höhle verlassen hatten, hörte er auf zu schreien, und seine Panik ebbte ab.
Als sie wieder zu Hause waren, berichtete der Lehrer den Eltern diesen Vorfall. Diese setzten sich noch am selben Abend mit Erik hin, um mit ihm über das Vorgefallene zu beten. Sie baten Gott darum, ihnen zu zeigen, welche Wurzeln Eriks Angst und Panik haben.

Der folgende Bericht handelt davon, was Gott den Eltern zeigte und wie sie damit umgingen.

Als Erik fünf Jahre alt war, hatte er eine Blinddarmentzündung. Er hatte wochenlang Schmerzen, denn die Ärzte hatten das Problem nicht richtig erkannt. Man hatte ihm Medikamente gegen Magen-Darm-Grippe gegeben. Aber seine Schmerzen hörten nicht auf, sondern wurden immer schlimmer. Die Eltern sahen noch ein paar Tage lang zu, bis Gott ihnen während eines Gebets zeigte, dass sie ihren Sohn in die Notaufnahme eines Krankenhauses bringen sollten, um dort seinen Blinddarm überprüfen zu lassen. Die Ärzte entdeckten rasch, dass Erik einen vergrößerten und entzündeten Blinddarm hatte, der ihm die ganze Zeit über Beschwerden gemacht hatte. Er war kurz davor, durchzubrechen. Erik wurde sofort aufs Bett gelegt und man brachte den vor Schmerz schreienden Jungen eilends durch einen tunnelartigen Korridor zum Operationssaal. Die Eltern wollten mit ihrem Sohn mitgehen, um ihn durch ihre Anwesenheit zu beruhigen und zu trösten. Sie gerieten mit dem Krankenhauspersonal in Streit, denn sie wurden daran gehindert, ihren Sohn zu begleiten. Während die Eltern in diese Auseinandersetzung verwickelt waren, wurde

Erik in großer Eile durch den Korridor zum Operationssaal geschoben. Er hatte starke Schmerzen und hohes Fieber und schrie nach seinen Eltern, die nicht mitkommen durften.
Das Erste, was die Eltern taten, nachdem sie sich an diesen Vorfall erinnerten, bestand darin, den Vorfall in der Höhle mit Erik zu besprechen. Sie sprachen über die Angst und die Panik, die er dort gespürt hatte. Diese Dinge waren ja ganz frisch und Erik konnte sich noch gut daran erinnern. Er konnte sich aber nicht erklären, warum ihm das passiert war, und es war ihm peinlich, dass er sich so aufgeführt hatte. Die Eltern teilten Erik mit, was sich damals im Krankenhaus und in der Notaufnahme ereignet hatte. Sie besprachen auch diesen Vorfall mit Erik. Obwohl dieser bereits zwei Jahre zurücklag, konnte sich Erik ebenfalls noch gut daran erinnern. Er berichtete ihnen sogar über die panische Angst, die er verspürt hatte, als er durch den tunnelartigen Flur geschoben wurde, während die Eltern nicht bei ihm waren.
Die Eltern sagten ihm, dass Jesus ihn heilen und von seiner panischen Angst befreien wolle. Sie fragten ihn, ob sie mit ihm beten dürften, damit Jesus ihn heilen kann. Erik war so froh, dass er nach allem, was passiert war, doch kein böser Junge war, aber er hatte noch immer eine tief sitzende Angst bei allem, was mit dieser Krankenhauserfahrung und der Panik in der Höhle zusammenhing. Er war froh, dass Jesus ihm helfen wollte.
Als die Eltern beteten, baten sie Gott darum, Erik an die Zeit zu erinnern, als er auf diesem Bett im Krankenhaus durch den engen Flur überstürzt in den Operationssaal geschoben wurde. Es war offensichtlich, dass sich Erik an diese Dinge erinnerte, als die Eltern beteten, denn er war sehr angespannt und nervös und fing an zu weinen. Die Eltern baten Jesus darum, zu Erik zu kommen und bei ihm zu sein. Sie beteten: „Jesus, komm jetzt zu Erik und bleibe du bei ihm. Komm, Jesus, komm." Während sie so beteten, dass Jesus sich ihrem Sohn zeigen möge, fing Erik an, sich zu entspannen. Mit geschlossenen Augen berichtete er Folgendes: „Jesus kommt jetzt zu mir. Er nimmt meine Hand. Er geht neben dem Wagen mit mir mit. Ich habe kaum noch Schmerzen, Papa! Ich bin ganz glücklich, dass er meine Hand hält und mich anlächelt. Ich weiß, dass er nicht zulassen wird, dass man mir wehtut. Wir gehen in einen Raum mit vielen Lichtern und Leuten, die alle Masken vor dem Gesicht haben. Aber Jesus hat keine Maske. Er sieht mich nur an, hält meine Hand und lächelt." Dann sagte er: „Ich bin müde, Jesus. Ich möchte jetzt gerne schlafen."

Das war eine sehr dramatische Gebetszeit für Erik und seine Eltern.

> Nachdem sie fertig waren, sagte Erik, dass er sich jetzt wirklich gut fühle. Er hatte keine Angst mehr, wenn er an das Krankenhaus dachte. Erik war geheilt. Seine Heilung wurde jedoch auf die Probe gestellt, als der Lehrer einige Monate später mit seiner Klasse noch einmal dieselbe historische Höhle besuchen wollte. Er dachte an das, was in der Höhle passiert war, und wollte Erik nicht mitnehmen. Erik wollte aber nicht zu Hause bleiben und bat darum, doch mit der Klasse mitkommen zu dürfen. Der Lehrer gab seine Zustimmung nur widerstrebend. Erik blieb ausgeglichen, ruhig und selbstbewusst, egal, wie tief sie in die Höhle hineingingen. Auch als sie ans Ende der Höhle kamen, zeigte Erik keinerlei Anzeichen von Angst, Panik oder Hysterie. Der Lehrer war erstaunt. Erik aber war sehr froh, denn er wusste nun, dass Jesus ihn wirklich geheilt hatte.
> Als er wieder zu Hause war, berichtete er begeistert davon, wie dieser Tag in der Höhle gelaufen war.

Diese Geschichte zeigt uns verschiedene Aspekte hinsichtlich Verletzungen in der Kindheit und wie man für ihre Heilung betet.

1. Kinder wachsen in keiner vollkommenen Welt auf. Sie werden verletzt, manchmal sogar von jenen, die sie eigentlich beschützen sollten.
2. Wenn Kinder verletzt werden, nehmen sie diese Wunden in spätere Entwicklungsstufen mit, bis sie nach Jahren als Probleme zum Vorschein kommen.
3. Eltern können Gott im Gebet bitten, die Wurzeln der Probleme aufzudecken, an denen ihre Kinder leiden.
4. Gott ist treu, darum wird er die Gebete der Eltern für ihre Kinder immer beantworten.
5. Wenn Eltern für ihre Kinder beten und Gott bitten, sie zu heilen, dann antwortet er darauf, indem er heilt. So wie Jairus zu Jesus kam und um Heilung für seine kranke Tochter bat. Jesus hat sie nicht nur geheilt, sondern sogar wieder zum Leben erweckt (vgl. Mk 5,21–24.35–42).
6. Wenn man mit Kindern betet, sind sie sehr offen dafür und werden von Gott großzügig beschenkt. Sie glauben daran,

dass Jesus sie heilen wird. Sie haben den nötigen Glauben für eine Heilung.

7. Die Heilung, die Jesus bringt, ist schnell und tief und von Dauer. Sie befreit Kinder von allen Schmerzen und von den Verletzungen der Vergangenheit, die zu diesen Schmerzen geführt haben.

Alle Eltern und Personen, die für ein Kind Verantwortung tragen, können so wie in dem oben gezeigten Beispiel für ihre Kinder beten. Wir konnten das in all den Jahren, die wir in diesem Dienst stehen, immer und immer wieder beobachten.

Zusammenfassung

Diese Entwicklungsstufe ist für das Kind eine Zeit, in der seine Identität geformt wird und in der es familiäre und kulturelle Werte übernimmt. Persönliches und gesellschaftliches Training hat jetzt Vorrang, damit das Kind lernt, welche Auswirkungen es auf Beziehungen hat. Seine sexuelle Identität und die Identifizierung mit seiner Geschlechtsrolle sind ebenfalls wichtig. Die Vorstellungskraft des Kindes entwickelt sich und es lernt, Fantasie und Realität voneinander zu unterscheiden.

Erziehung, die weiterhilft
Eine Erziehung, die auf dieser Entwicklungsstufe dem Kind wirklich hilft, zeichnet sich dadurch aus, dass durch sie weiterhin vernünftige Methoden zur Problemlösung angeboten werden. Sie bringt dem Kind ein gesellschaftlich angemessenes Verhalten bei und bestätigt es darin. Sie hilft ihm, seine Gefühle zu benennen. Es ist nun äußerst wichtig, dass beide Eltern Vorbilder für ein gesellschaftlich angemessenes Verhalten und für seine richtige sexuelle Identität sind.

Wenig hilfreiche Erziehung
Sie ist gekennzeichnet durch inkonsequentes und unstrukturiertes Reagieren der Eltern. Sie denkt für das Kind, ohne es mit einzubeziehen. Sie verspottet das Kind und macht sich über sein Lernen und Denken lustig. Sie reagiert auf Fantasien, so als ob diese real wären.

Probleme in diesem Alter
Drei- bis Fünfjährige können in folgenden Bereichen ein problematisches Verhalten aufweisen:

- Angstphantasien
- Ängste
- extreme Trennungsängste, wenn das Kind für eine gewisse Zeit von den Eltern getrennt sein muss
- übermäßige Anpassung
- Phobien
- Lernprobleme

Wenn ein drei- bis fünfjähriges Kind verletzt wird und seine Bedürfnisse nicht erfüllt werden, wird es diese Wunden und unerfüllten Bedürfnisse in die folgenden Entwicklungsstufen und in sein Erwachsenenleben mitnehmen. Wenn Eltern um Heilung für ihr Kind beten, erlauben sie damit dem Herrn, seine Wunden zu heilen und seine Bedürfnisse zu erfüllen, damit es wieder heil wird.

Abschließende Bemerkung

Wenn ein Kind auf dieser Entwicklungsstufe Probleme zeigt, wenn Eltern um Heilung beten, die Probleme aber weiterhin bestehen bleiben, möchten wir auf die abschließende Bemerkung am Ende von Kapitel 3 verweisen. Dort wird erklärt, was der Grund dafür sein kann und was in einem solchen Fall zu tun ist.

Lesen Sie auch am Ende dieses Buches nach, wo Schritt für Schritt erklärt wird, wie man für Kinder beten kann.

Denken Sie daran, dass Eltern für ihre Kinder Vorbilder sind. Auch Gott erinnert uns an diese Tatsache.

> „Doch ob wir die Kinder Gottes auch wirklich lieben,
> das erkennen wir daran, dass wir Gott lieben, und das heißt:
> seine Gebote befolgen.“ *(1 Joh 5,2)*

Literaturverweise zu Kapitel 6:

1 L. Joseph Stone & Joseph Church, „Childhood and Adolescence", Random House, New York 1984, S. 33–416
2 Nancy Gibbs, „The IQ Factor: New brain research that suggests that emotions, not IQ may be the true measure of human intelligence", in: Time Magazine, 2. Oktober 1995, S. 60–66.68
3 Frank & Catherine Fabiano, Mut zur Reife, Gerth Medien, Asslar 1999

KAPITEL 7

Das sechs- bis zwölfjährige Kind

„Ihr Väter, behandelt eure Kinder nicht so,
dass sie widerspenstig werden!
Erzieht sie mit Wort und Tat so,
wie es dem Herrn gemäß ist.“ *(Eph 6,4)*

Ein Stück aus dem Leben – zur Einführung

„He, Michael, wetten, dass ich diesen Stein näher am Fenster vorbeiwerfen kann als du!?“
„Nie im Leben, Tobias!“
„Doch, kann ich!“
„Nein, kannst du nicht!“
„Kann ich doch!“
(Tobias und Michael stellen sich nun der Herausforderung, Steine möglichst präzise zu werfen.)
Zisch, zisch, krach! Splitter klirren zu Boden ...
„O nein!“, entfährt es Tobias.
Mama kommt gelaufen, packt Tobias an der Schulter, schüttelt ihn und ruft: „Was hast du gemacht? Guck, was du hier angerichtet hast! Du hast unseren netten Nachbarn das Fenster eingeworfen! Was versuchst du eigentlich damit zu beweisen – dass du ein Rowdy bist, der auf Zerstörung aus ist?!“
Aus Tobias platzt es heraus: „He, Mama, reg dich doch nicht so auf, ich weiß, dass das daneben war. Ich wollte doch nichts kaputtmachen. Es war einfach nur ein schlechter Schuss. Alles, was ich noch brauche, ist einfach ein bisschen mehr Übung!“

Kommt Ihnen das bekannt vor? Lassen Sie uns einen Blick auf das werfen, womit diese Entwicklungsstufe zu tun hat.

Mit den Augen des Kindes in diesem Alter

Dieses Alter ist eine sehr mechanische Entwicklungsstufe für mich. Meine Gefühle spielen jetzt keine große Rolle. Im Grunde habe ich kaum Zugang zu ihnen. In den kommenden sechs Jahren werden sich meine Anstrengungen mehr darauf konzentrieren, wie man die nötigen Fähigkeiten entwickelt, um in dieser Welt zu überleben, unabhängig von seinen Eltern und seiner Familie. Ich muss lernen, effektiv zu sein, und das Vertrauen entwickeln, dass ich es kann! Es ist die Zeit, in der meine Werte geformt werden, nach denen ich einmal lebe. Ich bemühe mich, auf allen Gebieten, mit denen ich zu tun habe, Geschick zu entwickeln. Ich lerne nun zu lernen. Ich tue alles, was mir gerade in den Sinn kommt. Und ich denke nicht erst lange über die Konsequenzen nach oder was passiert, wenn ich Mist baue. Ich lebe jetzt mehr oder weniger nach dem Motto: „Das ist eine prima Idee, also los!" Es sieht oft aus, als hätte ich mein Denkvermögen verloren oder alles vergessen, was ich bis jetzt gelernt habe. Aber keine Angst, Gott weiß schon, was er mit mir tut. Ich messe mich nun auch gerne mit meinen Freunden, um meine Fähigkeiten auszutesten.[1]
Die Methoden und sittlichen Werte, die ich jetzt übernehme, stellen die Grundpfeiler dar, auf denen sich meine Persönlichkeit gesund entwickelt und stabil wird.

Entwicklungsbedingte Bedürfnisse

Wenn Kinder in die Schule kommen, fängt eine neue Zeit für sie an. Sie verbringen nun längere Zeit außerhalb des Hauses, was bisher nicht der Fall war. Sie lernen jetzt die Welt draußen, außerhalb ihrer Familie, kennen. Die Bedürfnisse der Kinder sind mehr auf den Wettstreit im gesellschaftlichen Bereich gerichtet. Es ist eine Zeit der gesunden Konkurrenz. Kinder wollen nun Dinge „tun", wobei sie Fähigkeiten auf vielen Gebieten entwickeln. Sie konkurrieren miteinander auf gesunde Weise. So entdecken und testen sie ihre Fähigkeiten und stimmen sie aufeinander ab. Kinder werden aktionsorientiert, die Betonung liegt auf dem Tun und nicht auf ihren Gefühlen. Sie tun vieles aber nur deshalb, weil es im Moment eine gute Idee zu sein scheint. Die Konsequenzen, die sich daraus ergeben, scheinen sie hingegen nicht zu bedenken. Deshalb werden sie regelmäßig mit den Folgen konfrontiert, die von den Erwachsenen in ihrem Leben oft wenig geschätzt werden.

„Michael, ich kann auf diesem Baum höher hinauf als du!"
„Ausgeschlossen, Tobias!"
„Ich *weiß* aber, dass ich Recht habe!"
„Nein, nie im Leben!"
„Doch, ich kann!"
„Nein, du kannst nicht!"
„Okay, du zuerst, Michael!"
Wettstreit ist angesagt. Der Kunst des Bäumekletterns steht auf dem Prüfstand.
Michael klettert fast bis zur Spitze hoch. Als sich der Wipfel zu neigen beginnt, beschließt Michael, wieder herunterzukommen.
Tobias platzt heraus: „Ach, du Warmduscher! Ich sagte doch, dass ich es besser kann!"
Tobias besteigt nun den Baum. Bis zu der Stelle, wo sich der Wipfel zu neigen beginnt. Aber er schiebt sich noch einige Zentimeter höher hinauf – bis der Ast bricht und Tobias herunterfällt. Als er unten ankommt, ist nicht nur der Ast, sondern auch sein Bein gebrochen.
„Au, mein Bein! Mein Bein ist gebrochen!"
Papa kommt angerannt und schreit: „Mensch, Tobias, was hast du dir nur dabei gedacht?"
Tobias schreit zurück: „Gar nichts!"

Kinder scheinen in diesem Alter die Folgen ihres Handelns nicht zu bedenken. Es war doch so eine gute Idee, und schon sitzen sie in der Tinte. Solche Aktivitäten müssen nicht unbedingt heißen, dass Kinder böse und destruktiv sind und bestraft werden müssen. Was sie aber brauchen, sind Eltern, von denen sie angeleitet, angewiesen und trainiert werden.

Schulzeit:
Das ist die Entwicklungsstufe, wenn Kinder nicht mehr in den Kindergarten, sondern zur Schule gehen, so wie die Großen. Der Ernst des Lebens beginnt!

Kinder bekommen es nun mit einer ganz anderen Welt zu tun, mit der Welt außerhalb ihres Zuhauses. Sie sind von nun an viele Stunden von ihrem Zuhause weg. Die schulische Umgebung stellt Kinder vor ungewohnte Anforderungen und vermittelt völlig neue Erfahrungen. Sie werden mit den Forderungen und Erwartungen anderer Autoritätspersonen konfrontiert, die nicht ihre Eltern sind.

Von den Kindern wird im Klassenzimmer ein Verhalten verlangt, das oft vollkommen anders ist als bei ihnen zu Hause.

Eltern müssen sich oft mit Problemen und Verhaltensweisen ihrer Kinder auseinander setzen, die sie bis jetzt nicht kannten, zumindest nicht in diesen Extremen.

A.D.D.

Viele Schulen und Klassenzimmer sind nicht so eingerichtet oder gestaltet, dass sie den Bedürfnissen von Kindern in diesem Alter gerecht werden. Der schulische Lehrplan nimmt oft keine Rücksicht auf die Bedürfnisse eines sechs- bis zwölfjährigen Kindes. Zum Beispiel haben wir es hier mit einem Alter zu tun, in dem Kinder etwas „tun" wollen. Die Aktivität steht im Mittelpunkt ihres Lebens. Wenn Schulen aber vor allem auf das verbale Lernen Wert legen, wobei Kinder lange Zeit auf ihrem Platz still sitzen und dem Lehrer aufmerksam zuhören müssen, nicht reden und sich nicht bewegen dürfen, werden die Bedürfnisse der Kinder missachtet, insbesondere der Jungen. In meinem früheren Beruf als Schulpsychologe hatte ich (Frank) mit verschiedenen Schulsystemen zu tun. Ich kann deshalb mit Sicherheit sagen, dass Lehrpläne, die eher auf das verbale Lernen ausgerichtet sind als auf einen Mittelweg zwischen sportlicher Betätigung mit viel Bewegung und verbalem Lernen, Kinder dieses Alters wirklich frustrieren. Es gab viele Schüler, mehr Jungen als Mädchen, die aufgrund von „Lernproblemen" zum Test an den Schulpsychologen überwiesen wurden. Diese Kinder waren überaktiv und unfähig, sich in der Schule zu konzentrieren. Aber das lag unter anderem daran, dass sie Schulen besuchten, in denen das verbale Lernen Vorrang vor einem eher ausgewogenen Lehrplan hatte. Die oben beschriebenen Verhaltensmerkmale sind dieselben, die als A.D.D. (Attention Deficit Disorder, zu Deutsch: Aufmerksamkeitsmangelsyndrom) diagnostiziert werden. Im Laufe der letzten zwanzig Jahre ist A.D.D. als ein großes Problem aufgetaucht. Es scheint das Leben vieler Kinder im Alter von sechs bis zwölf Jahren zu quälen. Ich möchte hier keine tiefgründige Diskussion über A.D.D. liefern, sondern lediglich darauf hinweisen, dass diese epidemische Störung meiner Meinung nach ein reiner Mythos ist, der durch mehrere Faktoren aufrechterhalten wird.

Zum einen verlangen Kinder in diesem Alter nach Aktivität. Sie lernen mehr durch motorische Aktivität als durch verbale Belehrung, die in vielen Lehrplänen betont wird. Besonders Jungen sind während dieser Zeit in ihrem Lernen mehr motorisch und physisch orientiert als Mädchen. Sie holen Mädchen im verbalen Lernen wieder ein, sobald sie Teenager sind, aber je mehr Aktivität jetzt im Lernprozess eingesetzt wird, desto besser. Aber auch für Mädchen ist Aktivität notwendig, damit sie Fähigkeiten lernen, die sie für ihr Erwachsenenleben brauchen.

Ein weiterer Faktor, ein wichtiger noch dazu, liegt darin, dass viele von uns die entwicklungsbedingten Bedürfnisse unserer Kinder und Kleinkinder nicht wirklich verstanden haben. Darum sorgen wir auch nicht dafür, dass unsere Kleinen diese Bedürfnisse in jungen Jahren erfüllt bekommen. Oder wir tun Dinge, die unsere Kinder genau dort verletzen, wo auch wir in unserer Kindheit verletzt wurden. Kinder werden verletzt, weil sie nicht bekommen, was sie für ihre gesunde Entwicklung brauchen, um dann zur nächsten Entwicklungsstufe weiterzugehen. Sie schleppen darum diese Wunden bis in spätere Entwicklungsstufen mit. Dort treten sie dann als Problemverhalten in Erscheinung. Dieses kann sich auf ganz unterschiedliche Weise zeigen. Eines der häufigsten Erscheinungsbilder ist meiner Meinung nach das, was wir heute als A.D.D. diagnostizieren.

Es gibt ein ausgezeichnetes Buch, das wir sehr empfehlen: „The Myth of the A.D.D. Child", von Dr. Thomas Armstrong (auf Deutsch: „Das Märchen vom ADHD-Kind", Junfermannsche Buchhandlung, Paderborn 2002). Wir glauben, dass dieses scharfsinnige und überzeugende Buch sehr aufschlussreich ist, denn es deckt auf, was wirklich hinter der Diagnose A.D.D. steckt. Hier ein kleiner Auszug aus Armstrongs Buch:

> „Es gibt hinreichende Beweise, die darauf schließen lassen, dass Kinder, die unter A.D.D. eingestuft werden, keine Symptome dieser Störung in verschiedenen anderen Lebensbereichen aufweisen."[2]

Armstrong beschreibt dann die Bereiche, in denen sich ein als A.D.D. eingestuftes Kind ganz normal verhält. Zwei dieser genannten Bereiche sind auch wichtig für das Thema, das hier besprochen wird:

> „Sie (A.D.D. Kinder) scheinen sich von anderen, so genannten normalen Kindern nicht zu unterscheiden, wenn sie sich in Klassen oder einer Lernumgebung aufhalten, in denen sich Kinder ihre Aktivitäten selbst aussuchen und nach ihrem eigenen Tempo lernen dürfen.“[3]

Der zweite Bereich, den der Autor anspricht, ist vielleicht noch wichtiger:

> „Kinder, die unter A.D.D. eingestuft werden, verhalten sich völlig normal, wenn sie mit Dingen beschäftigt sind, die sie interessieren oder die auf irgendeine Weise neu und anregend für sie sind.“[4]

Es hat also den Anschein, dass interessante Tätigkeiten für A.D.D. Kinder wichtig sind und sie auf wunderbare Weise wieder ganz „normal“ werden lassen.

Für unsere Zwecke hier ist es wichtig zu erkennen, dass Autoritätspersonen und Erziehungsberechtigte die entwicklungsbedingten Bedürfnisse von Kindern in diesem Alter verstehen und alles tun müssen, um solche Bedürfnisse zu erfüllen. Wir glauben, es ist wichtig, dass diese Kinder nicht länger in eine diagnostische Kategorie eingestuft und mit Beruhigungsmitteln vollgestopft werden. Das verschleiert die wahren Probleme und gestattet uns, die eigentliche Problematik zu ignorieren, nämlich die Wunden eines Kinder aus seiner Vergangenheit und seine missachteten Bedürfnisse. Wir sollten unsere Aufmerksamkeit lieber auf die Wurzeln dieser kindlichen Probleme richten und Gott bitten, unsere Kinder davon zu befreien und sie zu heilen.

Noch eine abschließende Bemerkung zu A.D.D., ehe wir mit den anderen Themen fortfahren:

Diese Entwicklungsstufe ist eine weitere Zeit hoher Energie, Kreativität, Aktivität und Initiative, vergleichbar dem Alter von sechs bis 18 Monaten. Kinder, die sich am oberen Level dieser hohen Energie und Aktivität befinden, werden für gewöhnlich unter A.D.D. eingestuft. Das sind dieselben Kinder, die normalerweise auch sehr kreativ, einfallsreich und originell sind. Wenn wir solchen Kindern Medikamente verabreichen und sie narkotisieren, wird ihre Aktivität zwar heruntergeschraubt, aber dasselbe geschieht auch mit ihrer Fantasie und ihrem Einfallsreichtum. Darum kann es sein, dass wir auf diese Weise vielleicht die größten kulturellen Schätze zerstören, die wir besitzen, um unsere Gesellschaft weiter voranzubringen. Wer wird uns dann aber die Antworten auf die komplexen Fragen geben, die in Zukunft auf uns zukommen werden?

Folgende Personen wären zum Beispiel alle Kandidaten für Ritalin oder andere Medikamente gewesen, hätte man sie wie unsere heutigen Kinder unter A.D.D. eingestuft: Albert Einstein, Winston Churchill, Orville Wright, Papst Johannes XXIII., Ludwig van Beethoven, Arturo Toscanini, Louis Armstrong, Arthur Canon Doyle[5] und viele weitere, die wir mit Sicherheit entdecken, wenn wir uns nur gründlich genug mit ihrer Kindheitsgeschichte beschäftigen.

Ich frage mich, wo unsere Welt heute wäre, hätte man Winston Churchill, Albert Einstein oder Orville Wright in ihrer Kindheit, in diesen äußerst aufgeweckten Jahren im Alter von sechs bis zwölf Jahren, Beruhigungsmittel verabreicht.

Konkurrenz macht Spaß!

Konkurrenz und Tests sind nicht nur bei sportlichen Aktivitäten angesagt, sondern sie schließen auch die Werte, Ideale und Meinungen der Eltern und der Freunde ein. Neben den Eltern fangen nun auch andere Erwachsene wie zum Beispiel Lehrer, Trainer und so weiter an, die Werte und Ideale der Kinder in diesem Alter zu beeinflussen. Es ist eine Zeit der Konkurrenz, darum werden die Werte der Eltern mit denen anderer Leute verglichen. Auf diese Weise lernen Kinder ihr Umfeld außerhalb der Familie kennen. Das hilft ihnen im Allgemeinen, sich mit der Gesellschaft zu identifizieren. Es ist nötig, damit sie Informationen darüber sammeln, wie sie in die sozialen Strukturen hineinpassen. Solche Vergleiche können bei unseren Kindern zu der weit verbreiteten Meinung führen, in den Familien ihrer Freunde sei alles besser! Das sind die Jahre, in denen ein Kind beschließen kann, von zu Hause fortzulaufen.

Ich erinnere mich noch gut an die Zeit, als ich (Frank) in diesem Alter war, und wie ich auf die Regeln im Hause meiner Eltern reagierte.

Bei mir zu Hause gab es diese „dummen Regeln", an die ich mich halten musste. Mein Vater hatte zu mir gesagt: „Es gibt keinen Grund, warum ein achtjähriger Junge noch draußen sein sollte, nachdem es dunkel geworden ist. Wenn abends die Lichter auf der Straße angehen, musst du zu Hause sein!"
Ist euch bewusst, wann in Chicago im Winter die Straßenlichter angehen? Um halb fünf, mitten am Nachmittag! Wisst ihr, wann ich von der Schule nach Hause komme? Um halb vier am Nachmittag. Man braucht kein Spitzenmathematiker zu sein, um herauszufinden, dass mir damit nur eine Stunde zum Spielen bleibt. Das ist nicht genug für einen achtjährigen Jungen! Das ist eine bescheuerte Regel! Mein Freund Bruce muss nicht zu Hause sein, wenn die Straßenlichter angehen. Er kann draußen bleiben, solange er will. Seine Mutter kann sich sowieso nicht um ihn kümmern, denn sie haben noch sechs andere Kinder im Haus.
Dann kommt endlich der Sommer! Wisst ihr, wann im Sommer in Chicago die Straßenlichter angehen? Um halb zehn abends!
Aber da gibt es leider noch eine andere blöde Regel in unserem Haus, die mir alles verdirbt. Meine Mutter hat gesagt: „Du musst um halb sechs zum Abendessen mit der Familie wieder zu Hause sein!" Warum?! Ich sehe meine Familie doch die ganze Zeit! Warum muss ich da auch noch mit ihr essen? Bruce braucht das nicht. Seine Mutter lässt das Essen für ihn auf dem Herd stehen. Er kann kommen und gehen und essen, wann er will. Schon wieder so eine dumme Regel!
Ich kam zu dem Schluss, dass es bei Bruce zu Hause einfach besser ist. Bei Bruce zu Hause gibt es die besseren Regeln. Ich beschloss also, von zu Hause auszuziehen.

Danach passierte Folgendes:

Ich werde den Tag niemals vergessen, an dem ich meinem Vater mitteilte, dass ich von zu Hause weggehen wollte. Was mein Vater tat, heilte mich augenblicklich davon, jemals wieder fortlaufen zu wollen. Ich ging eines Tages also zu meinem Vater, der im Wohnzimmer in seinem Sessel saß und die Zeitung las, und verkündete: „Papa, ich werde von zu Hause ausziehen. Ich möchte lieber bei Bruce leben. Bei uns gibt es so blöde Regeln. Mir gefallen die Regeln bei Bruce zu Hause besser. Deshalb werde ich von hier weggehen!" Als ich meinem Vater die Gründe für mein Weglaufen erklärte, sagte dieser keinen Ton. Ich wiederholte es darum

noch einmal: „Papa, ich habe gesagt, dass ich abhauen werde." Papa ließ die Zeitung sinken, blickte mich an und sagte: „In Ordnung, leb wohl!" Das war alles. Ich war so aufgeregt! „Ich bin schon weg. Das ist Klasse!" Ich rannte in mein Zimmer, packte meine Taschen voll, nahm sie vom Bett herunter und drehte mich um, um hinauszugehen. Aber da stand mein Vater in der Tür, mit beiden Händen auf den Hüften. Mit strenger Stimme fragte er, auf meine Taschen zeigend: „Was willst du damit?" „Das sind meine Kleider! Ich sagte doch, dass ich von zu Hause abhaue. Ich brauche doch meine Kleider!" Er befahl: „Lass das fallen!" Ich tat es.
„Kann ich jetzt gehen?"
Papa sagte: „Noch nicht."
Ich fragte: „Warum nicht?"
Als ich so dastand mit der ganzen Auflehnung eines Neunjährigen, erwachte auch die Lust, mich mit meinem Vater zu messen. Wer würde stärker sein? Sein nächster Satz versetzte mir einen Schock. Ich war bemüht, meine Überraschung nicht zu zeigen, denn mein Vater forderte mit unnachgiebiger Stimme: „Zieh deine Kleider aus, alle!" Zweifelnd und etwas unsicher fragte ich zurück: „Wie bitte?" Er wiederholte laut: „Zieh deine Kleider aus!"
Noch irritierter fragte ich: „Aber warum, Papa?" Dann kam ein Satz, den ich mein ganzes Leben lang nicht vergessen werde, denn mein Vater sagte: „Du bist nackt in diese Welt gekommen, und du wirst dieses Haus auch wieder nackt verlassen!" Das reichte. Ich bereute augenblicklich meine Entscheidung und bat darum, doch zu Hause bleiben zu dürfen. Mein Vater gratulierte mir zu meiner vernünftigen Entscheidung und sagte: „Komm herunter zum Abendessen, wenn du fertig bist!" Das war sehr wirksam, denn ich drohte nie wieder damit, von zu Hause abhauen zu wollen. Kann sein, dass ich vielleicht manchmal daran dachte, aber ich habe es vorgezogen, meinen Vater nie wieder damit herauszufordern.

Später entdeckte ich, dass sich mein Vater dabei ganz biblisch verhalten hat, denn im Buch Hiob heißt es: „Nackt kam ich aus dem Schoß der Mutter, nackt gehe ich wieder von hier fort" (Hiob 1,21).

Die Tatsache, dass das bei mir funktionierte, bedeutet aber nicht, dass es bei anderen Kindern dieses Alters ebenso funktioniert. Vergessen Sie nicht, Kinder sind in diesem Alter sehr kreativ und können gelegentlich unvorhersehbar reagieren. Eine Mutter erzählte mir folgende Geschichte:

„Es waren noch keine drei Tage vergangen, nachdem ich in Ihrem Seminar gehört hatte, wie Ihr Vater damit umging, als Sie von zu Hause fortlaufen wollten. Da kam mein Sohn zu mir und sagte ebenfalls, dass er von zu Hause wegwolle. Ich war entzückt darüber, dass sich so schnell eine Gelegenheit bot, das Gehörte in die Praxis umsetzen zu können. Ich erinnerte mich noch gut daran, was Ihr Vater gesagt hatte. Darum drehte ich mich um, blickte meinem Sohn in die Augen und sagte: ‚Zieh deine Kleider aus! Du bist nackt in diese Welt gekommen und darum wirst du dieses Haus auch wieder nackt verlassen!' Mein Sohn zog sich daraufhin ungerührt aus und rannte weg. Sagen Sie den Leuten doch bitte, dass diese Methode nicht bei allen Kindern gleichermaßen funktioniert."

Die Lektion aus dieser Geschichte heißt: Was gut für das eine Kind ist, muss es nicht unbedingt auch für das andere sein.

Ausschluss des anderen Geschlechts

Dieses Alter ist im Allgemeinen eine Zeit, in der Jungen gern mit Jungen und Mädchen lieber mit Mädchen zusammen sind. Gesellschaftliche Aktivität und Identitätsbildung richten sich jetzt mehr am eigenen Geschlecht aus. Der Ausschluss des anderen Geschlechts ist deshalb so wichtig, damit Kinder ihre eigenen geschlechtsabhängigen Fähigkeiten entdecken und entwickeln können. Es ist wichtig, diesen Ausschluss zuzulassen, damit Kinder ihre geschlechtliche Identität finden.

Andererseits ist es aber auch nötig, dass Kinder gelegentlich an Aktivitäten teilnehmen, an denen beide Geschlechter beteiligt sind, wie zum Beispiel im gemischten Unterricht. Das liefert den Kindern die notwendigen Informationen, die sie brauchen, um später im Leben zu wissen, wie man sich dem anderen Geschlecht gegenüber verhält.

Sowohl Jungen als auch Mädchen brauchen eine Beziehung zu einem Erwachsenen des eigenen Geschlechts. Auf diese Weise lernen sie, wie man bestimmte Dinge in gesellschaftlich-kulturellen Situationen auf angemessene Weise tut.[6]

Streiten

Kinder streiten in diesem Alter recht gerne. Dieses Streiten dient dazu, sich und anderen zu beweisen, dass sie eigenständige Personen sind, unabhängig von anderen. Auf diese Weise werden

Ideen, Werte und Vorstellungen getestet. Kinder werden sich eher mit der Mutter als mit dem Vater anlegen. Das soll dazu beitragen, dass die Symbiose zwischen Mutter und Kind gebrochen wird. Wenn diese immer noch besteht, was oft der Fall ist, sind diese Streitereien ein notwendiger Anstoß, diese Symbiose endlich zu brechen. Auf diese Weise wollen Kinder ihren Eltern beweisen, dass sie ein Individuum sind, das eigene Vorstellungen davon hat, wie etwas zu tun ist. Kinder müssen erfahren, dass es ganz in Ordnung ist, selbständig zu denken, eigene Ideen zu haben und eigene Methoden zu entwickeln, wie man etwas macht. Sie müssen sich von ihren Eltern freischwimmen und erfahren, dass sie trotz allem immer noch geliebt sind. Dieses Streiten und Argumentieren ist also etwas ganz Normales und Notwendiges. Es ist jetzt wichtig, Kindern dabei zu helfen, sich selbst zu definieren. Auch Gott der Vater erlaubt uns, dass wir mit ihm streiten:

> „Lass uns miteinander vor Gericht gehen! Klage mich an!
> Trag deine Sache vor und beweise, dass du im Recht bist!"
>
> *(Jes 43,26)*

Kinder müssen in dieser Zeit des Streitens und Argumentierens vor allem lernen, wie man die Vorstellungen und Meinungen anderer berücksichtigt und wie man auf respektvolle Weise miteinander diskutiert. Auf diese Weise lernen sie, Vorstellungen, Meinungen und Werte anderer zu achten. Kinder werden durch diese Wortgefechte bestärkt, den Grundstock für ihre eigenen Meinungen und Anschauungen im Erwachsenenleben zu legen. Das schließt auch das feste Fundament für ihren Glauben, ihre Werte und ihre Ideale ein. Es ist nun wichtig, dass Eltern ihre Erziehungsmaßnahmen begründen, damit sich Kinder später danach ausrichten können.

Schon wieder etwas Neues?

Es gibt so viele Dinge, die Kinder in diesem Alter tun wollen. Sie springen von einer Aktivität zur anderen. Es mag uns Eltern vielleicht so erscheinen, dass sie unfähig sind, für längere Zeit bei einer Sache zu bleiben. Es ist aber wichtig, Kindern zu erlauben, nach einer angemessenen Zeit zu einer anderen Tätigkeit überzuwechseln, ohne ihnen dabei das Gefühl zu geben, dass sie vorschnell aufgegeben hätten oder verantwortungslos seien. Es ist ein Alter, in dem sie viele Dinge lernen müssen.

Es ist eine Zeit, in der sie sehr beschäftigt sind. Sie fällen jetzt grundsätzliche Entscheidungen hinsichtlich ihres Lebensplans, ihrer Berufung und des Berufs, den sie ergreifen werden. Jetzt ist die Zeit, in der Gott Träume und Visionen in das Herz von acht- bis zehnjährigen Kindern einpflanzt. Es ist Gott, der damit ihr Schicksal lenkt, denn wenn diese Träume und Visionen in ihnen aufsteigen, dann sagen sie: „Wenn ich einmal groß bin, möchte ich ..." Das sind Dinge, die in ihre Herzen eingebrannt sind. Die Methoden, Fähigkeiten, Werte und Moralvorstellungen, die Kinder jetzt lernen und in sich aufnehmen, liefern das nötige Rohmaterial, damit sie froh und sicher und vertrauensvoll in ihre Teenagerjahre gehen können. Der Same, der in späteren Jahren aufgeht, wird sich vom ursprünglichen Traum vielleicht ein wenig unterscheiden, aber er wird noch in vielem daran erinnern.

Wie können wir uns als Eltern in dieser Zeit verhalten?

Es ist in dieser Zeit sehr wichtig, dass Eltern für strukturierte Erziehung sorgen, sich nicht um Konflikte herumdrücken, zum Lernen ermutigen, vernünftige Maßstäbe setzen und bestimmte Erwartungen an die Kinder herantragen. Es ist weiterhin wichtig, dass unangemessenes Verhalten Konsequenzen nach sich zieht. Diese Zeit hat Ähnlichkeit mit der Entwicklungsstufe des zweijährigen Kindes.

Erziehung, die unseren Kindern hilft

Das Motto, nach dem Sechs- bis Zwölfjährige zu leben scheinen, heißt: „Das ist eine prima Idee – also los!" Es ist auf dieser Entwicklungsstufe normal, dass mögliche Konsequenzen nicht bedacht werden. Aber das bedeutet nicht, dass Eltern ihre Kinder mit diesen Konsequenzen nicht konfrontieren sollten. Eltern müssen solche Situationen nutzen, um ihren Kindern ein angemessenes Verhalten beizubringen und sie zu korrigieren, damit sie lernen, die Konsequenzen für ihr Tun zu übernehmen. Vergessen Sie aber nicht, dass Dinge, deren Folgen im Vorhinein nicht bedacht wurden, kein Hinweis darauf sind, wie destruktiv und schrecklich unsere Kinder sind oder dass sie eine schwere

Strafe verdienen. Wichtiger ist, dass Eltern mit ihren Kindern reden, ihnen Anweisungen geben und sie angemessen bestrafen.

Streiten und Argumentieren ist bei Sechs- bis Zwölfjährigen etwas ganz Normales. Es ist darum wichtig, dass Eltern mit ihren Kindern solche Streitereien aufarbeiten. Sie müssen das Kind in seiner Eigenständigkeit bestätigen und ihm zu verstehen geben, dass es ein Recht auf seine eigene Meinung hat und das nicht erst durch Streit zu beweisen braucht. Manchmal genügt es, wenn Eltern dem kleinen Streithahn sagen: „Ich weiß, dass du deine eigenen Vorstellungen von der Sache hast und wie sie zu tun ist. Ich weiß auch, dass du anders bist als ich, und habe durchaus Verständnis dafür. Du musst nicht mit mir streiten, um mir das zu beweisen. Du bist ein eigenständiger Mensch. Das weiß ich schon." Das muss vielleicht mehrmals wiederholt werden, bis es vom Kind wirklich verstanden wird. Es ist wichtig, Kindern hier Grenzen zu setzen, damit sie ein angemessenes, respektvolles Verhalten lernen, während sie ihre Eigenständigkeit entdecken.

Wenn Kinder ihre Fähigkeiten, Talente und Begabungen entdecken, werden sie von einer Aktivität zur anderen gehen. Es ist wichtig, dass Kinder das tun dürfen. Auf diese Weise lernen sie mit Hilfe der Eltern, wie Prioritäten gesetzt werden, wie man etwas anfängt und zu Ende führt. Dabei bekommen Kinder auch die Gelegenheit, ihre Fähigkeiten, Gaben und Talente zu entdecken.

Eltern sollten ihren Kindern nie das Gefühl geben, dass sie vorschnell aufgeben, oder sie dazu zwingen, bei einer Sache zu bleiben. Es ist besser, wenn sie dem Kind Hilfestellungen geben, damit es lernt, wie man etwas anfängt und zu Ende führt.

Lassen Sie sich die folgende Geschichte durch den Kopf gehen:

> Der neunjährige Dominik kommt zum Vater und sagt: „Papa, ich würde gerne Schlagzeug spielen." Papa denkt, das ist eine großartige Idee, und stimmt zu, für seinen Sohn ein Schlagzeug auszuleihen und neun Monate Schlagzeugunterricht für ihn zu bezahlen. Dominik spielt acht Monate lang Schlagzeug. Dann kommt er wieder zu Papa und sagt: „Papa, ich möchte nicht mehr Schlagzeug spielen. Ich will lieber Gitarre lernen." Papa erwidert: „In Ordnung, Dominik. Du hast noch einen Monat lang Schlagzeugunterricht. Diese neun Monate sind noch nicht zu Ende. Sprich mit deinem Lehrer, wenn es so weit ist, und sag ihm, dass

du lieber ein anderes Instrument lernen möchtest. Dann werde ich eine Gitarre für dich ausleihen und dir neun Monate Gitarrenunterricht bezahlen."

Was hat der Vater seinem Jungen damit beigebracht? Dass es völlig in Ordnung ist, zu etwas anderem überzuwechseln, aber dass man zuerst seine Verpflichtungen erfüllen muss. Dann erst ist man frei, etwas anderes zu tun.

Haben Sie bemerkt, dass sich der Vater über seinen Sohn weder lustig macht noch ihn dafür kritisiert, weil er mit einem Instrument aufhören und ein anderes anfangen will? Er zwingt ihn auch nicht dazu, beim Schlagzeug zu bleiben, wenn er lieber herausfinden möchte, ob er Talent zum Gitarrespielen hat.

Wenn Kinder mit einer Sache aufhören und eine andere anfangen dürfen, wächst ihr Selbstvertrauen, sodass sie fähig werden, auch später im Leben mit dem Beginnen und Beenden von Projekten verantwortlich umzugehen.

Väter

Dieses und das vorherige Kapitel wären nicht vollständig, würde man den Vater und seine Bedeutung für das Kind in der Familie nicht berücksichtigen. Bevor wir uns diesem Thema zuwenden, möchte ich noch darauf hinweisen, dass Väter nur das an ihre Kinder weitergeben können, was sie selbst empfangen haben. Die folgenden Ausführungen sollen Väter also nicht schlecht machen, sondern einen Maßstab aufstellen, den wir Väter zu erreichen suchen sollten. Ich konnte meinen Kindern nur das geben, was mein Vater in mein Leben hineingelegt hatte. Mein Vater konnte mir nur das geben, was sein Vater in seinem Leben angelegt hat, und so geht das Generation um Generation zurück.

Im Laufe unseres Dienstes sind wir regelmäßig Menschen begegnet, die von ihrem Vater schwer verletzt wurden. Es scheint, dass sich Väter im Allgemeinen schwer damit tun, so zu sein, wie sie nach Gottes Willen für ihre Kinder und Familien sein sollten. Väter brauchen Hilfe, damit sie lernen, wie man Kinder großzieht. Das einzige Problem dabei ist, dass sich viele Väter mit den Problemen in ihrem Leben nicht gerne auseinander setzen, um zu Vätern zu werden, die sich in der richtigen Weise und liebevoll um ihre Kinder kümmern können.

Im Neuen Testament lesen wir:

> „Ihr Väter, behandelt eure Kinder nicht so,
> dass sie widerspenstig werden!
> Erzieht sie mit Wort und Tat so,
> wie es dem Herrn gemäß ist.“ *(Eph 6,4)*

O Gott, hast du da nicht etwas vergessen? Du hast in diesem Vers über die Väter bestimmt etwas vergessen, Gott!

Lesen Sie den Vers ein zweites Mal. Fehlt noch immer etwas? Eine Person kommt in diesem Vers nicht vor. Wer ist das? Richtig, die Mutter. Warum schließt Gott hier die Mütter nicht ein? Ich weiß es nicht. Aber eines ist sicher: Würden auch Mütter dazu neigen, ihre Kinder zu provozieren, dann hätte Gott auch sie genannt. Offensichtlich erachtet es Gott für notwendig, speziell uns Väter daran zu erinnern, dass wir unsere Kinder nicht reizen oder provozieren sollen. Könnte es sein, dass Gott etwas über uns Väter weiß? Haben Väter die Neigung, ihre Kinder zu provozieren? Dann muss uns Gott in seinem Wort sehr deutlich ermahnen: „Ihr Väter, behandelt eure Kinder nicht so, dass sie widerspenstig werden!“

Welche Bedeutung hat das Wort „provozieren“?

Provozieren heißt: etwas entfachen, hervorrufen, bewirken, erregen, jemanden ärgern, anstacheln.[7]

In all den Jahren unseres seelsorgerlichen Dienstes an Menschen mussten wir feststellen, dass die „Vaterwunde“ eine der am weitesten verbreiteten und gleichzeitig destruktivsten Verletzungen ist, an der jemand leiden kann.

Väter sind normalerweise dazu da, um ihre Kinder zu bestätigen, aufzubauen und zu ermutigen, aber nicht um sie niederzumachen und zu kritisieren, um ihren Mangel und ihre Defizite herauszustreichen.

Nach dem Wort Gottes hat der Vater eine zweifache Verantwortung:

Er soll erstens etwas nicht tun – seine Kinder zum Zorn reizen! Ein Vater soll seine Kinder weder überstreng bestrafen noch eine Art Schreckensherrschaft über sie ausüben, mit dem Ergebnis, dass seine Kinder nur in blinder Wut reagieren.

Er soll zweitens etwas tun – seine Kinder so erziehen, wie es Gott gefällt.

Kindererziehung schließt drei Dinge ein:

1. Es ist eine Aufgabe, die andauert. Solange das Kind von ihm abhängig ist, ist der Vater für sein Kind verantwortlich. Er muss dafür sorgen, dass es so wird, wie Gott es haben will. Nicht so, wie der Vater es haben will.
2. Es ist eine Aufgabe, die mit Liebe zu tun hat. Erziehen bedeutet, sich dem Kind zärtlich zuzuwenden. Kinder sind die Objekte unserer zärtlichen, liebevollen Fürsorge.
3. Es ist eine zweifache Aufgabe, die sowohl mit Erziehen (dem Kind alles geben, was es zu seiner physischen, psychischen und geistigen Entwicklung braucht) als auch mit Ermahnen zu tun hat (im Hinblick auf Gott korrigieren und zurechtweisen).

Väter sind für ihre Kinder die ersten Stellvertreter für Gott den Vater. Mit diesem Wissen im Hinterkopf – wie erfolgreich war Ihr Vater darin, das Wesen Gottes für Sie abzubilden?

Wie erfolgreich waren Sie bisher als Vater, Ihren Kindern das Wesen Gottes vorzuleben? Wir Väter brauchen Gottes Heilung für unsere eigenen Vaterwunden, damit wir unseren Kindern das geben können, was sie nach seinem Willen von uns Vätern bekommen sollen.

Väter sind für die Familie das, was Jesus für seine Gemeinde ist. Wir Väter müssen unseren eigenen Bedürfnissen sterben, damit wir unseren Familien und Kindern dienen können.[8]

Väter sollen ihren Kindern Visionen und Ziele vermitteln.

> „Euren Vorfahren aber wandte der Herr seine
> besondere Liebe zu und er wählte euch, ihre Nachkommen,
> aus allen Völkern aus und machte euch zu seinem Volk,
> wie ihr das heute seid.“ *(Deut 10,15)*

Väter sollen ihre Kinder segnen und damit ihre Zukunft sicherstellen.

Der folgende Segen stammt aus dem Wort Gottes. Gott weist die Väter an, einen priesterlichen Segen über ihren Kindern auszusprechen:

> „Der Herr sagte zu Mose: ‚Wenn Aaron und seine Söhne den Leuten von Israel den Segen erteilen, sollen sie sprechen:

Der Herr segne euch und beschütze euch! Der Herr
blicke euch freundlich an und schenke euch seine Liebe!
Der Herr wende euch sein Angesicht zu und gebe euch Glück
und Frieden! Mit diesen Worten sollen sie den Leuten von
Israel die Segenskraft meines Namens zusprechen.
Dann werde ich mein Volk Israel segnen.'" *(Num 6,22–27)*

Wenn Gott segnet, dann autorisiert er die gesegnete Person beziehungsweise Personen dazu, in allen Lebensbereichen zu gedeihen.

Wenn Väter ihren Familien auf diese Weise dienen, dann werden sie damit Völker verändern (vgl. Gen 18,17–19; Deut 11,18–25).

Väter sollen dafür sorgen, dass ihre Kinder auf allen Entwicklungsstufen, vom Augenblick der Empfängnis an bis zur Adoleszenz, folgende grundlegende Dinge im Leben bekommen:

1. Wohlwollen
2. Annahme
3. Zugehörigkeitsgefühl (Daseinsberechtigung)
4. Selbstwertgefühl
5. Identität
6. Schutz und Sicherheit
7. Korrektur und Ermahnung

Diese sieben genannten Dinge gehören nach Epheser 6,4 zusammen mit einer zärtlichen, liebevollen Umgebung zum Wichtigsten im Leben.[9]

Väter sind für ihre Kinder ein Vorbild. Sie liefern ihren Söhnen das Modell, wie etwas zu tun ist. Für ihre Töchter sind sie ein Modell dafür, was im Leben zu tun ist.

Väter sollen für den Schutz ihrer Familien sorgen. Ein Vater soll seine Kinder bedingungslos lieben, aber in dieser Liebe ist auch der Wunsch eingeschlossen, dass Kinder im Leben erfolgreich werden. Darum wird der Vater mehr dazu neigen, seine Kinder in ihrer Leistung zu bestärken. Er hat dabei ihren zukünftigen Erfolg im Auge. Gesunde Väter werden dafür sorgen, dass ihre Kinder in der Gesellschaft lebensfähig werden. Sie werden ihre Kinder mehr durch Regeln erziehen als durch emotionale Bindung, so wie es bei Müttern der Fall ist. Kinder lernen darum von der Mutter die emotionale Seite des Lebens kennen, vom Vater hingegen, wie man innerhalb der Gesellschaft lebt.

Wir möchten Ihnen nun eine Szene auf dem Spielplatz vor Augen führen, an der zu erkennen ist, wie Eltern auf unterschiedliche Weise zur Erziehung des Kindes beitragen:

> Mama und Papa sind mit der kleinen Sonja auf dem Spielplatz. Die kleine Sonja läuft zu einer sehr hohen Rutsche und fängt an hinaufzuklettern. Papa steht unten an der Leiter, blickt zu Sonja hinauf und ruft: „Weiter, Sonja, nur weiter! Ja, so ist es richtig, mein Schatz, nur weiter so!"
> Mama steht hinter Papa, blickt auch zu Sonja hinauf und ruft: „Vorsicht, Sonja, sei vorsichtig, mein Schatz!"

Der Vater ermutigt das Kind, weiterzumachen, während die Mutter zur Vorsicht mahnt.

Es ist interessant festzustellen, dass siebzig Prozent aller Jugendlichen in Heimen und Jugendvollzugsanstalten Kinder sind, die keinen Vater hatten. Solche Kinder sind auch anfälliger dafür, mittlere bis schwere Depressionen zu entwickeln. Sie sind oft sehr leistungsschwach und haben Schwierigkeiten, mit anderen eine feste Liebesbeziehung einzugehen.

Jungen, die keinen Vater haben, sind gezwungen, selbst herauszufinden, wie man etwas tut. Sie haben kein Vorbild dafür, was es heißt, selbst ein Vater zu sein. Mädchen hingegen, die keinen Vater haben, haben oft nur ein geringes Vertrauen, dass Männer auch Väter sein können.

Wenn ein Vater seine Kinder physisch oder emotional verlässt oder ihre entwicklungsbedingten Bedürfnisse nicht beachtet, neigen Kinder dazu, sich zu schämen, sich zu stark auf sich selbst zu konzentrieren, sich zu hassen oder sich selbst nicht zu vergeben.

Solche Kinder neigen auch dazu, von Gott, unserem Vater, eher wegzulaufen, als sich ihm zuzuwenden.

Nachdem deutlich wurde, welche prägende Bedeutung Väter für ihre Familien und Kinder haben, ist es sehr wichtig, den Wert zu erkennen, den Väter nicht nur für ihre Familien, sondern auch für die Gesellschaft und Kultur eines ganzen Volkes haben.

Mütter können keine Väter sein. Sie können den fehlenden Vater im Leben eines Kindes nicht ersetzen.

Das Umgekehrte trifft natürlich ebenso zu. Väter können keine Mütter sein, egal, wie sehr sie sich bemühen. Sie können die fehlende Mutter im Leben eines Kindes nicht ersetzen. Die

Familie und die biblisch begründete Struktur für das Männliche und Weibliche, für Vater und Mutter, sind in unserer heutigen „aufgeklärten" Gesellschaft stark unter Beschuss geraten. Dieser Angriff, der an Intensität immer noch zunimmt, soll dazu dienen, die Strukturen der Familie zu untergraben, die uns im Wort Gottes gegeben wurden. Das Schwinden von Gesellschaften und Kulturen wird weltweit eine zwangsläufige Folge sein.[10,11,12,13]

Erziehung, die mehr schadet als nützt

Verletzungen, die in diesem Alter besonders häufig vorkommen, haben mit Ungerechtigkeit zu tun. Fünfjährige Kinder reagieren besonders empfindlich, wenn ihr Gerechtigkeitsempfinden verletzt wird. Das Alter von sechs bis zwölf Jahren hingegen ist eine Zeit, in der sie besonders empfindlich auf Verletzungen durch Ungerechtigkeit reagieren.

Viele sechs- bis zwölfjährige Kinder werden ungerechterweise schwer für ein Verhalten bestraft, das völlig ihrer Entwicklung entspricht und nicht böse gemeint ist. Sie wurden in so manches nur deshalb verwickelt, weil sie als Kinder die Folgen ihres Tuns nicht bedacht hatten.

Lassen Sie uns die Geschichte des neunjährigen David betrachten.

> David möchte einmal Cowboy werden, wenn er groß ist. Er hat Spaß an allem, was mit Cowboys zu tun hat, seien es Bücher, Spielsachen, Filme und so weiter. Er träumt davon, draußen auf der Weide mit seinen Cowboyfreunden Rinder zu hüten.
> David und seine beiden Freunde spielen miteinander in der Prärie. Es ist ein frischer, klarer, etwas windiger Herbsttag. Die Jungen beschließen, ein Lagerfeuer zu machen, so wie es richtige Cowboys im freien Gelände tun. Sie räumen ein großes Stück Gelände frei und ziehen einen großen Kreis. Äste und Gräser werden in der Mitte zu einem hohen Haufen aufgestapelt. David ist begeistert, dass seine Freunde mit ihm ein Lagerfeuer machen. David und seine Cowboyfreunde machen dabei nur nach, was sie schon oft in Cowboyfilmen gesehen haben. Dann holt David seine „verbotenen" Streichhölzer aus der Tasche und zündet den Haufen an. Bald prasselt ein Feuer. Den Cowboys wird dabei ziemlich

heiß. David legt seinen nagelneuen gefütterten Cowboyhut aus Wildleder ab, den ihm seine Eltern erst vor kurzem gekauft haben. Die Jungen sitzen am Lagerfeuer, freuen sich an seiner Wärme und reden über alles, was Cowboys eben so interessiert. Plötzlich kommt eine starke Windböe auf, erfasst einige der brennenden Gräser und Äste und bläst sie hinaus in die Prärie. Die Prärie fängt Feuer, das sich rasend schnell ausbreitet. David rennt hin und versucht das Feuer mit seiner Jacke zu ersticken. Bei diesem heldenhaften Versuch, den Tag zu retten, geht auch seine wunderschöne Cowboyjacke in Flammen auf. Das Feuer ist inzwischen zu einem flammenden Inferno geworden, das auf das Grundstück des Farmers zurast. Am Ende des Grundstücks, gleich neben der Prärie, steht der Hühnerstall. Der Wind treibt das Feuer direkt auf den Hühnerstall zu und innerhalb von wenigen Minuten geht dieser vollkommen in Flammen auf ... David hat damit einhundert Hähnchen auf einen Schlag zu Brathähnchen gemacht! Die Feuerwehr kommt angefahren, der Farmer kommt, die Polizei kommt und natürlich auch Davids Eltern.
David bekommt von seinem Vater eine ordentliche Tracht Prügel. Der Farmer erstattet Anzeige, also wird David zur Polizeistation gebracht und wie ein Verbrecher zum Brandstifter abgestempelt. David wurde nicht nur körperlich gezüchtigt, sondern auch in die polizeiliche Akte (Vorstrafenregister) aufgenommen, und dabei ist er erst neun Jahre alt!

Was hätten Sie getan? Ja, es stimmt, dass David die verbotenen Streichhölzer benutzt und Feuer gelegt hat. Sein unverantwortliches Verhalten führte dazu, dass die Prärie in Flammen aufging. David hat außerdem den Hühnerstall abgefackelt und so einhundert Hähnchen gebraten, die der Farmer sicherlich nicht alle auf einmal braten wollte.

Es ist klar, dass David bestraft und für die Folgen zur Verantwortung gezogen werden muss. Aber ist es wirklich nötig, dass er körperlich geschlagen und dann noch in die Polizeiakte eingetragen werden muss, um wie ein Verbrecher zum Brandstifter abgestempelt zu werden? Wie bereits früher in diesem Kapitel erwähnt – Kinder tun in diesem Alter Dinge, weil es ihnen einfach eine gute Idee zu sein scheint. So wie zum Beispiel der Wettkampf im Steinewerfen zu Beginn des Kapitels. Eltern müssen ihre Kinder lehren, welche Konsequenzen ein unangemessenes Verhalten nach sich zieht. Das ist Aufgabe der Eltern. Doch eine schwere Bestrafung für ein altersgemäßes Verhalten kann und wird dazu führen, dass sich das Kind ungerecht behandelt fühlt. Es wird außerdem Regeln und Werte in sich aufnehmen, die im späteren Leben zu extremer Strenge führen. Wenn solche Kinder erwachsen sind, können sie einer extremen Sturheit und Gesetzlichkeit verfallen.

Ein weiteres Problem tritt auf, wenn Kinder von starren, unflexiblen, autoritären elterlichen Vorurteilen eingeengt werden, die keinen Raum für Diskussionen und Kompromisse lassen. Eltern, die mit „eiserner Hand" regieren, werden entdecken, dass sich ihre Kinder später einmal nicht entspannen können, wenn sie mit Autoritätspersonen zu tun haben. Kinder brauchen in diesem Alter die Möglichkeit, Regeln und Werte ihrer Eltern hinterfragen zu dürfen. Auf diese Weise bekommen sie mehr Sicherheit über ihre eigenen Werte und Meinungen.

Wir wollen unsere Aufmerksamkeit jetzt auf den Bereich des Aufschiebens und Verzettelns in viele verschiedene Projekte richten. Diese Lebenszeit ist da, damit Fähigkeiten und Talente entdeckt werden. Wenn Eltern das nicht verstehen, werden sie ihre Kinder vielleicht dazu zwingen, etwas zu Ende zu führen, aus Sorge, sie könnten nicht lernen, bei einer Sache zu bleiben. Das kann zu Problemen führen, weil solche Kinder nun keine Gelegenheit mehr haben zu lernen, wie man etwas anfängt und durchzieht oder wie man mit etwas aufhört und etwas Neues anfängt. Kinder, die keine Erfahrungen sammeln dürfen, wie man etwas anfängt und beendet, sind in Gefahr, später zu der Gruppe von Erwachsenen zu gehören, die Schwierigkeiten haben, mit etwas anzufangen. Das heißt, dass sie alles vor sich herschieben. Das sind Menschen, die immer denken, dass sie noch lange Zeit haben. Sie warten bis zum letztmöglichen Augenblick, um dann in wilder Hast zu versuchen, die Sache doch noch über die Bühne zu ziehen. Oder sie werden einmal zu Menschen, die zwar keinerlei Schwierigkeiten haben, eine Sache anzufangen, aber sie haben die unterschiedlichsten Projekte gleichzeitig laufen, führen aber keines davon zu Ende. Diese Kategorie von Menschen hat Schwierigkeiten, etwas zu Ende zu führen. Das kann besonders beunruhigend sein, wenn ein Mensch mit diesem Problem ausgerechnet der Automechaniker unserer Stadt ist, der unser Fahrzeug wieder in Ordnung bringen soll. In seiner Werkstatt stehen gleich mehrere Autos herum, an denen gleichzeitig gearbeitet wird, und jedes davon befindet sich in einem unterschiedlich weit fortgeschrittenen Reparaturzustand. Aber keines fährt. In dieser Stadt gehen vermutlich die meisten Leute zu Fuß.

Man sollte hier aber nicht vermuten, dass ich der Meinung bin, ein Kind dürfte nicht beigebracht bekommen, wie man bei einer Sache bleibt. Aber man darf den Wunsch des Kindes, etwas Neues anzufangen, nicht immer als Unwilligkeit oder Unfähigkeit einschätzen, bei einer Sache zu bleiben. Wenn damit falsch umgegangen wird, kann das zu den oben erwähnten Problemen führen.

Eine gesunde Konkurrenz ist auf dieser ganzen Entwicklungsstufe von größter Wichtigkeit. Es ist aber wichtig, dass sich Autoritätspersonen, insbesondere der Vater, mit Kindern nicht darauf einlassen. Denn wenn sie immer gewinnen, beweisen sie ihren Kindern damit, dass sie nicht so gut wie der Vater oder die jeweilige Autoritätsperson sind. Diese Art von ungesunder Konkurrenz entmutigt Kinder, sie raubt ihnen jede Motivation und treibt sie in die Verzweiflung.

Sucht – der Inbegriff von Destruktion

Das letzte Problem, mit dem wir uns hier beschäftigen wollen, ist das der Sucht. Was ich hier vorschlage, soll keineswegs dazu dienen, bereits lange bestehende, umfassende Studien über die Ursachen der Sucht zu widerlegen. Ich habe auch nicht die Absicht, eine exklusive Theorie über Sucht anzubieten. Es soll einfach eine zusätzliche Information zu diesem Thema sein. Wenn sie zur übrigen Forschung hinzugefügt wird, wird sie das Verständnis über dieses äußerst destruktive Problem vertiefen.

Ich werde verschiedene Entwicklungskomponenten besprechen, die wir bei zahlreichen Menschen in der Seelsorge entdeckten, die irgendeiner Form von Sucht verfallen waren. Das Alter von sechs bis zwölf Jahren ist, wie bereits erwähnt, eine Zeit großer Geschäftigkeit. Es ist eine Zeit, in der sich Kinder in vielerlei Aktivitäten stürzen, um ihre Fähigkeiten, Gaben und Talente zu entdecken, zu entwickeln und aufeinander abzustimmen. Kinder werden diese Fertigkeiten und Fähigkeiten mit ins Leben nehmen. Auf diese Weise stellen sie sicher, dass sie einmal in Beruf, Familie und Gesellschaft Erfolg haben. Wenn aber folgende Bedingungen auftreten, können diese dazu führen, dass Kinder anfällig für Süchte werden.

Bedingungen, die Suchtverhalten begünstigen:

1. Wenn Kinder auf dieser Entwicklungsstufe das Gefühl bekommen, unfähig, unterlegen und hilflos zu sein, was ihre Fähigkeiten, Gaben und Talente betrifft. Sie lernen damit, dass sie wertlos und nutzlos sind, und brauchen dann etwas, mit dem sie diese Gefühle überdecken und den Schmerz wieder ausschalten können.

2. Als wir etwas früher in diesem Kapitel den „Mythos" der Diagnose A.D.D. besprachen, wurde auch auf die Drogen hingewiesen, mit denen diese überaktiven, energiegeladenen Kinder therapiert werden. Könnte der biblische Grundsatz, dass Menschen das ernten, was sie gesät haben (vgl. Gal 6,7), nicht auch darauf hinweisen, dass Kinder, denen Beruhigungsmittel verabreicht werden, anfälliger für Drogenmissbrauch sind und geradezu darauf vorbereitet werden? Wir sind davon überzeugt.
   Wenn bei einem Kind A.D.D. diagnostiziert wird, qualifiziert es sich dafür, Drogen verabreicht zu bekommen. Es bekommt Ritalin, Antidepressiva, Antikrampfmittel oder Antipsychotika verordnet, damit es sein Leben besser in den Griff bekommt. Autoritätspersonen sagen ihm, dass es völlig in Ordnung sei, diese Drogen zu nehmen. Ja man verlangt von ihm sogar, diese Drogen zu nehmen, damit es mit seinem Leben besser zurechtkommt.
   Wenn das Kind in die Pubertät kommt und sein Leben zunehmend schwieriger und komplexer wird, warum sollte es dann nicht auch weiterhin auf Drogen zurückgreifen, um alles wieder in Ordnung zu bringen? Warum sollte das anders sein als im Alter von acht, neun oder zehn Jahren, als ihm von den Ärzten gesagt wurde, es brauche diese Drogen, um im Leben besser zurechtzukommen? Bekommt das Kind eine doppelte Botschaft? Nämlich dass es in jüngeren Jahren völlig in Ordnung ist, Drogen zu nehmen, wenn das von Ärzten, Eltern und anderen Autoritätspersonen befürwortet wird, aber dass es nicht mehr in Ordnung ist, sobald man etwas älter gewor-

den ist? Wenn diese Drogen schließlich dem jüngeren Kind geholfen haben, sein Leben zu meistern, warum sollte es dann in späteren Jahren keine Drogen nehmen, um dieselbe Wirkung zu erzielen?

Es gibt leider noch keine soliden Untersuchungen, die belegen, dass Ritalin, die Droge der Wahl für A.D.D. Kinder, zu weiterem Drogengebrauch führt. Man sollte jedoch die Ergebnisse einiger Studien nicht missachten, die aufzeigen, dass Männer, die in ihrer Kindheit medikamentös behandelt wurden, um ihre Hyperaktivität zu senken, deutlich höhere Raten als „normale" Männer haben, was den Drogenmissbrauch betrifft.

Wir glauben, dass die medikamentöse Behandlung von sechs- bis zwölfjährigen Kindern mit Beruhigungsmitteln einer der wichtigsten Faktoren ist, die zu Drogenmissbrauch und Süchten bei Teenagern und Jugendlichen führen.

3. Wenn Kindern nicht erlaubt wird, etwas auf eigene Weise machen zu dürfen, oder wenn sie nicht dazu ermutigt werden. Vielleicht greift die Mutter stets ein, erledigt vieles für die Kinder und erstickt sie so mit ihrer Überfürsorglichkeit. Kinder müssen lernen, wie man etwas auf eigene Weise selbst macht. Vielleicht will die Mutter diese Dinge für ihre Kinder nur tun, um ihnen ihre Liebe zu zeigen. Oder sie tut mehr als nötig, um sie für den fehlenden Vater zu entschädigen. Was immer der Grund dafür ist, es wird sich negativ auf ihre Entwicklung auswirken und sie daran hindern, im Leben sicher zu werden. Sie bleiben von der Mutter abhängig, obwohl sie lernen sollten, wie man selbst Probleme löst und Dinge selbständig erledigt. Sie werden trainiert, abhängig zu bleiben, und lernen nicht, ihre eigenen Fähigkeiten und Talente zu entwickeln, um als Erwachsene bestehen zu können. Wenn Kinder mit solchen Defiziten in die Pubertät gehen, wird es eine sehr stürmische Zeit für sie werden. Da sie sich jetzt besonders minderwertig und unzulänglich fühlen, brauchen sie etwas, von dem sie abhängig sind, um es in dieser Welt zu schaffen. Wenn Kindern auf früheren Entwicklungsstufen nicht beigebracht wurde, selbständig zu denken und zu handeln, wurden sie darauf vorbereitet, in der Abhängigkeit zu bleiben, anstatt unabhängig zu werden. Wenn sie in die Pubertät kommen, sind sie nicht ausreichend darauf vorbereitet, sich den Herausforderungen auf der Grundlage selbst entwickelter Fähigkeiten und Talente zu

stellen. Sie fangen an, sich minderwertig und hilflos zu fühlen, weil sie nicht in der Lage sind, ohne fremde Hilfe zu denken. Sie haben nicht das geringste Vertrauen in ihre Fähigkeit, Probleme zu lösen oder mit schwierigen Situationen umzugehen. Sie würden das natürlich niemals zugeben. Denn sie sind ja jetzt „erwachsen". Sie sind viel zu stolz, um eine solche Schwäche zuzugeben. Dieser Stolz unterstützt sie aber dabei, sich letztendlich selbst zu zerstören. Denn das ist das eigentliche Ziel aller Süchte – den Menschen zu zerstören.

Eine Sache sollten wir noch bedenken. Das Alter von sechs bis zwölf Jahren ist eine sehr aktionsorientierte Entwicklungsstufe. Die Betonung liegt jetzt auf dem Tun, während die Gefühle mehr als auf jeder anderen Entwicklungsstufe unterdrückt werden. Wenn die Pubertät das Leben der Kinder stürmisch überfällt, kommen ihre Gefühle urplötzlich wieder nach oben und können sehr intensiv sein. Viele Kinder sind auf diesen Ansturm der Gefühle wahrscheinlich nicht vorbereitet. Sie wissen nicht, wie sie mit ihren heftigen Gefühlen umgehen sollen, insbesondere wenn Eltern nicht dafür sorgen, dass Gefühle zu Hause geäußert werden dürfen. Kinder müssen dann nach eigenen Wegen suchen, um mit dem Problem fertig zu werden. Gefühle der Unzulänglichkeit, Minderwertigkeit und Hilflosigkeit kommen zusätzlich noch hinzu und überwältigen das Kind. Wenn Kinder auf früheren Entwicklungsstufen in ihrer Abhängigkeit trainiert wurden, wird das jetzt nicht anders sein. Sie werden bei dem bleiben, was sie gelernt haben. Das heißt Kinder werden nach etwas suchen, von dem sie abhängig sein können. Nach etwas, das ihnen hilft, ihre Gefühle unter Kontrolle zu halten und an das sie sich in dieser stürmischen Lebensphase halten können. Kinder werden nach etwas suchen, das ihnen hilft, das auszuführen, was sie von sich selbst glauben. Und das heißt, dass sie zu wertlos, hilflos und unterlegen sind, um effektiv zu sein, selbst zu denken, Probleme zu lösen oder schwierige Lebenssituationen zu meistern. Wenn Vater, Mutter oder frühere Generationen suchtabhängig waren, ist es sehr wahrscheinlich, dass Kinder demselben destruktiven Muster folgen. Süchte sind ein falscher Trost. Sie verschleiern das Gefühl der Unfähigkeit, Minderwertigkeit und Hilflosigkeit und setzen das Muster fort, von etwas oder jemand außerhalb von einem selbst abhängig zu sein. Schließlich werden Kinder das ausführen, was sie im tiefsten Herzen über sich denken und sich selbst zerstören.

Noch eine abschließende Bemerkung: Wenn Kinder im Laufe ihrer Entwicklung verletzt werden, wird das in den meisten Fällen dazu führen, dass sie im späteren Leben von Problemen gequält werden, die einen Bezug zum Zeitpunkt und zur Schwere ihrer Verletzung haben.[14,15]

Gebet um Befreiung

Die folgende Geschichte ist ein anschauliches Beispiel dafür, welche Macht Eltern haben, indem sie für ihre Kinder beten. Eltern dürfen Jesus darum bitten, dass er ihre Kinder heilt, so wie Jairus das für seine Tochter getan hat. Und er wird auf ihre Bitten antworten. Diese Geschichte ist das Zeugnis einer Mutter, die sich auf ihre Autorität berufen und die Macht des Gebetes erfahren hat.

Daniel

„Unser Sohn Daniel hatte große Probleme in der Schule, seine Lernfähigkeit war eingeschränkt, er hatte keine Freunde und so weiter – eben die typischen Symptome eines Aufmerksamkeitsmangelsyndroms. Das Schlimmste für uns war, dass er lieber sterben als zur Schule gehen oder seine Hausaufgaben machen wollte. Er war sehr deprimiert und manchmal auch aggressiv gegenüber anderen. Wir baten den Herrn, uns die Wurzeln für diese Dinge zu zeigen. Jesus erinnerte mich an die Zeit, als ich mit Daniel schwanger war. Daniel wurde nur 15 Monate nach der Geburt unserer zweiten Tochter geboren. Ich musste jede Nacht aufstehen, um nach seiner kleinen Schwester zu sehen, die jedes Mal laut schrie, wenn sie aufwachte. Das geschah meist eine halbe Stunde, nachdem ich selbst eingeschlafen war. Ich versuchte alles Mögliche, um unsere kleine Tochter zum Durchschlafen zu bewegen, aber es half nichts. Die Zeit der Schwangerschaft mit Daniel war also sehr anstrengend für mich. Ich wollte es zwar nicht zugeben, aber ich fühlte mich überlastet und war im Stress. Nach Daniels Geburt verblutete ich beinahe. Daniel kam für sieben Tage in den Brutkasten, weil sein Bilirubinspiegel viel zu hoch war.

Wir beteten mit Daniel und brachten diese Dinge vor Gott. Dabei hatte Daniel zwei Bilder. In dem einen lag er allein in seinem Bettchen in einem dunklen Zimmer und niemand kam zu ihm. In dem

anderen spazierte er über die neu angelegten Beete in unserem Garten, wofür er von seinem Vater hart bestraft wurde. Der Heilige Geist zeigte uns, dass Daniel genauso belastet und gestresst war wie ich, als ich mit ihm schwanger war. Wir beteten mit Daniel bezüglich dieser vorgeburtlichen Belastungen, denen er ausgesetzt war. Wir mussten die Fesseln und Bindungen brechen, zu denen sie in seinem Leben geführt hatten. Wir baten Jesus, mit Daniel in die Zeit vor seiner Geburt zurückzugehen und seine Verletzungen zu heilen, ebenso wie die Verletzungen, die er davongetragen hatte, als er für seinen Spaziergang über die Blumenbeete bestraft wurde. Daniel erfuhr, wie Jesus in diesen beiden Erinnerungen zu ihm kam und ihn tröstete.
Er spürte, wie er von Jesus in jenem dunklen Raum in die Arme genommen wurde und wie alle Spannung, Angst und Belastung von ihm wichen. Er fühlte sich sicher, ruhig und im Frieden. Einige Minuten später erinnerte er sich an die Gartenszene. Jesus kam zu ihm, beugte sich zu ihm herunter und sagte, dass er keine Angst habe müsse. Es sei ganz in Ordnung, im Garten herumzuspazieren, er dürfe nur nicht auf die Blumen treten. Danach führte Jesus Daniel durch den Garten und zeigte ihm, wie man es macht, dass die Pflanzen dabei nicht zu Schaden kommen. Daniel spürte, wie er dabei immer sicherer wurde und Frieden bekam. Er berichtete uns dann, dass alle Angst und Furcht aus seinem Herzen fort seien. Das war eine sehr dramatische Gebetszeit für Daniel.
Am nächsten Morgen, bevor er zur Schule ging, sagte ich zu Daniel, dass er sich jetzt besser konzentrieren und denken könne, weil Jesus ihn geheilt hat. Nach der Schule kam Daniel aber sehr frustriert zurück. Er sagte, dass es in der Schule überhaupt nicht besser gewesen sei. Er hatte wieder versagt und Jesus hätte ihn gar nicht geheilt. Wir erklärten ihm, dass der Widersacher keine Freude an seiner Heilung hat und Daniel Lügen erzählt, damit er nicht an seine Heilung glaubt. Wir sagten ihm, dass er seine Heilung annehmen und dem Widersacher sagen muss, ihn in Ruhe zu lassen. Er hätte kein Recht mehr, ihn zu belästigen. Einige Tage gingen vorbei, bis Daniel voller Freude nach Hause kam. Er erzählte uns, dass er in der Schule eine sehr schwere Aufgabe zu lösen hatte. Er wollte schon aufgeben, aber dann beschloss er, Jesus zu bitten, ihm dabei zu helfen. Er betete auch darum, dass ihn der Teufel in Ruhe lässt. Plötzlich fand er dieses Problem gar nicht mehr schwer. Das war ein Schlüsselerlebnis für Daniel. Seine Noten wurden zunehmend besser. Auch seine Handschrift ver-

besserte sich. Daniels Heilung hat bis zum heutigen Tag angehalten. Er hat auch gelernt, seine Lehrer und Mitschüler zu segnen, und damit sehr gute Erfahrungen gemacht. Auch wenn er hin und wieder eine schlechte Note nach Hause bringt, kann ihn das nicht mehr so wie früher entmutigen. Daniel hat sein Lächeln wieder gefunden. Wir sind glücklich, wenn wir an das denken, was Jesus für Daniel getan hat. Und wir freuen uns auf alles, was er in unserer Familie noch tun wird, wenn wir ihn um Heilung bitten."

Wir alle können erfahren, dass unsere Kinder geheilt werden. Wir müssen nur zu Gott kommen und ihn bitten, uns die Wurzeln der Probleme zu zeigen und unsere Kinder zu berühren.

Zusammenfassung und Schluss

Das ist, wie gesagt, eine Zeit, in der Kinder durch Experimente entdecken, welche physischen, intellektuellen, emotionalen und sozialen Fähigkeiten sie haben. Es ist eine Zeit, um auszuprobieren, wie man Dinge auf unterschiedliche Weise angehen kann. Und es ist definitiv eine Zeit, in der Kinder auch Fehler machen dürfen, um herauszufinden, was funktioniert und was nicht, was angemessen ist und was nicht.

Im Folgenden wollen wir die vergangenen sechs Entwicklungsstufen kurz zusammenfassen:

1. Auf der ersten Entwicklungsstufe, im Mutterleib, wird sich das Kind bewusst, dass es lebt.
2. Auf der zweiten Entwicklungsstufe, von der Geburt bis zu sechs Monaten, wird das Wesen des Kindes geformt.
3. Auf der dritten Entwicklungsstufe, im Alter von sechs bis achtzehn Monaten, entdeckt das Kind die Welt.
4. Auf der vierten Entwicklungsstufe, im Alter von zwei Jahren, testet das Kind sein Denken und seine Grenzen aus.
5. Auf der fünften Entwicklungsstufe, im Alter von drei bis fünf Jahren, bildet sich die Identität des Kindes heraus.
6. Auf der sechsten Entwicklungsstufe, im Alter von sechs bis zwölf Jahren, aktualisiert das Kind seine Informationen und stimmt seine Werte und Fähigkeiten aufeinander ab. Die Methoden, Werte und Moralvorstellungen, die das Kind jetzt

in sich aufnimmt, werden zu wichtigen Bausteinen seiner Persönlichkeit.

Eine gesunde, richtige Erziehung zeichnet sich dadurch aus, dass das Kind gelehrt wird, die Konsequenzen für sein Tun zu übernehmen, für angemessenes wie für unangemessenes Verhalten. Argumentieren und Diskutieren von Werten und Regeln sind erlaubt. Die Eltern hören dem Kind zu, wenn es erklärt, warum es sich auf eine bestimmte Weise verhält. Sie nehmen Anteil am Trainieren seiner Fähigkeiten und bringen ihm bei, wie man Prioritäten setzt und Dinge zu Ende führt.

Eine ungesunde, falsche Erziehung hat folgende Kennzeichen: starre Regeln und Werte oder fehlende Regeln und Werte. Es gibt keine Strukturen, nach denen man Regeln auf vernünftige Weise hinterfragen darf. Altersgemäßes Verhalten wird auf extreme Weise bestraft. Oder Eltern treten in Konkurrenz zu ihren Kindern, was zur Folge hat, dass sie die Lernfähigkeit ihrer Kinder dominieren.

Kindliche Probleme:
In diesem Alter zeigen sich Probleme, wenn Kinder

- mit starren Regeln und Werten konfrontiert werden
- Schwierigkeiten haben, bestimmte Aufgaben vorrangig zu behandeln
- „gerechten Zorn“ zum Ausdruck bringen
- passiv-aggressiv in ihrem Verhalten sind
- von den Eltern übermäßig stark abhängig sind.

Schlussbemerkung

Wir möchten unsere Leser noch einmal an Folgendes erinnern: Wenn ein Kind auf dieser Entwicklungsstufe Probleme erkennen lässt, sollten Eltern für das Kind beten. Wenn diese Probleme andauern, möchten wir auf die Schlussbemerkung am Ende von Kapitel 3 verweisen. Dort wird erklärt, welche möglichen Gründe es dafür geben kann und wie man damit umgeht. Wenn wir für Kinder oder auch Erwachsene beten, bitten wir den Herrn immer, uns den „kleinsten gemeinsamen Nenner“ bzw. die

„Wurzeln" ihrer Probleme zu zeigen. Auch Mathematiker wissen diesen mathematischen Grundsatz zu nutzen, um Probleme zu lösen.

Literaturhinweise Kapitel 7:

1 Joseph Stone und Joseph Church, „Childhood and Adolescence", 5. Aufl., Random House, New York 1984, S. 419–495
2 Thomas Armstrong „The Myth of the A.D.D. Child", Penguin Group 1995, S. 13
3 ebd., S. 13
4 ebd., S. 13
5 ebd., S. 153
6 Barrie Thorn „Gender Play: Girls and Boys in School" Rutgers University Press 1993, S. 70–72.92
7 Webster's New World Dictionary, 2. Aufl., Simon & Schuster 1980
8 New King James Version, Studienanmerkung, S. 1199–1200
9 ebd., S. 1200
10 Nancy R. Gibbs „Bringing Up Father", Time, 28. Juni 1993
11 D. Blankenhorn „Fatherless America: Confronting Our Most Urgent Social Problem", New York, Basic Books
12 Paul Roberts „Father's Time", Psychology Today, Mai/Juni 1996
13 Ronald P. Rohner „Father Love & Child Development: History & Current Evidence", Current Directions In Psychological Science, Oktober 1998
14 Sharon Begley „How to Build a Baby's Brain", Newsweek, Frühling/Sommer 1997, S. 28–32
15 Frank & Catherine Fabiano „Mut zur Reife", Gerth Medien, Asslar 1999

KAPITEL 8

Das Herz von Teenagern erreichen

„Wie kann ein junger Mensch sein Leben meistern?
Indem er tut, was du gesagt hast, Herr. Von Herzen frage ich nach deinem Willen; bewahre mich davor, ihn zu verfehlen. Was du gesagt hast, präge ich mir ein, weil ich vor dir nicht schuldig werden will.“ *(Ps 119,9–11)*

Sind die Teenagerjahre ein großes Abenteuer oder stellen sie uns wie Hiob auf die Probe? Das hängt davon ab, wie wir sie betrachten. Aus welcher Perspektive betrachten wir Teenager und was denken wir von ihnen? Es besteht kein Zweifel, dass die Teenagerjahre eine äußerst dynamische Phase im Entwicklungsprozess sind. Sie sind sicherlich nicht leicht zu überstehen. Aber wenn wir wissen, was auf dieser Entwicklungsstufe „normal“ ist, können alle, die mit Jugendlichen zu tun haben, ein wenig aufatmen. Wir können diese Jahre mit unseren Kindern sogar genießen und sie mit weniger grauen Haaren überstehen!

Typische Geschichte eines Teenagers:

Lange bevor Todd auftauchte, konnten wir ihn schon hören. Er schien auszuprobieren, welche Geräusche sein Mund von sich geben kann. Als er dreizehn war, war er Meister darin, einfach nur so herumzuhängen. Er ließ sich aufs Sofa plumpsen, um seiner Lieblingsbeschäftigung nachzugehen – alle Fernsehkanäle durchzuzappen. Er liebte es, seine Zeit vor der „Glotze“ zu verbringen. Das Leben war so langweilig, es gab einfach nichts zu tun. Wurde ihm aber Gelegenheit geboten, sich im Haus nützlich zu machen, verfiel er in einen totalen Erschöpfungszustand. Es gab nur eines, das ihn zu einer Reaktion bewegen konnte: Seine Freunde brauchten nur an der Haustür zu klingeln, und schon war wieder Leben in ihm. Er überschlug sich plötzlich vor Energie, stürmte hinaus und ließ die Tür hinter sich zuknallen.

Was ist nur mit diesem einst verhältnismäßig verantwortlichen Kind passiert, auf das man sich noch bis vor wenigen Monaten verlassen konnte, wenn ihm etwas aufgetragen wurde? Was haben wir als Eltern falsch gemacht, wo haben wir versagt?

Jedem, der einen Teenager hat, wird dieses Grübeln und Nachforschen in der eigenen Seele bekannt sein. Die Wahrheit ist: Wir haben nicht versagt. Der junge Teenager hat einfach damit begonnen, seine frühere Entwicklung aufzuarbeiten, um all das nachzuholen, was damals nicht zu Ende gebracht wurde. Gott gibt uns Eltern in seiner großen Weisheit eine zweite Chance. Etwa im Alter von zwölf Jahren, bei Mädchen manchmal schon früher, fangen Teenager an, auf frühere Entwicklungsstufen zurückzugehen, um zu klären, was in früheren Jahren unvollendet geblieben ist. So werden alle Fehler, die wir als Eltern gemacht haben, wieder auf den Tisch gebracht und schreien nach einer Lösung. Eltern machen sich oft Sorgen darüber, weil sie in den ersten Lebensmonaten Fehler begangen haben. Nun, da können wir Sie beruhigen. Denn wir wissen sowohl aus persönlicher Erfahrung als auch aus unserer fünfzehnjährigen Arbeit mit Teenagern: Wenn es etwas gibt, das wir falsch gemacht haben, werden wir das in allen Details von unseren Kindern zu hören bekommen. Denn sie sind überglücklich, uns über jeden Fehler genauestens zu informieren, den wir je gemacht haben. Sollten Sie aber nichts davon hören, dann war es vermutlich nicht so wichtig. Nur ruhig Blut, Sie werden an alles erinnert werden!

Weiterhin ist es wichtig zu wissen, dass Entwicklungsstufen keine starren Grenzen haben. Es gibt einen gewissen Spielraum, denn das psychologische Alter stimmt nicht immer mit dem chronologischen Alter überein. Das heißt einige kommen schon mit elf oder zwölf in die Pubertät, während andere damit warten, bis sie vierzehn sind. Wieder andere verhalten sich mit dreizehn genau so, wie in Lehrbüchern beschrieben wird. Die Entwicklung schreitet voran, aber nach einem individuellen Tempo. Das führt uns zum nächsten wichtigen Punkt. Das Verhalten junger Teenager kann beunruhigend sein, wenn man nicht weiß, was geschieht und wie man das unlogische Verhalten, das sie an den Tag legen, richtig interpretieren soll.

Neuere Untersuchungen über das Gehirn von Teenagern

Diese neueren Informationen können uns helfen, das Verhalten von Teenagern besser zu verstehen. Die Erkenntnisse kamen vor einigen Jahren ans Licht, als ein Team von Neurologen beschloss, das Gehirn von Teenagern zu erforschen. Dank unserer gegenwärtigen technischen Fortschritte war es möglich, solche Untersuchungen zu machen. Man benutzte dazu die Technologie der magnetischen Resonanz-Spektroskopie. Ihre Ergebnisse waren geradezu revolutionär. Denn man hatte jahrzehntelang angenommen, dass das menschliche Gehirn mit acht bis zwölf Jahren voll ausgereift ist.[1] Ein Ergebnis dieser Untersuchung war, dass man diese Annahme radikal revidieren musste.

Es hat den Anschein, dass das menschliche Gehirn tatsächlich einen weiteren Wachstumsschub durchmacht, der im Alter von zehn Jahren beginnt und bis etwa zwanzig andauert. Solange dieser Wachstumsschub nicht bekannt war, hat man das merkwürdige und manchmal bizarre Verhalten von Teenagern ihren aus den Fugen geratenen Hormonen und ihrer Neigung zur Auflehnung zugeschrieben. Nun scheint es aber, dass eine andere Kraft am Werk ist, und wir bekommen ein besseres Verständnis davon, was wirklich geschieht.

Lassen Sie uns die spezifischen Ergebnisse dieser Untersuchung und ihre Auswirkungen auf Teenager betrachten. Nach Jay Giedd vom „National Institute of Mental Health", USA, wachsen die Nerven, welche die rechte Hälfte des Gehirns mit der linken verbinden, bis zum Alter von etwa zwanzig Jahren weiter.[2] Dieser Teil des Gehirns ist zuständig für Intelligenz, Bewusstsein und Selbsterkenntnis.

Eine andere Untersuchung von Elizabeth Sowell vom Neurologischen Labor der Universität von Los Angeles, Kalifornien, verglich das Gehirn von Sechs- bis Zwölfjährigen mit dem von Zwanzigjährigen. Dabei stellte sich heraus, dass sich die Frontallappen des Gehirns zwischen Pubertät und jungem Erwachsenenalter am stärksten verändern. Was bedeutet das? Nun, die Frontallappen sind zuständig für die so genannten „exekutiven Funktionen" unseres Gehirns. Ihre Funktionen betreffen Selbstkontrolle, Urteilsfähigkeit, Regulierung von Emotionen, Organisation und Planung.[3]

Lassen Sie mich das an einem Beispiel veranschaulichen. Sind Sie je auf eine Umleitung gestoßen, als Sie mit dem Auto unterwegs waren? Sie folgten dem Labyrinth der Straßen so lange, bis Sie sich endgültig verfahren hatten. Sie hatten keine Ahnung mehr, in welche Richtung es gehen sollte.

Teenager durchlaufen einen ähnlichen Prozess, wenn eine Information auf den Teil ihres Gehirns trifft, der noch in Entwicklung ist. Wenn sie zum Beispiel dazu aufgefordert werden, den Müll hinauszubringen, trifft diese Information in ihrem Gehirn so lange auf „Umleitung ... Umleitung ... Umleitung“, bis sie alles vergessen haben. Daran ist zu erkennen, dass uns die Kinder mit ihrem Verhalten gar nicht zum Wahnsinn treiben wollen – ihr Gehirn funktioniert zurzeit einfach nicht so gut!

Wenn Sie ein Teenager oder Vater/Mutter eines Teenagers sind oder sich einfach nur an Ihre eigene Teenagerzeit erinnern, werden Sie diese Untersuchung als wohltuend empfinden, sobald Sie verstanden haben, was wirklich abläuft. Ausgestattet mit diesem Verständnis werden wir unsere Kinder nicht mehr so leicht missverstehen, wenn ihr Denken versagt oder ihr Gehirn auf eine „Umleitung“ stößt.

Eine weitere wunderbare Hoffnung, die mit dieser neuen Information verbunden ist, hat damit zu tun, dass der Teenager eine zweite Chance bekommt, Neuronenverbindungen herzustellen, die er als Kleinkind nicht geknüpft hat. Kleinkinder sind darauf angewiesen, von ihren Eltern eine stimulierende Umgebung angeboten zu bekommen. Sie haben keinerlei Einfluss auf deren Qualität oder Umfang. Da Teenager aber viel autonomer sind, können sie auf die Entwicklung ihres Gehirns selbst Einfluss nehmen. Die Qualität und der Umfang ihrer Aktivitäten werden das Gehirn veranlassen, neue Verbindungen herzustellen und so für die nötigen Schaltkreise zu sorgen, damit sie im Erwachsenenleben effektiv funktionieren.

Das Gehirn vergrößert in dieser zweiten Wachstumsphase zwischen zehn und zwanzig tatsächlich seine Masse, nachdem alles weggeschafft ist, das nicht mehr nötig ist. Das alte Sprichwort: „Was man nicht nutzt, geht verloren“, gewinnt damit eine neue Bedeutung.

Betrachten wir als Nächstes, wie diese Entwicklungsstufe aus der Sicht junger Teenager aussieht:

Hurra, ich habe es geschafft: Ich bin jetzt ein Teenager! Ich war die ganze Zeit über so sicher, dass es absolut cool sein wird. Aber jetzt muss ich erkennen, dass es gar nicht so einfach ist. Ich weiß, dass ich äußerlich bereits wie ein Erwachsener aussehe, aber die Wahrheit ist, dass ich mich innerlich noch ganz wie ein Kind fühle. In dieser Übergangsphase zwischen Kindheit und Erwachsenenalter fühle ich mich zu Beginn noch mehr wie ein Kind. Ich versuche zwar cool zu sein und zu wirken, aber in Wahrheit erlebe ich in meinem Inneren wahre Vulkanausbrüche. Meine Gefühle tauchen plötzlich wieder auf, ich muss Rückstände von früheren Entwicklungsstufen aufholen, meine Hormone spielen verrückt, mein Gehirn scheint auszusetzen, mein Körper verändert sich und ich fühle mich plump und hässlich. Ich muss mich ganz schön zusammenreißen, damit ich von meinen Freunden akzeptiert werde, und dabei habe ich mehr Verantwortung als je zuvor. Ich muss denken, meine Probleme lösen und lernen, mit meinem Ärger zurechtzukommen. Und mein Gesicht ist voller Pickel! Ach, was für ein Stress!
Gleichzeitig habe ich dieses seltsame Bedürfnis danach, dass sich jemand um mich kümmert. He, Mama, erinnerst du dich noch an die gute alte Zeit unserer Symbiose, als ich nur schlafen, essen und spielen durfte, während du die ganze Arbeit gemacht hast? Lass uns wieder dahin zurückkehren! Ich möchte, dass du dich um mich kümmerst, aber ich will trotzdem nicht wie ein Baby behandelt werden. Ich brauche immer noch Zuneigung, aber ich weiß nicht, wie ich darum bitten soll. Ich brauche jetzt wirklich Bestätigung. Ich sehe sofort jeden einzelnen meiner Fehler, den ich mache, und kann kaum etwas Gutes an mir finden. Ich weiß, dass es manchmal so aussieht, als ob ich verantwortungslos wäre, aber das ist nicht so. Ich vergesse einfach nur manche Dinge, kann sein, dass mein Verstand aussetzt oder etwas Ähnliches. Ich gebe auch zu: Ich habe keine Lust, Aufgaben zu erledigen oder zu arbeiten. Es fällt mir schwer, mit diesen Dingen klarzukommen. Ich habe Mühe, meine Zeit einzuteilen und Prioritäten zu setzen, besonders wenn mein Verstand auszusetzen scheint ... darum brauche ich deine Hilfe, um mein Leben wieder in Ordnung zu bringen. Ich habe offensichtlich keine Mühe, mir wichtige gesellschaftliche Ereignisse zu merken oder mich mit meinen Freunden zu treffen, das klappt gut. Ich bin neugierig, was Sex betrifft, und ich habe eine Menge Fragen dazu. Ich wünsche mir, dass ihr, meine Eltern, die Diskussion darüber eröffnet. Ich brauche es, dass

ihr ganz natürlich mit mir darüber redet ... ihr wisst schon, ohne religiös oder nervös oder verschämt zu sein. Ich brauche es, dass ihr ganz offen seid und mir alles sagt, was ihr über Sex wisst und was ihr wirklich darüber denkt. Aber ich werde euch niemals danach fragen, wenn nicht ihr damit anfangt.
Stimulierung der Sinne ist jetzt sehr wichtig für mich. Ich liebe es, meine Musik auf volle Lautstärke aufzudrehen, um zu spüren, wie mein Körper pulsiert. Nein, nein, ich bin nicht taub!! Kann sein, dass ich mit Mitteln experimentiere, die meine Sinne anregen, oder andere stimmungsaufhellende Dinge wie Drogen oder Alkohol ausprobiere, nur um Erfahrungen damit zu sammeln.
Darum brauche ich jetzt zu meinem eigenen Schutz Grenzen. Kann sein, dass ich tobe, wenn du mir eine Ausgangssperre verhängst oder überprüfst, wo ich mich aufhalte, oder mich nicht überall hingehen lässt, wohin ich will. Aber das heißt nicht, dass du mir nachgeben sollst. Ich verrate dir eines der am besten gehütetsten Geheimnisse unter Teenagern: Was wir Teenager jetzt wirklich brauchen, sind liebevolle und starke Eltern, die bereit sind, uns zu unserem eigenen Schutz Grenzen zu setzen. Ich bin dafür dankbar, auch wenn ich mich darüber beschwere oder mit euch kämpfe. Aber das würde ich niemals zugeben, bevor ich etwa 25 bin!

Wir wollen jetzt den Entwicklungsprozess ein wenig genauer untersuchen, um Teenager auf dieser Stufe besser verstehen zu lernen.

Entwicklungsbedingte Bedürfnisse eines Teenagers im Alter von elf bis dreizehn Jahren

Wenn wir die Bedürfnisse eines Teenagers erforschen, werden wir jede Stufe einzeln betrachten, die Kinder in dieser Übergangsphase ihrer Entwicklung durchgehen. Teenagerjahre sind eine Brücke zwischen Kindheit und Erwachsenenleben. Zu Beginn dieser Zeit können sich Teens eher wie Kinder als wie Erwachsene verhalten. Denn sie fühlen sich innerlich noch mehr wie ein Kind. Manche Teenager werden körperlich früh reif, aber die psychologische Reife ist etwas ganz anderes. Einer der größten Fehler, den Eltern auf dieser Stufe machen können, liegt in der Annahme, dass das Kind innerlich genauso reif ist, wie es äußerlich den Anschein hat. Teenager sind noch keine Erwachsenen! Wenn wir genau hinhören, werden wir das schnell bestätigt finden. Denn Teenager denken, reden und überlegen anders als Erwachsene. Das wird auch in der Bibel bestätigt:

> „Einst, als ich noch ein Kind war, da redete ich wie ein Kind, ich fühlte und dachte wie ein Kind.
> Als ich dann aber erwachsen war, habe ich die kindlichen Vorstellungen abgelegt." *(1 Kor 13,11)*

Der junge Teenager braucht Grenzen und Verbote, um geschützt zu sein. Wenn er zu früh zu viel Freiheit oder zu viel Verantwortung für sein Leben bekommt, kann er schnell falsche Entscheidungen treffen, die lang andauernde nachteilige Auswirkungen haben können.

Aufarbeitung der Zeit von der Geburt bis zu achtzehn Monaten
Im Alter von zwölf bis dreizehn Jahren arbeiten die Kinder die Entwicklungsphase von der Geburt bis zu 18 Monaten auf. Kinder, die sich stets verantwortlich und ordentlich aufgeführt haben, können jetzt ernsthaft zurückfallen. Sie scheinen in ihrer Reife nicht nach vorne, sondern rückwärts zu gehen, was Eltern wirklich beunruhigen kann. Aber die Wahrheit heißt: Das ist ganz normal. Denken Sie einen Augenblick nach: Was macht ein Baby den ganzen lieben Tag lang? Es isst, schläft, weint und spielt. Was würden Teenager am liebsten tun? Essen, schlafen, weinen (jammern, maulen) und spielen. Das ist ein Hinweis darauf, wo sie sich in der Aufarbeitung ihres Entwicklungsprozesses gerade befinden.

Gefühle sind wieder an der Tagesordnung
Nachdem Gefühle und Emotionen sechs Jahre mehr oder weniger auf Eis gelegt waren, fangen sie jetzt wieder an, an die Oberfläche zu kommen. Das wird noch zusätzlich verkompliziert durch den Umstand, dass das Gehirn des Teenagers mit der Regelung seiner Emotionen nicht gut klarkommt. Gefühle können von einem Extrem ins andere umschlagen, es gibt Hochs und Tiefs, und die Reaktionen junger Teenager sind völlig unberechenbar. Diese emotionalen Schwankungen sind weder für den Teenager noch für seine Umgebung leicht zu verkraften. Sie sind aber Teil eines natürlichen Entwicklungsprozesses, der auf dieser Stufe notwendig ist.

Ein weiterer Faktor, der alles noch schlimmer macht, wenn die Emotionen erwachen, ist der Aufarbeitungsprozess. Wenn es am Anfang der Kindheit schmerzliche Erfahrungen oder Verletzungen gegeben hat, die nicht gelöst wurden, wird auch dieser Schmerz wieder auftauchen und nach einer Lösung schreien. Das ist einer der tieferen Gründe, warum es Kinder und Jugendliche zur Sucht treibt. Wenn Teenager mit ihrem Schmerz wieder in Berührung kommen, greifen sie manchmal zu Drogen oder zu Alkohol, um ihn besser ertragen zu können, insbesondere wenn es keine Möglichkeiten für sie gibt, den Schmerz aufzuarbeiten und sich davon zu befreien. Sorgen Sie also schon vor der Pubertät für klare und präzise Informationen über Drogen und andere schädliche Substanzen, wenn die Kinder dafür bereit sind. Oder sogar noch früher, wenn Kinder diesen Gefahren in der Stadt, in der sie leben, besonders ausgesetzt sind. Erziehung kann eine Form von Prävention sein. Sie verhindert zumindest, dass Kinder aus Unwissenheit falsche Entscheidungen treffen. Sie sind sich dann bewusst, was sie riskieren. Das ist zwar keine vollkommene Garantie für ihren Schutz, aber es ist ein weiterer positiver Einfluss, den der Heilige Geist benutzen kann, um im Herzen und im Verstand unserer Kinder zu wirken.

Hier sei auch noch einmal auf die Problematik des Einsatzes von Psychopharmaka bei Kindern hingewiesen. Eine überaus ernste Frage steht im Raum: Werden Kinder damit konditioniert, zu glauben, dass sie Drogen brauchen, um mit ihrem Leben besser zurechtzukommen? Werden sie anfälliger dafür, sich selbst „Medikamente zu verordnen“, wenn sie sich unsicher fühlen und der Schmerz in ihnen hochsteigt?[4]

Denn die Wurzel für Drogenabhängigkeit ist der Schmerz. Wenn wir an den Schmerz in Teenagern herankommen und sie im Heilungsgebet davon freisetzen, werden sie auch in der Lage sein, mit der Sucht zu brechen.

Das endgültige Brechen der Symbiose

Kinder dieses Alters wollen, dass sich Mama wieder um sie kümmert. Vorsicht! Unsere Aufgabe ist es, zu verhindern, dass diese unsichtbare Nabelschnur wieder aktiviert wird. Denken Sie daran, dass die Nabelschnur, als sie zum ersten Mal durchtrennt wurde, nur ein paar Zentimeter dick war, aber ... sie ist mit den Kindern mitgewachsen. Sie ist jetzt so dick wie ein Staubsaugerschlauch. Wenn sie den bei uns anschließen, werden sie den letzten Lebensnerv aus uns heraussaugen! Kinder müssen im Laufe der Jahre immer unabhängiger und selbständiger werden. Darum ist es unsere Aufgabe als Eltern, ihrem Wunsch nach Abhängigkeit zu widerstehen und die Symbiose ein für alle Mal zu beenden.

Der Schlachtplatz, auf dem das stattfindet, ist ein ganz besonderer Raum in unserem Haus. Wer einen Teenager im Haus hat, weiß, wovon wir reden. Es ist sein Schlafzimmer ... sein eigener Raum. Das Kind nennt es sein Zimmer! Die Unordnung darin kann von leicht schmutzig bis zu dem Zustand reichen, der aussieht, als hätte eine Bombe eingeschlagen. Die gute Nachricht heißt: Das ist normal. Denken Sie an ein sechs- bis achtzehn Monate altes Baby. Es sitzt in seinem Hochstuhl und verursacht ein Riesenchaos, es verteilt das Essen gleichmäßig auf der Ablage, schmiert es ins Gesicht und in die Haare. Kleine Kinder machen eine kleine Unordnung und größere Kinder machen eben eine größere Unordnung. Sie breitet sich jetzt über das ganze Zimmer aus, über „ihr“ Zimmer. Sie scheinen es zu lieben, wenn der Boden mit schmutziger Kleidung bedeckt ist. Auf jedem Fleckchen des Bodens türmen sich wahllos Berge von Papieren und Büchern auf. Das Bett ist nicht gemacht, es wird sozusagen dauergelüftet. Obwohl es nicht erlaubt ist, im Schlafzimmer zu essen, ist irgendwie doch ein Stück Pizza unter dem Bett verloren gegangen und gammelt dort vor sich hin.

Mama bekommt es auf dieser Stufe mit der Angst zu tun. Was ist, wenn meine Kinder immer noch wie Schweine hausen, wenn sie einmal erwachsen sind, heiraten und ihre Freunde einladen? Was werden sie dann von mir denken? Sie kann beinahe hören, wie man dann sagt: „Was für eine Mutter musst du bloß gehabt haben?“ Vorsicht, Mama, in diesem Raum gibt es eine unsichtbare Nabelschnur, und wenn du dieses Zimmer weiterhin aufräumst, wird sie dich erwischen! Und das, was du am meisten fürchtest, wird eintreten: Der Teenager wird abhängig bleiben und niemals lernen, wie man sein Zimmer in Ordnung hält, es sei denn, andere werden es für ihn tun, auch dann noch, wenn er erwachsen ist. Wir hatten in unserem Haus die Regel, dass einmal in der Woche auch das Zimmer unserer eigenen Teenager aufgeräumt werden musste. Es gibt sicherlich keine verbindliche Regel dafür, wie oft ein Zimmer aufgeräumt werden muss. Die Kinder brauchen es, dass ihr Zimmer eine Zeit lang unordentlich bleiben darf, damit sie den Prozess der kreativen Erforschung ihrer Umwelt aufarbeiten können. Erwarten Sie also nicht, dass sie jeden Tag aufräumen. Wenn Sie den Drang dazu haben, sollten Sie sich vielleicht von Ihrem Perfektionismus lossagen. Kinder müssen lernen, dass ihr Zimmer regelmäßig in Ordnung gebracht werden muss, damit sie lernen, wie man es macht. Als wir unseren Kindern sagten, sie sollten ihr Zimmer ordentlich aufräumen, mussten wir bald feststellen, dass sie vergessen hatten, was „ordentlich" ist. Die beste Strategie liegt darin, den Kindern schon in der Latenzzeit zwischen sechs und zwölf Jahren zu zeigen, wie man aufräumt, wäscht, kocht und so weiter. Das ist die Zeit, in der sie wirklich Spaß daran haben. In der Pubertät ist es kein „Spaß" mehr für sie, aber sie wissen zumindest, wie man es macht ... und brauchen nur mehr einen kleinen Auffrischungskurs.

Todd war dabei, aus dem Haus zu stürmen, weil er bereits spät zu einer Verabredung mit seinen Freunden war. Ich stoppte ihn an der Haustür und sagte, dass er erst sein Zimmer in Ordnung bringen müsse, bevor er das Haus verließ. Er feuerte sofort alle Gründe ab, warum er das jetzt nicht machen könne. Er hatte bis zum letzten Augenblick gewartet, aber wir erwarteten den Besuch unserer Oma, also gab es keine andere Wahl. Das Zimmer musste aufgeräumt werden. Oma litt an Gedächtnisschwäche und behauptete, es habe in ihrem Haus niemals ein unordentliches Zimmer gegeben, auch dann nicht, als Frank ein Teenager war. Wir standen also unter Druck. Todd murrte und knurrte, als er wieder zu seinem Zimmer zurücktrottete. Da er unbedingt weggehen wollte, schoss er etwa fünf Minuten lang lärmend in seinem Zimmer hin und her. Dann stürzte er in großer Eile wieder zur Haustür. Ich hatte aber sein Zimmer gesehen und wusste, dass man es auf keinen Fall in fünf Minuten wieder aufräumen kann. Nach einem weiteren Versuch, laut und schnell auf mich einzureden, um dieser Aufgabe zu entgehen, marschierten wir beide in sein Zimmer zurück. Unter der Bettdecke türmte sich all das Zeug auf, das er darauf geworfen und fürsorglich zugedeckt hatte. Papiere und Abfall hatte er unters Bett gestopft, die schmutzigen Kleider waren wieder im Schrank bei seinen sauberen Sachen gelandet. Ich wagte es nicht einmal, die Schranktür zu öffnen, aber ich erspähte ein Stück Pizza, grün und blau mit Schimmel überzogen, das unter seinem Bett hervorlugte. Um eine lange Geschichte kurz zu machen: Ich gab Todd einen Minikurs im Aufräumen und machte ihn noch einmal mit dem Staubsauger, dem Schmutzwäschekorb und dem Mülleimer bekannt. Er räumte sein Zimmer schließlich doch noch auf, aber nicht ohne lauthals darüber zu jammern und zu klagen.

Es gibt eine Sache, aus der wir nie ganz schlau geworden sind. Wann immer unsere Kinder mit ihren Freunden ausgingen, waren sie stets piekfein zurechtgemacht. Wir pflegten dann abwechselnd auf sie und ihr Zimmer zu blicken und kamen nicht umhin zu sagen: „Du siehst wirklich gut aus! Aber wie hast du es bloß geschafft, so aus diesem Zimmer hervorzugehen?" Sie verdrehten daraufhin bloß die Augen und seufzten.

Das unermüdliche Mundwerk

Teenager brauchen Geduld. Sie sind jetzt auf einer Entwicklungsstufe, in der ihr Mund ständig beschäftigt ist. Mädchen kauen andauernd auf ihrem Kaugummi herum und lassen Blasen zerplatzen. Sie lieben es, unentwegt zu reden, meist mit ihren Freundinnen. Sie können stundenlang am Telefon hängen, wenn man sie lässt. Darum müssen ihnen Grenzen gesetzt werden. Wenn telefonieren zu Olympischen Spielen zugelassen wäre, hätte unsere Tochter Chris bestimmt die Goldmedaille gewonnen. Das ist die Zeit, in der Eltern ernsthaft überlegen, ob sie nicht eine zweite Leitung legen lassen sollten, damit auch sie einen wichtigen Anruf entgegennehmen können. Denn wenn Teenager nicht gerade selbst telefonieren, werden sie von einem ihrer zahlreichen Freunde angerufen. Das kann also eine wirkliche Herausforderung sein.

Jungen betätigen ebenfalls ihren Mund, aber sie neigen dazu, ihn etwas effektiver einzusetzen, nämlich zum Essen ... und Essen ... und Essen. Jede Familie mit einem männlichen Teenager muss in diesen Jahren mehr Haushaltsgeld einplanen. Ihre Lieblingsbeschäftigung in der Freizeit besteht vor allem darin, von Haus zu Haus zu gehen, die jeweilige Küche aufzusuchen und den Kühlschrank leer zu essen. Dann kommen sie zum Abendessen nach Hause, und danach geht es mit ihren Freunden zu MacDonald's.

Es passiert auch häufig, dass Teenager reden, ehe sie denken. Die Korrektur durch die Eltern ist darum sehr wichtig. Mehr darüber später.

Das Bedürfnis nach Zuneigung, Bestätigung und bedingungsloser Liebe

Teenager sind auf dieser Entwicklungsstufe sehr gehemmt und machen ihre Fehler oft größer, als sie sind. Sie könnten jederzeit aufzählen, was sie alles nicht an sich mögen, darum brauchen sie Worte der Zuneigung und Anerkennung. Sie brauchen bedingungslose Liebe und Zärtlichkeit in Form von Umarmungen oder einem wohlwollenden Schulterklopfen. Solche Dinge sind sehr wichtig für die Ausgeglichenheit des Teenagers.

Soziale Entwicklung: Freunde

Die Entwicklung von Beziehungen und die Beziehungsfähigkeit überhaupt sind in der Pubertät eine treibende Kraft und nehmen eine zentrale Stellung ein. Teenager haben keinerlei Probleme, an Ereignisse zu denken, die mit anderen zu tun haben. Sie vergessen niemals, wann und wo sie mit ihren Freunden verabredet sind. Aber sie neigen dazu, Erinnerungslücken zu haben, was ihre Hausaufgaben, Mithilfe im Haushalt oder ihre persönlichen Verpflichtungen betrifft. Bevor die jüngsten Untersuchungen über das Gehirn von Teenagern herauskamen, war dieses Verhalten für Eltern ziemlich frustrierend und verwirrend. Zum Glück wissen wir, dass dieser „jugendliche Alzheimer" (das ist eine kreative Wortschöpfung und keine wirkliche Krankheit!) nur ein vorübergehender Zustand ist, der mit dem beginnenden Erwachsensein wieder verschwindet. Das ständige Kreisen um Beziehungen ist in diesen Jahren ganz normal, was aber nicht bedeutet, dass wir Teenagern erlauben sollten, verantwortungslos zu sein. Jugendliche müssen jetzt lernen, wie ihre gesellschaftlichen Aktivitäten mit ihren Pflichten im Gleichgewicht zu halten sind. Sie müssen ihre soziale Entwicklung und ihre Beziehungsfähigkeit mit allem abstimmen, was sie auf früheren Entwicklungsstufen gelernt haben. Beratung und Hilfe durch die Eltern sind jetzt sehr wichtig, damit sie wieder Ordnung in ihr Leben bekommen. Ein weiteres Forschungsergebnis kann Eltern sehr ermutigen, denn aus jüngsten Untersuchungen über Teenager geht hervor, dass sie nicht wie bisher angenommen die Gruppe der Gleichaltrigen als die Menschen identifizieren, die den größten Einfluss auf ihr Leben haben, sondern ihre Eltern.[5] Später in diesem Kapitel werden wir noch besprechen, wie wichtig es ist, dass Eltern auf die Bedürfnisse von Teenagern reagieren.

Zeiteinteilung und Prioritätensetzung
Wie bereits gesagt: Junge Teenager quälen sich mit bestimmten Gehirnfunktionen ab, weil sich ihr Gehirn gerade „im Umbau" befindet. Darum brauchen sie Hilfe bei ihrer Zeiteinteilung und Prioritätensetzung. Sie sind keine Selbststarter, wenn es um Aufgaben oder Arbeit geht. Ihr Unvermögen, sich die Zeit selbst einzuteilen, heißt aber nicht, dass sie es nicht lernen könnten. Es bedeutet nur, dass sie mit ihrer inneren Uhr wieder in Kontakt kommen und lernen müssen, diese Dinge zu entwickeln, damit sie später als Erwachsene erfolgreich sind. Es gibt auch unter ihnen einige, die Morgenmenschen sind, und andere, die Abend- oder Nachtmenschen sind, genauso wie bei den Erwachsenen. Sie brauchen Hilfe, damit sie lernen, ihre Zeit verantwortlich einzuteilen.

Sexuelle Neugier
Der Beginn der Pubertät regt junge Teenager zu einer natürlichen Neugier über Sex und Sexualität an. Sie brauchen jetzt sowohl klare Informationen bezüglich ihrer körperlichen Veränderungen als auch ehrliche und offene Gespräche über die vielen verwirrenden sexuellen Themen unserer Tage. Staatliche Schulen fangen immer früher mit dem Sexualkundeunterricht an. Unsere Kinder müssen deshalb die biblische Sichtweise über Sexualität kennen und verstehen, warum Gott für sexuelle Beziehungen Grenzen zieht. Sie müssen wissen, dass Gott sie liebt und dass er nicht versucht, ihnen etwas vorzuenthalten. Wenn er die sexuelle Intimität auf die Ehe beschränkt, dann setzt er diese Grenzen, um uns Menschen vor tiefen emotionalen Verletzungen und einem zerbrochenen Leben zu schützen. Gott weiß, dass sexuelle Beziehungen, die außerhalb dieses schützenden Rahmens der Ehe eingegangen werden, in den allermeisten Fällen wieder zerbrechen. Da sexuelle Intimität bedeutet, dass wir *ein* Fleisch werden, erleiden wir tiefe emotionale Verletzungen und Schmerzen, wenn die Beziehung zerbricht und wir wieder auseinander gerissen werden. So als hätten wir eine Scheidung hinter uns. Jedes Mal, wenn das geschieht, tragen wir emotionale Wunden davon. Und je öfter es passiert, desto gezeichneter sind wir. Wenn wir dann die große Liebe unseres Lebens treffen, den Menschen, den Gott für uns als Ehepartner bestimmt hat, können diese Verletzungen aus vergangenen Beziehungen zu nachhaltigen Problemen führen und die wichtigste Beziehung unseres Lebens wirk-

lich beeinträchtigen. Im Abschnitt über die Erziehung werden wir besprechen, wie man Teenagern bei diesem für sie höchst interessanten Thema am besten helfen kann.

Wahre Werte austesten und annehmen
Teenager sind in ihrer Entwicklung auf der Suche. Sie suchen nach Werten, nach denen sie leben können. Es hat den Anschein, als würden sie ständig die Grenzen austesten, da sie oft gerade die Werte in Frage stellen, die in der Familie am meisten geschätzt werden. Der Grund dafür liegt aber vielleicht woanders, als Sie annehmen. Teenager wollen wissen, was Eltern, Lehrer oder sonstige wichtige Vorbilder in ihrem Leben wirklich glauben. Woran glauben wir in unserem Leben stark genug, dass es wert ist, dafür zu kämpfen? Das ist die Frage, die Teenager jetzt bewegt und auf die sie eine Antwort suchen. Sie brauchen es mehr denn je, dass sie in unserem Leben eine wahre Hingabe an die Werte sehen, für die wir eintreten. Sie müssen sehen, dass wir leben, was wir sagen. Und sie müssen wissen, dass wir auch ihnen auf die Zehen treten, wenn sie Grenzen überschreiten und zu weit gehen.

Das ist die Zeit, in der wir ihre wachsende Beziehung zu Gott bestärken müssen. Teenager müssen auch geistlich erzogen werden. Die biblische Wahrheit liegt unseren christlichen Werten zugrunde. Wir haben den Auftrag, unseren Teenagern die biblische Sicht praktisch und real nahe zu bringen. Teenager können ausschließlich mit sich selbst beschäftigt sein, darum ist es ein guter Ausgleich, wenn sie auf dieser Entwicklungsstufe dazu angehalten werden, auch an andere zu denken. Ermutigen Sie Ihre Kinder, sich für missionarische Kurzzeiteinsätze zu melden oder sich für die Armen, Alten oder Benachteiligten in Ihrer Stadt einzusetzen. Solche Erfahrungen können lebensverändernde Auswirkungen auf Ihre Kinder haben und dazu führen, dass sie viel dankbarer für ihr Zuhause und ihre Familie werden. Wir müssen unsere Kinder ermutigen, eine biblische Antwort auf ihre vielen Fragen zu finden. Wenn uns die Kinder den Kampf ansagen, sollten wir nicht vergessen, dass sie keineswegs wollen, dass wir ihnen nachgeben. Sie wollen durch diesen Druck nur herausfinden, ob unsere Wert echt sind oder nicht.

Während meiner Beratungstätigkeit mit Teenagern leitete ich (Frank) eine Bibelstudiengruppe, die sich „Oase" nannte. Christliche Teenager sollten hier lernen, wie man ein siegreiches Leben führt und Jesu Lehren in die Praxis umsetzt. Einige der Kinder hatten im Biologieunterricht einen Lehrer, der alles, was mit dem christlichen Glauben zu tun hatte, schlichtweg verachtete. Er selbst glaubte an die Evolution und hatte keinerlei Toleranz für die biblische Wahrheit, dass Gott die Welt erschaffen hat. Man muss es diesen jungen Leuten hoch anrechnen, dass sie auf seine Nachfrage hin zu ihrem Glauben an die Schöpfung standen. Von diesem Tag an wurden sie von ihrem Lehrer bei jeder Gelegenheit vor der ganzen Klasse verspottet und lächerlich gemacht. Für Teenager, die es brauchen, von Gleichaltrigen akzeptiert und geachtet zu werden, war das besonders hart. Als sie zu unserem Treffen kamen, schäumten sie vor Wut und Enttäuschung. Ich forderte sie auf, in der Bibel nachzusehen, was Jesus dazu zu sagen hat. Das war zunächst keine gute Nachricht für sie, denn sie lasen: „... liebe deine Feinde ... tu denen Gutes, die dich verfolgen" und „überwinde das Böse durch das Gute". Ich ermutigte sie, für ihren Lehrer zu beten und ihm trotz allem mit Achtung zu begegnen. Ich zeigte ihnen auch die Stelle in der Apostelgeschichte (Apg 2,47), wo von der Urgemeinde gesagt wird, dass sie bei allen beliebt und geachtet war. Das sei ihr Erbe in Christus, und sie könnten das auch erfahren, wenn sie den Schutz Jesu Christi in Anspruch nähmen. Sie stimmten nur widerwillig zu, es zu versuchen. Ich bin sicher, sie dachten, man wollte sie zu Märtyrern machen! Als sie aber für den Lehrer beteten und ihm respektvoll begegneten, empfingen sie den „Mantel des Wohlwollens bei Gott und den Menschen", und in dem Lehrer ging eine erstaunliche Verwandlung vor. Er hörte auf, sie vor der Klasse zu verspotten, und gab ihnen öfters Gelegenheit, ihre persönlichen Ansichten zu äußern. Sein früheres Verhalten hatte sich dramatisch verändert. Einer der Jungen hatte den Eindruck, sie sollten zu dem Lehrer gehen und ihm für seine Freundlichkeit danken. Als sie das eines Tages nach dem Unterricht machten, blickte er sie zu ihrer großen Überraschung kalt und gleichgültig an und sagte: „Ich hatte keine Wahl, ich musste es tun." In diesem Augenblick wurde die Macht des Evangeliums für die jungen Männer real und sie vergaßen diese Erfahrung niemals.

Die Macht der Finsternis ist im Leben unserer heutigen Teenager eine ganz reale Macht. Sie werden in unseren Medien und in unserer Kultur täglich damit überschwemmt. Das Okkulte hat für manche Kinder eine faszinierende Anziehungskraft. Teenager, die niemals die wahre Kraft des Evangeliums in ihrem Alltag erfahren haben, sind besonders anfällig dafür. Teenager brauchen keine Religion, sondern sie müssen lernen, wie sie das Wort Gottes in ihrem Leben umsetzen können, damit sie die Kraft des lebendigen Gottes erfahren. Sie müssen erfahren, dass er real ist! Sobald sie wissen, wie Filetsteak schmeckt, werden sie auch aufhören, sich nach einer billigen Fleischwurst zu sehnen.

Entwicklungsbedingte Bedürfnisse von Teenagern im Alter von vierzehn Jahren

Das Alter von vierzehn Jahren hat einige spezifische Herausforderungen und Bedürfnisse, die in dieser Phase einzigartig sind. Dunkle, negative Wolken der Opposition scheinen sich auf Teenager niederzulassen, die eben vierzehn geworden sind. Das Austesten von Grenzen und Verboten scheint in diesem Alter seinen Höhepunkt zu erreichen. Es hat manchmal den Anschein, als ob sie nur aus Lust am Streiten in Opposition gehen. Sie nehmen den gegenteiligen Standpunkt ein, nur um zu betonen, dass sie eigene Vorstellungen und Meinungen haben. Es gibt Zeiten, in denen ihre offene oder verdeckte Rebellion für Erwachsene sehr schwer zu ertragen ist. Die gesunde Rebellion des Teenagers soll den Prozess der Individuation unterstützen und muss nicht unbedingt destruktiv oder respektlos sein.

Individuation ist „der Akt oder Prozess, sich von jemandem oder etwas abzusondern oder zu unterscheiden. In der psychologischen Entwicklung bedeutet es den Prozess, durch den sich das Selbst entwickelt. Das wird erreicht durch die Art, wie in Übergangsphasen des Lebens Probleme gelöst werden, insbesondere in der Übergangsphase zwischen Pubertät und Erwachsenenalter."[6]

Die Thematik, um die es auf dieser Stufe geht, schließt Zorn, Rebellion, Opposition, Unabhängigkeit, Denken und Lösung von Problemen ein. Teenager gehen jetzt auf die Stufe eines Zweijährigen zurück, mit dem Unterschied, dass sie jetzt größer sind und auch einen entsprechend größeren negativen Wortschatz haben ...

Aufarbeitung des Alters von zwei Jahren

Noch einmal zwei zu sein ist etwas Wunderbares! Eine positive Einstellung dazu kann uns sicherlich helfen, die Heftigkeit dieser Entwicklungsphase besser zu überstehen. Hier ist sie also, unsere zweite Chance, um all das zu korrigieren, was beim ersten Mal nicht so gut geklappt hat. Die ganze Thematik des zweijährigen Kindes taucht noch einmal auf, um vielleicht diesmal gelöst zu werden, zumindest das, was wichtig ist. In diesem Prozess teilen Teenager Zorn, Opposition und Rebellion recht großzügig aus. Das kann sehr beunruhigend sein, wenn man nicht erkennt, wie sie uns auf diese Weise mitteilen, dass sie unsere Leitung und Erziehung in der Form von damals so nicht mehr akzeptieren. Teenager übertreten in diesem Alter oft die Grenzen, um zu signalisieren, dass Eltern eingreifen müssen. Wenn das Kind im Alter von zwei Jahren seinen „Miteinander-Vertrag" nicht unterzeichnet hat, wird das mit vierzehn noch einmal zum Thema gemacht. Dieser Vertrag legt im Grunde einige grundsätzliche biblische Prinzipien für unser Leben fest. Der Teenager lernt so, sein eigenes selbstsüchtiges Verhalten zu zügeln, um mit anderen auszukommen und trotzdem seine Bedürfnisse erfüllt zu bekommen. Der „Miteinander-Vertrag" ist der Rahmen, innerhalb dessen der junge Mensch lernt, im Leben zu funktionieren, mit anderen zusammenzuarbeiten und möglichst in Harmonie zu leben. Auf diese Weise lernt er, dass er nicht das Zentrum des Universums ist. Und dass er für seine Gefühle, sein Denken, seine Entscheidungen und sein Tun verantwortlich ist. Auch andere haben Gefühle und Meinungen über das, was er tut. Er muss lernen, die Gefühle anderer zu berücksichtigen, bevor er etwas sagt oder tut. Er kann nicht tun oder sagen, was immer er will, und die Gefühle anderer völlig ignorieren. Er muss lernen, auf andere Rücksicht zu nehmen, ihre Grenzen und die Anforderungen einer Situation zu respektieren und seine eigenen Gefühle sowie die Konsequenzen seines Handelns zu bedenken. Er lernt damit etwas sehr Wichtiges, nämlich dass es Dinge im Leben gibt, die er tun muss, ob er will oder nicht, ob ihm danach ist oder nicht.

Austesten und nochmals Austesten

Das ist die Stufe, auf der Werte und Meinungen von Teenagern auf extreme Weise getestet werden. Sie lieben den dramatischen Kampf, darum greifen sie gerne die Werte an, die uns etwas bedeuten. Sie müssen sehen, dass wir leidenschaftlich für unsere

Werte eintreten, oder sie sind es nicht wert, dass man nach ihnen lebt. Wenn also der Kampf tobt, dürfen wir das Gespräch nicht abbrechen, sondern wir müssen zu unseren Meinungen stehen. Das ist besonders wichtig, wenn es um unseren Glauben und um das Wort Gottes geht. Kann sein, dass Judas möglicherweise Teenager im Auge hatte, als er das Folgende schrieb:

> „Meine Lieben, eigentlich drängt es mich, euch etwas über die Rettung zu schreiben, auf die wir gemeinsam hoffen. Doch ich sehe, es ist dringlicher, dass ich euch ermahne und aufrufe: Tretet entschieden für den überlieferten Glauben ein, der dem heiligen Volk Gottes ein für alle Mal anvertraut worden ist.“ *(Judas 3)*

Denken, Probleme lösen und Konsequenzen bedenken
Teenager müssen auf dieser Stufe lernen, wie man denkt, Probleme löst und Entscheidungen trifft. Sie müssen auch die Konsequenzen ihrer Entscheidungen und ihres Verhaltens bedenken lernen. Sie werden zwar versuchen, die Verantwortung für das Denken auf ihre Eltern oder andere Erwachsene abzuschieben, doch sie müssen es lernen, diese Verantwortung selbst zu übernehmen, damit sie zuverlässige Erwachsene werden.

Kevin
Die Pizzeria war voll von Teenagern, was für einen Samstagabend ganz normal in unserer Stadt ist. Kevin und seine Kumpel hatten eine großartige Zeit, während sie miteinander redeten, lachten, mehrere Pizzas verspeisten und literweise Cola tranken. Als sie aufbrechen wollten, war der Kellner gerade sehr beschäftigt. Einer der Jungen hatte einen Geistesblitz: „He, wir gehen, ohne zu bezahlen. Der Kellner hat so viel zu tun, der wird das gar nicht bemerken!“ Das ist etwas, das man für gewöhnlich als Zechprellerei bezeichnet. Die kleine Bande konnte sich ihren Weg durch die lärmende Menge bahnen und unbemerkt entkommen. Sie lachten johlend über diese Meisterleistung und beglückwünschten einander zu ihrer Cleverness. Kevin war Christ und hatte nie zuvor etwas in dieser Art getan. Er fühlte sich anfangs etwas unbehaglich, wurde dann aber mitgerissen. Sie waren ganz sicher, davongekommen zu sein. Aber sie wussten nicht, dass Kevin in der Pizzeria von jemandem gesehen worden war, der seine Mutter kannte. Am nächsten Tag saß ich gerade mit Kevins Mutter in

der Küche, als der Eigentümer der Pizzeria anrief. Er berichtete der Mutter, was die Jungs angestellt hatten, und verlangte die Bezahlung der Rechnung. Es war ihr so peinlich, dass sie drauf und dran war, hinzufahren und die ausstehende Rechnung auf der Stelle selbst zu begleichen. Ich musste sie erst daran erinnern, dass Kevin für diese Sache verantwortlich sei und sich deshalb selbst darum kümmern müsse. Als Kevin von der Schule nach Hause kam, erzählte ihm seine Mutter von dem Telefonanruf. Alle Farbe wich aus seinem Gesicht und er sah ein bisschen krank aus. Seine Mutter sagte, er müsse zur Pizzeria gehen, die Rechnung bezahlen und sich entschuldigen. Er musste dem Mann gegenübertreten, den er um die Zeche geprellt hatte, und die Verantwortung für seine Tat übernehmen. Das war sicherlich eine schwere Lektion für ihn, aber sie hat ihn vor Ähnlichem in der Zukunft bewahrt.

Die natürlichen Konsequenzen für unser Handeln zu übernehmen kann einer der effektivsten Wege sein, um wichtige Lektionen im Leben zu lernen.

Zorn/Ärger

Der Sturm des Austestens, der Opposition und Negativität baut sich jetzt immer mehr auf und fordert dazu heraus, etwas zu tun. Schließlich werden der innere Stress und der äußere Druck so groß, bis der Teenager unausweichlich in Zorn und Wut explodiert. Das ist eine normale Reaktion und signalisiert, dass der Teenager Hilfe braucht, um zu lernen, wie er damit konstruktiv umgehen kann. Es kommt jetzt oft vor, dass er seine Bedürfnisse durch Zorn oder andere unangemessene Gefühle zum Ausdruck bringt. Das bedeutet nicht, dass wir uns nicht darum kümmern sollten. Ganz im Gegenteil, es bedeutet, dass wir uns erst recht darum kümmern sollten.

Entwicklungsbedingte Bedürfnisse eines Teenagers im Alter von fünfzehn Jahren

Wenn es so schlimm wird, dass wir nervlich völlig am Ende sind, schickt uns Gott plötzlich eine Erleichterung. Diese Wende tritt ein, sobald unser Teenager fünfzehn geworden ist. Der Sturm verzieht sich und Teenager sind wieder viel leichter zu ertragen.

Aufarbeitung des Alters von drei bis fünf Jahren
Ein Grund für die Veränderung von Teenagern liegt darin, dass sie wieder auf die Stufe der Drei- bis Fünfjährigen zurückgehen, als sie noch so süß und angepasst waren. Eine herrliche Erleichterung nach dem Stress der letzten Jahre! Der Jugendliche wendet sich erneut der Identifikation mit seiner Geschlechtsrolle zu und will herausfinden, welche Rolle er jetzt auf dieser reiferen Stufe innerhalb von Familie, Gesellschaft und bei seinen Freunden einnimmt. Das ist eine kritische Zeit für Teenager, die unter einer Verwirrung ihrer geschlechtlichen Identität und Rolle leiden. Wenn diese Thematik auf einer früheren Entwicklungsstufe vernachlässigt wurde oder wenn ein Missbrauch stattgefunden hat, gibt es jetzt in der Erziehung eine zweite Chance, um Dinge zu korrigieren und zu heilen.

Beziehung des Teenagers zu seinen Eltern
Teenager sind in diesem Alter wieder an einer Beziehung zu Mama und Papa interessiert. Da die Beziehung zwischen Mann und Frau jetzt im Mittelpunkt ihres Interesses steht, sind sie sehr daran interessiert, unsere Lebensgeschichte zu hören. Wenn Sie damals noch kein Christ waren und wilde Zeiten hinter sich haben, ist Vorsicht geboten. Sie müssen nicht jede Peinlichkeit bis ins kleinste Detail berichten. Teenager neigen nämlich dazu, sich auf solche Dinge zu berufen, um zu rechtfertigen, dass sie etwas Ähnliches tun. Es ist darum angebracht, ihnen nur eine redigierte Version Ihrer eigenen Teenagerzeit zu Ohren kommen zu lassen. Sie haben jetzt Unmengen von Fragen, ebenso wie im Alter von drei Jahren. Ihr „Warum" hat auf dieser Stufe aber mehr mit gesellschaftlichen Dinge zu tun: „Warum darf ich nicht? Warum lässt du mich nicht? Warum vertraust du mir nicht?" Sie wollen wissen, ob wir einen Freund oder eine Freundin hatten. Woran wir als Teenager Spaß gehabt haben. Wie kann man wissen, ob man verliebt ist? Wer war unsere erste Liebe?

> Chris und ich unterhielten uns eines Abends in der Küche, als sie fragte: „Mama, wer war deine erste Liebe?" Ich dachte kurz nach und sagte: „Michael." In diesem Moment meldete sich Frank aus dem Wohnzimmer zu Wort: „Michael? Wer ist Michael? Ich habe nie etwas von einem Michael gehört!" Hören Sie also auf den weisen Rat und unterhalten Sie sich mit Ihrem Ehepartner über diese Dinge, ehe sie von Ihren Kindern zur Sprache gebracht werden!

Teenager sind jetzt anpassungsfähiger, man kann auf dieser Entwicklungsstufe wieder besser mit ihnen reden und im Allgemeinen viel Spaß miteinander haben. Das ist eine ausgezeichnete Zeit, um die Beziehung zu unseren Kindern zu festigen und uns an dem zu erfreuen, wer sie wirklich sind. Teenager fangen jetzt auch wieder an, bereitwillig Dinge für Papa und Mama zu tun. Jungen sind der Mutter gegenüber aufmerksam und müssen durch das Vorbild des Vaters lernen, wie die Beziehung zwischen Mann und Frau funktioniert. Mädchen entwickeln besondere Zuneigung zum Vater und müssen durch das Vorbild der Mutter lernen, wie die Beziehung zwischen Mann und Frau funktioniert. Mama und Papa modellieren so, wie ihre Kinder werden sollen. Junge Männer müssen lernen, Frauen mit Liebe und Respekt zu begegnen. Junge Frauen müssen lernen, Männer respektvoll zu behandeln und zu erwarten, dass auch sie geliebt und geachtet werden. Junge Männer müssen von der Mutter respektiert werden. Sie muss anerkennen, dass sie erwachsen werden, und sie dazu ermutigen, unabhängig und für sich selbst verantwortlich zu werden. Junge Frauen brauchen von ihrem Vater Aufmerksamkeit und Zuneigung. Weibliche Teenager haben in diesem Alter den starken Wunsch, vom Vater geliebt und bestätigt zu werden. Wenn sie diese Aufmerksamkeit und fürsorgliche Liebe zu Hause bekommen, brauchen sie nicht außerhalb der Familie danach suchen. Sowohl junge Männer wie junge Frauen brauchen es, dass sie ihrem Geschlecht entsprechend behandelt werden und so geliebt werden, wie Gott sie erschaffen hat.

Beziehung zwischen Mann und Frau

Junge Männer und junge Frauen entdecken einander auf dieser Stufe aus einer unterschiedlichen Perspektive. Sie fangen an zu lernen, wie sie aufgrund der geschlechtlichen Identität, die sie verinnerlichen und verfeinern, Zugang zueinander finden. Sie fangen jetzt an, ihre Rollenvorbilder in der Beziehung zueinander umzusetzen. Persönliche Hygiene ist kein Problem mehr. Jungen haben inzwischen entdeckt, dass sie besser bei Mädchen ankommen, wenn sie sauber sind und gut riechen. Das größte Problem für Eltern von Teenagern auf dieser Entwicklungsstufe besteht darin, wie sie es schaffen, selbst auch ins Badezimmer zu kommen. Teenager können stundenlang baden und sich zurechtmachen. Es ist jetzt eine große Hilfe, wenn wir unsere Kinder zu Unternehmungen in der Gruppe ermutigen, anstatt sich nur mit Einzelnen zu verabreden. Sie können dann in der Sicherheit der Gruppe ihr Flüggewerden austesten, was die Sache viel weniger stressig macht.

Wer bin ich und wozu lebe ich?
Wenn Teenager nach ihrer wahren Identität suchen, kommen auch existentielle Fragen an die Oberfläche. Sie wollen die vielen Facetten ihrer Identität und den Sinn des Lebens entdecken. Das ist ein günstiger Zeitpunkt, um Teenager anzuweisen, in der Bibel nach Antworten und Maßstäben für ihr Leben zu suchen. Diskussionen über reale Lebenserfahrungen, in denen das Wort Gottes zum Maßstab genommen wird, können jetzt sehr effektiv sein. Nehmen Sie sich Zeit, damit Sie Ihre Gedanken und Fragen an den Mann bringen können. Wir haben die Chance, unsere Kinder in diesem Alter auf wichtige Weise zu beeinflussen. Ermutigen Sie dazu, dass sie eine Beziehung zu Gott aufnehmen. In ihm werden sie die Antworten auf ihre schwierigsten Fragen finden. Vergessen Sie aber nicht, dass wir für unsere Kinder immer noch der „Jesus zum Anfassen" sind.

Entwicklungsbedingte Bedürfnisse von Sechszehn- bis Dreißigjährigen

Diese Schlussphase der Adoleszenz kann sich lange hinziehen. Vor allem deswegen, weil es eine Phase ist, in der berufliche Fähigkeiten, Lebensfähigkeiten und Beziehungen verfeinert werden, als eine Vorbereitung darauf, das Zuhause zu verlassen. In unserer hochtechnologischen Gesellschaft erfordert die berufliche Ausbildung viel mehr Zeit und Können als früher. Darum passiert es oft, dass junge Erwachsene zwar psychologisch bereit sind, ihr Zuhause zu verlassen, aber erst ihre Ausbildung abschließen müssen, um auch ökonomisch von zu Hause unabhängig zu werden. Es kann darum sein, dass junge Leute in dieser Zeit mehrmals von zu Hause ausziehen und wieder zurückkommen. In den meisten Fällen sollte es angestrebt werden, bis zum dreißigsten Jahr völlig unabhängig zu sein. In der alten hebräischen Kultur war dreißig das Alter für die Reife eines Erwachsenen.

Aufarbeitung der Zeit von sechs bis zwölf Jahren
Die letzte Aufarbeitungsphase der Teenager konzentriert sich auf ihre aktivste Entwicklungsstufe. Der Jugendliche verfeinert und vervollkommnet jetzt seine Gaben und Talente im Hinblick auf seinen Beruf. Die Träume und Visionen seiner jüngeren Jahre finden jetzt einen konkreteren Ausdruck in seiner beruflichen Ausbildung und Schulung. Wenn er im Alter von sechs bis zwölf Jahren Schwierigkeiten hatte, seine Fähigkeiten zu entwickeln, werden diese Probleme erneut auftauchen, um gelöst zu werden.

Trennung und Unabhängigkeit
Die Teenagerphase geht jetzt über in die Phase des jungen Erwachsenen, der sich darauf vorbereitet, sein Elternhaus zu verlassen. Sie fasst jetzt alles zusammen, was bis jetzt mit seiner Individuation, Unabhängigkeit und Beziehungsfähigkeit zu tun hatte. Obwohl der Jugendliche immer noch zu Hause lebt, ist er psychologisch bereit, sein Elternhaus zu verlassen. Das bedeutet, dass er in der Lage sein muss, für sich und sein Verhalten die Verantwortung zu übernehmen. Der Jugendliche übernimmt jetzt das Ruder, um sein Leben selbständig zu steuern, während Mama und Papa ihm den Rücken stützen. Kann sein, dass er den Rat seiner Eltern noch braucht, während er in seiner Unabhängigkeit wächst und es lernt, mit den Herausforderungen des Lebens umzugehen. Aber er muss sich um seine alltäglichen Pflichten selbst kümmern. Mama, es ist jetzt nicht mehr erlaubt, dass du seine Wäsche wäschst, immer das Essen für ihn kochst oder sein Zimmer aufräumst. Die Symbiose muss ein für alle Mal gebrochen werden. Das ist das letzte Problem, das ein Jugendlicher zu lösen hat. Nur dann kann ein junger Mann zu einem eigenverantwortlichen jungen Erwachsenen werden.

Lassen Sie uns angesichts der entwicklungsbedingten Bedürfnisse der Teenagerjahre unsere Aufmerksamkeit jetzt darauf richten, wie wir uns als Erzieher in dieser Phase verhalten sollen, um unseren Kindern zu helfen, diese stürmische Phase erfolgreich zu überstehen und zu den Erwachsenen zu werden, die wir gerne hätten.

Wie erzieht man einen Jugendlichen?

Eine erfolgreiche Erziehung ist immer eine richtige Reaktion auf die entwicklungsbedingten Bedürfnisse eines Teenagers, was Geist, Seele und Körper einschließt. Wir müssen uns bemühen, unseren Kindern das zu geben, was sie in diesen Jahren brauchen. Doch selbst wenn wir diese Bedürfnisse verstehen und uns des inneren Kampfes bewusst sind, den sie durchlaufen, werden wir als Eltern oder Erzieher nicht jedes Mal richtig darauf reagieren. Dieses Wissen soll uns nicht dazu anregen, vollkommene Erzieher zu werden. Es soll nur einen Zusammenhang herstellen, damit wir verstehen, welche Verbindung zwischen entwicklungsbedingten Bedürfnissen und unseren Erziehungsbemühungen besteht.

Grundsätzlich geht es um eine bewusste Erziehung, sodass wir wissen, warum wir etwas tun. Auch um zu realisieren, dass wir für unsere Kinder beten können, wenn wir als Eltern versagt haben, damit Gott sie wieder heil macht und die Bedürfnisse unserer Kinder erfüllt, die wir aus irgendeinem Grund nicht erfüllen konnten. Vergessen Sie nicht, dass das wichtigste Erziehungsziel für Teenager darin liegt, sie in ihrer persönlichen Verantwortung für ihr Leben zu stärken. Es ist ein Tanz auf einem schmalen Grat – zu wissen, wann man zum Schutz der Kinder Grenzen setzen und wann man loslassen muss, damit Teenager zunehmend mehr Verantwortung übernehmen und zeigen können, dass sie einer Sache gewachsen sind. Die Wahl des richtigen Zeitpunkts für diese Verantwortung muss für jeden jungen Menschen neu getroffen werden.

Erziehung, die unseren Teenagern helfen kann

Die Beziehung zu unseren Kindern aufrecht zu halten und zu entwickeln gehört zum Wichtigsten, das wir in dieser Zeit tun können. Wir müssen da sein, wenn sie uns brauchen, besonders wenn sie von der Schule nach Hause kommen oder von ihren Freunden. Bleiben Sie abends auf und warten Sie, bis Ihre Kinder nach Hause kommen! Hören Sie zu und versuchen Sie zu verstehen! Junge Leute sind meist gesprächsbereiter, gleich nachdem sie nach Hause kommen. Wenn Sie bis zum nächsten Morgen warten, sind sie bei ihrem schnellen Lebenstempo schon zum nächsten Abenteuer unterwegs, und der vergangene Abend ist bereits Geschichte. Wenn wir mit unseren Kindern in Kontakt bleiben, wissen wir, was mit ihnen geschieht, und können unseren Einfluss geltend machen, wann immer sie ihn brauchen.

Das Erste kommt an erster Stelle: Das Gebet

Eltern und alle, die Teenager lieben, sollten in diesen turbulenten Jahren so etwas wie Wächter auf der Mauer sein. Seien Sie aufmerksam und wachsam, um für sie zu beten. Wir können nicht 24 Stunden am Tag und sieben Tage in der Woche auf sie aufpassen, aber Jesus kann es. Wir können nicht zählen, wie oft es passierte, dass wir uns gedrängt fühlten, für unsere Kinder zu beten, wenn sie unterwegs waren. Manchmal fanden wir heraus, dass sie um ein Haar in einen Verkehrsunfall oder einen anderen Zwischenfall verwickelt worden wären. Wir sind überzeugt, dass es Gott war, der eingegriffen und sie vor Leid und Schmerz bewahrt hat, als wir für sie beteten. Oder bei anderen Gelegenheiten beteten wir darum, Gott möge sie davor bewahren, den falschen Weg einzuschlagen, um später dann herauszufinden, dass sie die Party, zu der sie unterwegs waren, einfach nicht finden konnten. Gebet ist wirksam. Es ist eine große Ermutigung, wenn wir Gott im Gebet zu unserem engsten Freund machen.

> Unsere Tochter Chris hatte von Anfang an einen starken Willen und das war in ihrer Teenagerzeit wirklich anstrengend für uns. Sie war sehr risikofreudig und liebte es, Dinge einfach auszuprobieren. Als sie in die Pubertät kam, konnten wir riechen, dass in ihrem Zimmer geraucht wurde, aber wir konnten keinerlei belastendes Beweismaterial dafür finden. Als wir sie damit konfrontierten, leugnete sie und behauptete, dieser Rauch hafte nur deshalb ihrer Kleidung an, weil ihre Freunde im Bus geraucht hatten. Das ging ein paar Tage lang so weiter, bis wir uns in unserer Verzweiflung an Gott wandten. Er zeigte uns, dass sie tatsächlich raucht, aber wir sollten sie nicht vor Samstag damit konfrontieren. Er zeigte uns auch, wo sie ihre Zigaretten versteckt hatte, nämlich auf dem Wandregal hinter dem Teddybär. Es waren noch zwei Tage bis Samstag, und wir konnten nichts tun, als Gott zu gehorchen. Schließlich war es Samstag und es roch in ihrem Zimmer wieder stark nach Zigarettenrauch. Als wir sie zur Rede stellten, fing sie an, dieselben Lügen wie zuvor zu wiederholen. Da ging

Frank zum Regal, schob den Teddybär beiseite und holte die Zigarettenpackung hervor. Sie wurde kreidebleich und sank aufs Bett. Denn sie wusste, dass sie jetzt in großen Schwierigkeiten war. Das Rauchen war nicht gut, aber das war nicht das eigentliche Thema. Die Lüge war das Problem. Wir hatten in unserer Familie die Regel, dass keiner Schwierigkeiten bekam, solange er bei der Wahrheit blieb. Chris war also in großen Schwierigkeiten. Sie bekam für einige Zeit Hausarrest. Später fanden wir heraus, dass sie von ihrer Freundin täglich eine Zigarette bekommen hatte. Sie hatte den Rauch aus dem Fenster geblasen und den Filter einfach verschluckt. Bis Freitag war sie sicher, damit durchzukommen, darum hatte sie von ihrer Freundin eine ganze Packung angenommen. Sie hatte sie eben erst hinter dem Teddybär versteckt, als wir das Zimmer betraten.

Das war eine entscheidende Erfahrung, die Chris schon in jungen Jahren zur Zurückhaltung veranlasste. Später, als sie erwachsen war, erzählte sie uns alles Übrige, das wir nicht wussten. Für eine Sache sind wir Gott immer noch dankbar. Jedes Mal, wenn sie etwas tun wollte, das sie nicht tun sollte, musste sie daran denken, wie der Heilige Geist uns damals die ganze Sache gezeigt hatte. Da damit zu rechnen war, dass sie Schwierigkeiten bekommen würde, weil er es wieder tun würde, beschloss sie, kein weiteres Risiko einzugehen. Es bewahrte sie sicherlich davor, sich auf schlimmere Sachen einzulassen. Gott ist treu und ein Helfer in Zeiten der Not. Und Teenagerjahre sind definitiv eine „Zeit der Not".

Übergang von der Kindheit ins Erwachsenenalter

Wenn Kinder ihre Reise von der Kindheit ins Erwachsenenleben antreten, müssen sie ein Brücke namens „Pubertät" überqueren. Zu Beginn dieser Übergangsphase sind sie der Kindheit noch ziemlich nahe. Während sie Schritt für Schritt erwachsener werden, stoßen sie unterwegs auf viele unterschiedliche Herausforderungen, um auf ihr Leben als junge Erwachsene vorbereitet zu werden. Für Eltern und Erzieher ist es wichtig, dass sie ihre Erwartungen auf den inneren Reifezustand der Kinder herunterschalten und ihnen die nötigen Grenzen setzen, um sie zu schützen. Junge Teenager sind noch keine Erwachsenen. Jugendliche brauchen Begleitung und Erziehung, bis sie erwachsen sind. In der frühen Pubertät haben sie oft große Ähnlichkeit mit Kleinkindern. Sie brauchen fast ebenso viel Überwachung, um sie vor Situationen und Umständen zu schützen, für die sie emotional noch nicht reif genug sind. Wenn Eltern in dieser Übergangszeit für den nötigen Schutz von Teenagern sorgen, sorgen sie auch dafür, dass sie ein festes Fundament und einen sicheren Start für ihr weiteres Leben bekommen.

Grenzen und Verbote

Grenzen sind keine Einschränkungen. Grenzen sorgen für unseren Schutz. Junge Teenager müssen von Eltern und Autoritätspersonen Grenzen gesetzt bekommen, weil sich der Teil ihres Gehirns, der für Selbstkontrolle und Urteilsfähigkeit zuständig ist, gerade im „Umbau" befindet. Da sie auf dieser Entwicklungsstufe dazu neigen, keine sehr guten Entscheidungen zu treffen, brauchen sie die Unterstützung der Eltern, wenn sie auf dem rechten Weg bleiben sollen. Junge Teenager brauchen eine feste Zeit, wann sie wieder zu Hause oder im Haus von vertrauenswürdigen Personen sein müssen, die Sie gut kennen. Eltern müssen entscheiden, wohin der Teenager gehen und mit wem er ausgehen darf. Es ist wichtig, diese Entscheidungen mit dem Teenager zu besprechen, aber Eltern sind verantwortlich dafür, dass Teenager ihren Erwartungen entsprechen. Eltern müssen viel Energie investieren, um einmal gesetzte Grenzen aufrecht zu halten. Kinder müssen wissen, dass wir wirklich meinen, was wir sagen. Das gibt ihnen Sicherheit. Konsequenz und feste Ansichten sind jetzt wichtig. Wenn Teenager entdecken, dass wir nicht nachgeben, werden sie sich unterordnen.

Eine gesunde Erziehung muss auf Liebe beruhen. Liebe und Interesse für unsere Kinder müssen das Motiv für alle unsere Begegnungen mit ihnen sein. Wenn Teenager wissen, dass sie von uns geliebt sind und dass wir ihr Bestes im Auge haben, werden sie sich unserer Autorität etwas williger fügen.

Jan

Jan war vierzehn und trieb sich mit der falschen Clique herum. Seine Mutter war allein erziehend und hatte schon mit ihrem eigenen Leben genug zu tun. Sie kam zur Beratung in unsere Gemeinde, weil sie Hilfe für ihren Sohn brauchte. Innerhalb weniger Minuten war die Problematik klar. Jan war wieder mit seiner

Wut aus jüngeren Jahren in Berührung gekommen. Sein Vater hatte ihn und seine Mutter verlassen, als er fünf Jahre alt war, und Jan hatte ihn seither nicht wieder gesehen. An seinem äußeren Verhalten war zu erkennen, wie heftig diese Wut in seinem Inneren tobte. Außerdem war seine Mutter in ihrer Opferrolle gefangen, was die Sache zusätzlich verkomplizierte. Sie jammerte und klagte darüber, wie Jan über sie hinwegging und dass er total außer Kontrolle geraten sei. Jan hatte bereits Schwierigkeiten mit den Schulbehörden und der Polizei. Es war klar, dass er sich auf einem gefährlichen Kurs befand. Frank übernahm die Führung und konfrontierte Martha, Jans Mutter, mit ihrem Selbstmitleid und ihrer Opferrolle. Wir mussten Martha helfen, ihren eigenen Mangel aufzuarbeiten, um zu erfahren, dass Gott für sie da ist und sie heilt. Sobald sie etwas stärker geworden war, war sie auch in der Lage, sich auf ihre rechtmäßige Autorität als Mutter zu berufen und Jan Grenzen zu setzen. Wir ermutigten sie und gaben ihr Bibelstellen zum Meditieren, um sie auf die Konfrontation mit ihrem Sohn vorzubereiten. Eine Bibelstelle, die sie oft laut proklamierte, hieß: „Allem bin ich gewachsen durch den, der mich stark macht" (Phil 4,13). Jan dachte, seine Mutter sei total ausgeflippt, denn sie benahm sich äußerst seltsam. Am Tag, an dem die Konfrontation stattfinden sollte, besuchten wir Martha, um mit ihr ein wenig zu üben. Frank gab vor, Jan zu sein, der wieder einmal weggehen wollte, um sich mit seinen Freunden zu treffen. Er zeigte Martha, wie sie vor der Tür Stellung beziehen sollte, wenn Jan aus dem Haus wollte. Und wie sie seinen Arm packen, umdrehen und ihn mit festem Griff gleich in die Ecke neben der Tür drücken sollte. Martha übte einige Male, bis es perfekt funktionierte. Sie war bereit.

Als dann zehn Uhr abends das Telefon klingelte, steuerte Jan auf die Tür zu. Martha schritt zur Aktion. „Du verlässt dieses Haus nicht!" „Ja, in Ordnung, Mama." „Ich meine es wirklich! Ich bin deine Mutter und ich erlaube dir nicht wegzugehen!" „Du, und wer sonst noch?", erwiderte Jan, als er zur Tür ging. Martha blockierte die Tür. „Mama, geh aus dem Weg, was ist denn los mit dir?" „Ich sagte doch, dass ich dich nicht weggehen lasse!" Jan lachte verächtlich und griff nach der Türklinke. Martha packte seinen Arm, so wie sie es eingeübt hatte, drehte ihn herum, aber dann passierte etwas Unvorhergesehenes. Jans lange Beine und große Füße verhedderten sich und er fiel zu Boden. Sie konnte ihn nicht in die Ecke drücken. Einen Moment lang war sie nahe daran,

in Panik zu geraten, aber dann hörte sie eine klare Stimme in ihrem Herzen: „Los, setz dich auf ihn!“ Sie ließ sich also auf seinen Rücken plumpsen und nagelte ihn so auf dem Boden fest. Mama hatte einige Kilos, die zu ihren Gunsten sprachen! „Mama, geh runter! Was ist nur los mit dir?“ „Ich werde hier so lange sitzen bleiben, bis du mir versprochen hast, nicht wegzugehen!“ „Mama, geh weg!“ „Nein, nicht bis du es versprochen hast!“ Nach einer weiteren halben Stunde war Jan am Verzweifeln. „Mama, geh weg, ich kriege keine Luft!“ „Nicht bis ...“ „Okay, okay, ich gehe nicht fort.“ Martha erhob sich langsam und Jan krabbelte auf seine Füße, um in sein Zimmer zu schlurfen, noch immer fassungslos über das, was eben passiert war. Auch Martha war geschockt, denn sie hatte erwartet, ihr Sohn würde augenblicklich zur Tür sprinten, sobald er freikäme. Aber er hielt sich an sein Wort und blieb zu Hause.
Es sollte noch weitere Konfrontationen dieser Art geben, aber Jan fügte sich jedes Mal, wenn Martha auf ihrer mütterlichen Autorität bestand.

Was war passiert? Martha hatte sich auf ihre Autorität als Mutter berufen und Gott hatte ihr den Rücken gestärkt, sodass sie die Achtung ihres Sohnes wiedergewann.

Aufarbeitung früherer Entwicklungsstufen

Das Auftauchen der Problematik aus früheren Jahren kann ein wenig aufreibend sein. Wenn wir aber wissen, warum das geschieht, ist es ein Grund, sich über Gottes Güte zu freuen. Wenn Verletzungen aus der Vergangenheit wieder zum Vorschein kommen, geschieht es nur deshalb, weil Gott sie heilen will. Der Teenager soll wieder hergestellt werden und sein Leben möglichst in Ordnung bringen, ehe er sein Zuhause verlässt. Haltungen und Verhaltensweisen, die in der Vergangenheit problematisch waren, werden ebenfalls wieder auftauchen und so lange anhalten, bis der junge Mensch das bekommt, was er braucht. Psychologische Beratung und Therapie können dem Jugendlichen zwar helfen, seine Probleme zu verstehen, aber es ist das Gebet, das ihn heilt und wieder herstellt. Nur Jesus allein kann den Mangel unserer Vergangenheit ausfüllen. Wir werden dieses Gebet um Heilung und Befreiung ein wenig später noch in allen Details besprechen.

Umgang mit Emotionen

Es ist für Teenager in diesem Alter sehr schwierig, ihre Emotionen zu steuern und zwischen Fühlen und Denken zu unterscheiden. Wir müssen die Verwirrung ansprechen und erwarten, dass sie Gedanken und Gefühle unterscheiden lernen. Sie brauchen unsere Ermutigung und die Versicherung, dass sie es können. Da es sich um einen Lernprozess handelt, müssen sie von uns bestätigt werden, sobald sie diese Unterscheidung gelernt haben und ihre Gefühle zum Ausdruck bringen können. Dazu ein Beispiel:

> „Mark, welche Gefühle hattest du, als deine Freunde im Einkaufszentrum weitergingen, ohne dir zu sagen, wohin sie gehen?"
> Mark antwortet darauf: „Ich denke, das war nicht richtig!"

Mark ist nach seinen Gefühlen gefragt worden, aber er antwortet darauf, indem er erzählt, was er denkt. Das muss angesprochen und mit ihm aufgearbeitet werden, damit er lernt, seine Gedanken von seinen Gefühlen zu unterscheiden. Es könnte also folgendermaßen weitergehen:

> „Mark, ich höre, was du darüber denkst, aber ich möchte wissen, wie du dich dabei gefühlt hast."
> Mark antwortet: „Ach ja, ich habe mich schlecht gefühlt. Kann sein, dass ich verletzt und wütend war, weil sich meine Freunde so verhalten haben."

Wir müssen lernen, unsere Gedanken und Gefühle klar auszudrücken. Das ist wichtig, weil es uns hilft, uns besser mit anderen zu verständigen, sie zu verstehen und selbst verstanden zu werden.

Teenager sind auf dieser Entwicklungsstufe launisch und emotional unberechenbar. Es gibt viele Gründe, warum junge Menschen dieses Wechselbad der Gefühle nicht ganz im Griff haben, was bedeutet, dass wir nachsichtig und geduldig mit ihnen sein sollten. Junge Teenager können mitunter ziemlich negativ sein. Sie neigen dazu, zu murren und zu knurren und sich zu beschweren. Das trifft auf viele Kinder in diesem Alter zu. Jedes Meckern zu korrigieren kann uns schnell erschöpfen, darum sollten wir entscheiden, in was wir unsere Energie investieren wollen und in was nicht. Wenn Teenager einen schlechten Tag haben und einfach nur launisch sind, sollten wir gnädig darüber hinwegsehen. Wenn ihre negative Haltung aber in respektloser Weise gegen Eltern oder andere Erwachsene gerichtet ist, müssen wir für Disziplin und Korrektur sorgen. Respektlosigkeit sollte bei jungen Menschen nie toleriert werden. Sie haben ein Recht darauf, ihre Gefühle zum Ausdruck zu bringen, aber sie müssen auch lernen, es auf eine respektvolle Weise zu tun.

Eine Emotion, mit der Jugendliche auf konstruktive Weise umgehen lernen müssen, ist Wut und Zorn. Das heißt, dass auch wir lernen müssen, mit unserem Zorn richtig umzugehen, damit wir ihnen Vorbilder sein können. Viele Christen haben eine falsche Vorstellung, was Zorn betrifft, denn Zorn ist keine Sünde!

> „Versündigt euch nicht, wenn ihr in Zorn geratet!
> Versöhnt euch wieder und lasst die Sonne nicht über
> eurem Zorn untergehen." *(Eph 4,26)*

Gott war im Alten Testament bei vielen Gelegenheiten zornig und auch Jesus brachte seinen Zorn zum Ausdruck, aber weder Gott noch Jesus haben jemals gesündigt. Es muss also möglich sein, zornig zu sein, ohne dabei zu sündigen. Zorn ist eine Emotion, die uns unser Schöpfer zu einem guten Zweck gegeben hat. Wir werden zornig, wenn etwas nicht richtig ist oder wenn es ein Problem gibt. Diese Emotion soll uns die nötige Energie verleihen, um Dinge richtig zu stellen und Probleme zu lösen. Der vorbildliche Umgang mit Zorn ist der einzige Weg, wie unsere Teenager lernen, wie man es richtig macht. Junge Menschen tun, was wir tun, nicht was wir sagen. Im Folgenden eine kurze Anleitung für den grundsätzlichen Umgang mit Zorn und Wut.

Effektiver Umgang mit Zorn und Wut

Drei Grenzen, wo Zorn nicht angebracht ist:
1. wenn unser Zorn den anderen auf irgendeine Weise verletzt
2. wenn wir so zornig sind, dass wir das Eigentum anderer zerstören
3. wenn wir uns dabei selbst verletzen.

Anleitung, wie Zorn auf gesunde Weise zum Ausdruck gebracht werden kann:
1. Geben Sie Ihren Zorn zu.

2. Bringen Sie Ihren Zorn auf angemessene Weise zum Ausdruck, entweder verbal oder durch konstruktive körperliche Aktivität.
3. Reden Sie mit Gott darüber (vgl. Ps 139,23–24).
4. Gehen Sie auf die Person zu, auf die Sie zornig sind (vgl. Mt 18,15–17), und folgen Sie Schritt für Schritt den in dieser Bibelstelle angegebenen Anweisungen zur Lösung des Problems.
5. Das Ziel ist immer die Überwindung des Zorns und die Versöhnung mit dem anderen (vgl. Eph 4,2–3; Hebr 12,14).

Wenn wir unaufgearbeiteten Zorn jahrelang mit uns mitgeschleppt haben, müssen wir Gott bitten, uns zu heilen und aus der Bindung an die Vergangenheit zu befreien, ehe wir wieder beginnen können, richtig mit ihm umzugehen. Gott will uns freisetzen. Für ein tieferes Verständnis davon, wie Gott heilt und befreit, möchten wir auf unser Buch „Mut zur Reife“ hinweisen.

Für ein besseres Verständnis der biblischen Strategien für den Umgang mit Zorn möchten wir Gary Chapmans Buch „Die andere Seite der Liebe“ empfehlen (Brunnen Verlag, Gießen 2003).

Die Symbiose muss gebrochen werden!

Teenager haben den Wunsch, dass man sich wieder um sie kümmert. Sie werden versuchen, die Symbiose mit der Mutter wieder aufleben zu lassen. Liebe Mama, du musst dieser abhängigen Verbindung zu deinem Kind widerstehen! Solange Kinder Babys sind, geht es um „Bonding“ (symbiotische Beziehung des Säuglings zur Mutter), jetzt aber geht es um „Bindung“! Wenn Teenager ihre Pflichten auf uns abladen wollen, müssen wir uns weigern und darauf bestehen, dass sie diese Dinge selbst erledigen.

Es ist jetzt auch wichtig, dass Teenager um Dinge bitten lernen, die sie brauchen. Auch das ist ein biblisches Prinzip: „Bittet, und ihr werdet bekommen!“ (Mt 7,7). Teenager müssen erfahren, dass ihre Bedürfnisse erfüllt werden, wenn sie darum bitten.

Zuneigung, Bestätigung und bedingungslose Liebe

Teenager haben ein negatives Selbstbild und erleben auch oft, dass man negativ auf sie reagiert. Darum ist es in der Erziehung von größter Wichtigkeit, dass Korrektur und liebevolle Ermahnung ausgewogen sind. Kinder brauchen unbedingt Zuneigung, Bestätigung und vor allem bedingungslose Liebe. Junge Teenager vermasseln oft aus Gründen, die wir bereits besprochen haben, vieles. Darum brauchen sie das sichere Wissen, dass sie von uns geliebt sind, trotz allem, was sie tun. Diese positive Haltung wird ihnen helfen, eine ausgewogene Sicht von sich selbst zu bekommen.

Insbesondere eine Erziehungsstrategie war für uns selbst als Eltern sehr hilfreich. Es ist meist leicht, das Negative an unseren Teenagern zu sehen. Es gab bei uns Zeiten, in denen wir wie die meisten Eltern manchmal die Beherrschung verloren und unserem Ärger Luft machten, indem wir unseren Kindern ihre sämtlichen Fehler um die Ohren schlugen. Eines Tages unterbrach Gott meine (Franks) Schimpftirade und sagte: „Warum sagst du ihnen nicht etwas, das sie noch nicht wissen?“ „Was denn?“, fragte ich zurück. Er sagte zu mir: „Sie wissen, was sie alles falsch machen, und du bestärkst nur das Negative in ihnen. Warum sagst du ihnen nicht das, was ich über sie sage?“ Er zeigte mir dann, dass das positive Gegenteil meiner Sichtweise die Wahrheit ist, die er in ihrem Leben bewirken will. Und er forderte mich auf, diese Wahrheit auszusprechen und damit die Macht der Lüge über ihrem Leben zu brechen. Es fühlte sich für die Kinder und für mich zuerst ein wenig merkwürdig an, aber nach einiger Zeit konnte ich sehen, wie sie sich veränderten und das Böse durch das Gute überwunden wurde.

> Todd weigerte sich eines Tages, den Müll hinauszubringen, und anstatt mich wie üblich über seine Faulheit und Aufsässigkeit aufzuregen, sagte ich (Frank), wie sehr ich seine Bereitwilligkeit schätze, mir zu helfen. Und ich dankte Gott laut dafür, einen so entgegenkommenden Sohn zu haben. Es dauerte daraufhin nicht lange, bis er sich vom Sofa herunterbequemte und schlurfend den Müll einsammelte, wobei er vor sich hin brummte: „Ich hasse es, wenn du so etwas sagst!“

Warum? Weil es unmöglich ist, sich gegen die Macht der Liebe und gegen aufbauende Worte aufzulehnen. Unsere Kinder werden dadurch auf eine höhere Ebene gehoben und aufgefordert, so zu werden, wie sie nach Gottes Willen sein sollen.

Zeiteinteilung und Prioritätensetzung

Junge Leute sind auf dieser Entwicklungsstufe keine Senkrechtstarter, wenn es um Hausaufgaben, Mithilfe im Haushalt oder um Dinge geht, die irgendwie nach Arbeit riechen. Sie sind jetzt mehr auf ihre gesellschaftliche Entwicklung konzentriert. Das ist zwar normal, aber es heißt nicht, dass wir sie in dieser Zeit unverantwortlich treiben lassen sollten. Teenager müssen lernen, ihre Pflichten mit ihrem gesellschaftlichen Leben in Einklang zu bringen. Wir müssen unseren Teenagern beibringen, wie man Prioritäten setzt, seine Zeit einteilt und den Tag plant. Es ist gut, mit Jugendlichen gemeinsam daran zu arbeiten. Helfen Sie ihnen zu entdecken, wann die „beste Zeit" ist, um etwas zu tun. Wir alle haben unsere Vorlieben. Einige von uns sind Morgenmenschen, während andere Abendmenschen sind. Ermutigen Sie Teenager dazu, mit ihrer inneren Uhr in Kontakt zu kommen. Das ist besonders nötig, wenn Eltern in dieser Hinsicht anders als ihre Kinder gestrickt sind. Wenn sie ihren angeborenen Rhythmus entdecken, werden sie für die meisten Aufgaben auch Energie haben.

Sexuelle Neugier

Eltern müssen sich Zeit nehmen, um mit ihren Teenagern über Sex und Sexualität zu reden. Wir müssen wissen, was unsere Kinder in der Schule über dieses Thema zu hören bekommen. Wir sollten uns im Klaren darüber sein, dass junge Leute hoch motiviert sind, dieses Gebiet zu erforschen, und es gibt viel zu viele falsche Quellen, die ihre Wahrnehmungen über Sexualität verzerren und verfälschen können. Wir müssen dafür sorgen, dass sie die biblische Sicht über dieses Thema kennen lernen, und ihnen sagen, warum wir glauben, was wir glauben. Es ist auch unverzichtbar, dass wir ihnen zuhören und herausfinden, was sie darüber denken. Wenn wir wissen, was in ihren Köpfen und Herzen vor sich geht, können wir ihnen auch helfen, notwendige Korrekturen vorzunehmen. Wenn Kinder wissen, dass wir sie lieben, werden auch sie uns zuhören. Teenager bezeichnen nicht Gleichaltrige, sondern Eltern als die einflussreichsten Personen in ihrem Leben. Fassen Sie also Mut. Eltern haben die Verantwortung, ihren Kindern auf jeder Entwicklungsstufe zu zeigen, wie sie Gott gefallen können.[7]

Austesten und Annehmen von wahren Werten

Teenager suchen nach wahren Werten, nach denen sie leben können. Einer der Gründe, warum sie sich gegen jede Autorität auflehnen, liegt darin, dass sie herausfinden wollen, was uns so wichtig ist, dass wir bereit sind, dafür zu kämpfen. Wir müssen bereit sein, mit unseren Kindern für Werte zu kämpfen, die wahr sind und die es wert sind, dass man nach ihnen lebt. Wir müssen uns in den wichtigen Punkten der Auseinandersetzung mit unseren Kindern nicht nur anlegen ... sondern wir müssen gewinnen! Es gibt einen Mantel der geistlichen Autorität, der allen Eltern zur Verfügung steht, die bereit sind, ernsthaft dafür einzutreten, dass Kinder die biblische Wahrheit als Maßstab der Familie anerkennen. Da es mit Teenagern täglich zum Kampf kommen kann, möchte ich darauf hinweisen, wie wichtig es ist, hier Prioritäten zu setzen. Konzentrieren Sie sich auf das, was wirklich wichtig ist. Investieren Sie Ihre Energie und Zeit in das, was wirklich zählt. Beurteilen Sie die Wichtigkeit in jeder Situation nach den folgenden drei Kriterien:

1. Ist das wichtig für die Ewigkeit?
2. Besteht die Gefahr, dass das Kind ernsthaften emotionalen Schaden erleidet?
3. Besteht die Gefahr, dass das Kind körperlich zu Schaden kommt?

Wenn Sie eine dieser Fragen mit Ja beantwortet haben, müssen Sie die Herausforderung annehmen und sich auf Ihre geistliche Autorität berufen, um die Wahrheit durchzusetzen. Es gibt für alle Eltern einen ganz realen Autoritätsmantel, um ihren Kindern den nötigen Einhalt zu gebieten. Teenager anerkennen ihn und sie werden ihre Eltern dafür achten und sich ihnen unterordnen. Die Wahrheit ist, dass Teenager, die sich gegen alle Autorität auflehnen, im Grunde nach jemandem Ausschau halten, der ihnen die nötigen Grenzen setzt. Sie lehnen sich gegen die Mutter auf, damit sie eine starke Mutter wird, und sie lehnen sich gegen den Vater auf, damit er sich wie ein Vater verhält. Sie brauchen den Einfluss von Autoritäten in ihrem Leben. Wenn sie diese Grenzen zu Hause nicht gesetzt bekommen, werden sie in der Schule weiterkämpfen, und wenn sie die Grenzen in der Schule nicht bekommen, werden sie mit dem Staat in Schwierigkeiten kommen. Und die Polizei wird ihnen ganz gewiss Grenzen setzen, aber dann stecken Teenager bereits in ernsthaften Schwierigkeiten.

Eine weitere Herausforderung, die in dieser Zeit auftaucht, hat damit zu tun, dass Kinder häufig nicht zur Kirche mitgehen wollen. Eltern versagen gerade an diesem Punkt sehr oft. Vergessen Sie aber nicht, dass Teenager, die sich gegen etwas auflehnen, keineswegs damit bezwecken wollen, dass wir ihnen nachgeben oder von unserer Meinung abrücken. Sie wollen wissen, was uns wirklich wichtig ist. Ich kenne Eltern, die ihren Kindern erlaubt haben, sich von Gott und der Gemeinde fern zu halten, und sie gingen in die Welt und sind bis zum heutigen Tag nicht zurückgekommen. Warum? Wenn wir Kompromisse eingehen bei Dingen, die Gott betreffen, bringen wir damit zum Ausdruck, dass es nicht so wichtig ist, an Gott zu glauben oder ihm zu dienen; es steht uns völlig frei. Aber das ist eine völlig falsche Botschaft! Wir müssen nicht zur Kirche gehen, weil wir uns danach fühlen, sondern es ist einfach nötig, dass wir gehen – das sollten wir unseren Kindern deutlich zu verstehen geben. Wir dürfen mit der Wahrheit keine Kompromisse eingehen. Christ zu sein ist eine Lebensweise, bei der Jesus im Mittelpunkt steht. Er kommt an erster Stelle. Josua hat nicht gesagt: „Ich und mein ganzes Haus (mit Ausnahme der Teenager, die sich gerade in einer schwierigen Phase befinden) wollen Gott dienen“, sondern er hat gesagt: „Ich und meine ganze Hausgemeinschaft sind entschlossen, Gott zu dienen“ (Josua 24,15). Sie brauchen nicht fromm zu argumentieren. Teilen Sie Ihren Kindern nur Ihre innerste Überzeugung mit und erwarten Sie, dass Gott an die erste Stelle gesetzt wird, und Sie können sicher sein, dass Ihre Kinder tun, was Sie von ihnen erwarten. Wenn Kinder sehen, dass wir leben, was wir sagen, werden sie es viel bereitwilliger für ihr eigenes Leben übernehmen. Sie testen diese Dinge aus, um zu sehen, was echt ist.

Johannes
Es ist Sonntag Morgen und Familie Schmidt ist in Eile, weil sie in den Gottesdienst gehen will. Johannes, der älteste der vier Jungen, kriecht tiefer in die Federn und vergräbt seinen Kopf unter dem Kissen. Da aus Johannes' Zimmer kein Lebenszeichen zu hören ist, klopft der Vater an seine Tür und ruft: „He, Johannes, es ist Zeit zum Aufstehen, wir wollen in zwanzig Minuten weggehen!" Der Hügel unter der Bettdecke bewegt sich ein wenig und gibt einen tiefen Seufzer von sich: „Ach, Papa, ich bin noch so müde, ich will heute nicht mit zur Kirche gehen." „Du bist gestern ziemlich lange mit deinen Freunden aus gewesen, ich nehme an, das ist der Grund, warum du noch so müde bist", antwortet der Vater. „Schlaf ruhig weiter. Wir werden aber darauf achten, dass du nächsten Samstag nicht ausgehst, damit du am Sonntag nicht wieder zu müde bist, um mit uns mitzugehen." Johannes springt aus dem Bett, als hätte ihn der Blitz getroffen. „Okay, vielleicht brauche ich nur eine kalte Dusche, damit ich wach werde. Ich bin gleich fertig, Papa!" Der Vater lächelt, als er das Zimmer von Johannes verlässt.

Eine kleine Weisheit von Gott genügt schon, um das Herz von Teenagern zu erreichen.

Worüber man verhandeln kann und worüber nicht

In unserem Leben mit Teenagern wird es Zeiten geben, in denen Themen wie Kleidungsstil, Frisur und Haarfarbe, Tätowierungen und „Piercing" unweigerlich zur Sprache kommen. Es gibt Entscheidungen, über die man mit Teenagern durchaus verhandeln kann. Wir müssen uns ihre Meinung anhören und vernünftige Entscheidungen treffen, die der Situation angemessen sind. Niemand wird nur deshalb nicht in den Himmel kommen, weil er sich verrückt kleidet, eine merkwürdige Frisur hat und tätowiert oder „gepierct" ist. Trotzdem hat Gott etwas zu Tätowierungen zu sagen (vgl. Lev 19,28). Wir müssen den biblischen Hintergrund dieser Praktiken kennen und die Bibel als Richtlinie heranziehen, um Teenagern den Weg zu zeigen. Es gibt in unserer Gesellschaft viele Dinge, die voll im Trend liegen, aber dennoch heidnische Wurzeln haben. Kinder müssen die Wahrheit kennen. Vergessen Sie nicht, dass Teenager Eltern als die Personen identifizieren, die den größten Einfluss auf ihr Leben haben. Sorgen Sie also für den nötigen Einfluss. „Piercing“ ist schon deshalb ein heißes Thema, „weil alle es tun“. Es gibt unterschiedliche Meinungen darüber. Die Frage, die Teenager dabei wahrscheinlich am meisten interessiert, heißt: „Warum darf ich das nicht?“ Es geht hier um eine Herzenshaltung. Gott sieht auf unser Herz. Wenn die zugrunde liegende Herzenshaltung destruktiv ist oder wenn etwas aus falschen Beweggründen geschieht, muss der Teenager seine Entscheidung überdenken und mit Gott darüber reden. Extremes, mehrfaches Piercing ist oft ein Zeichen von Selbstverstümmelung und ein äußerer Ausdruck dafür, dass jemand innerlich gebunden ist. Kinder, die ein extremes Verhalten aufweisen, signalisieren damit, dass sie leiden und in Schwierigkeiten sind und Hilfe brauchen.

Der Kleidungsstil kann heutzutage verrückt sein. Aber das ist in Ordnung. Eine Grenze, die heute besonders wichtig ist, besteht darin, sich nicht allzu freizügig zu kleiden. Eine weitere heißt, dass Kinder mit ihrer Kleidung oder ihrem Haarstil nicht zum Ausdruck bringen dürfen, dass sie zu einer bestimmten Bande oder einer subversiven gesellschaftlichen Gruppe gehören. Kinder verraten uns durch ihren Haar- und Kleidungsstil, wem sie nacheifern. Es ist gut, mit ihnen darüber zu reden, warum sie gerade diesen Stil bevorzugen. Teenager werden manchmal fragen, was Sie darüber denken. Hören Sie zuerst zu, bevor Sie Ihre Ansichten zum Besten geben. Und seien Sie ehrlich. Sie würden nicht fragen, wenn sie es nicht wissen wollten. Teenager benutzen gern diese unwichtigen Dinge, um ihre Unabhängigkeit zu demonstrieren und auf harmlose Weise zu rebellieren. Besser ein gesunder Teenager mit einer stacheligen rosa Igelfrisur als einer, der drogenabhängig oder dem Alkohol verfallen ist.

Als unsere Kinder in der Pubertät steckten, waren löchrige Jeans sehr beliebt. Sie durften löchrige Jeans tragen, aber Löcher auf der Sitzfläche waren nicht erlaubt, das war die Grenze. Natürlich gab es in unserer Gemeinde Leute, die es kaum fassen konnten, dass wir unseren Kindern erlaubten, mit löchrigen Jeans zur Kirche zu kommen. Aber wir wissen, dass Gott auf unser Herz und nicht auf unsere Kleidung sieht.

Den „Miteinander-Vertrag“ festigen

Der „Miteinander-Vertrag“ ist, wie bereits erwähnt, so etwas wie eine „goldene Regel“. Wir müssen ihn durch unsere Erziehung festigen und Vorbilder sein, wie man danach lebt. Wenn ein junger Mensch diesen Vertrag mit voller Absicht bricht, muss er bestraft werden, damit er die nötigen Korrekturen vornimmt und sich an die Regeln hält. Das Stehen in der Ecke, das an früherer Stelle besprochen wurde, ist auch für Teenager sehr wirkungsvoll. In dieser „Auszeit“ haben sie Gelegenheit, um nachzudenken und mitmenschlich akzeptable Entscheidungen zu treffen. Die Ecke ist so etwas wie eine körperliche Grenze und ein Anstoß, um schneller zu besseren Entscheidungen zu kommen. Das ist aber nur der erste Schritt. Teenager müssen mit ihren Eltern aufarbeiten, warum sie sich unangemessen verhalten haben und was sie zu tun gedenken, um sich korrekt zu verhalten. Sie müssen Reue zeigen, sich verpflichten, bestimmte Dinge zu ändern und zu korrigieren, um so zu zeigen, dass sich ihre Herzenshaltung verändert hat.

Denken, Probleme lösen, Entscheidungen treffen und Konsequenzen bedenken

Ein wichtiges Erziehungsziel für Teenager liegt darin, dass sie unabhängiger und verantwortlicher für ihr Leben werden. Das schließt auch ein, dass sie Konsequenzen bedenken müssen, wenn sie Entscheidungen treffen. Wenn wir zu unseren Kindern schon in früheren Jahren eine gute Beziehung aufgebaut haben, ist das eine gute Grundlage, um auch in der Teenagerzeit offene Gespräche mit ihnen zu führen. Kinder werden manchmal erwarten, dass wir für sie denken. Das gleicht einem Tennisspiel. Sie werfen uns einen Ball zu, und wir müssen ihn zurückwerfen.

> „Mama, was denkst du, was ich tun soll?“
> „Nun, was denkst du darüber?“

Gehen Sie den ganzen Prozess mit dem Teenager durch und helfen Sie ihm, klar zu sehen, seine Gefühle zu identifizieren, zu denken und Schritte zu unternehmen, die den jeweiligen Entscheidungen folgen. Im Laufe dieses gemeinsamen Prozesses können Sie unter Umständen auch notwendige Kurskorrekturen vornehmen. Sie dürfen nur eines nicht tun – für sie denken! Das würde sie in ihrer Abhängigkeit und in der Symbiose bestärken.

Bestrafung: Was ist angemessen?

Wir haben bereits den Stock und seine negative Auswirkung auf Kinder besprochen. Eine effektive Strafe, die im Leben Wirkung zeigt, hat ihre Wurzeln immer in der Liebe. Auch wenn Sie die Prügelstrafe immer noch bevorzugen, sollten Sie wissen, dass sie für Teenager nicht mehr angemessen ist. Sie kann einen schweren Missbrauch darstellen. In den Teenagerjahren beginnt die Pubertät. Junge Menschen reifen in dieser Zeit körperlich und emotional heran, um zu jungen Männern und jungen Frauen zu werden. Da sie jetzt eine erhöhte Sensibilität haben und sich ihrer körperlichen Entwicklung bewusster sind, kann körperliche Züchtigung eine schwere und sehr demütigende Misshandlung für sie sein. Die Strafe, die wir benutzen, muss immer darauf Rücksicht nehmen, was wir damit bei unseren Kindern bewirken wollen. Da Unabhängigkeit und persönliche Verantwortung zu den vorherrschenden Themen für Teenager gehören, müssen wir eine Strafe anwenden, die das unterstützt. Das Stehen in der Ecke als eine „Auszeit", um über Dinge nachzudenken, wenn der Teenager aufsässig gegenüber Autorität ist, ist nur eine Methode. Andere sind der Verlust von Privilegien, Hausarrest oder andere natürliche Konsequenzen eines Verhaltens. Der Verlust von Privilegien bezieht sich auf Dinge, die Kinder gerne haben: das Ausgehen mit Freunden, Fernsehen, Benutzung des Telefons oder des Computers. Beim Hausarrest werden gleichzeitig auch die Eltern in Haft genommen, denn der Teenager muss ein paar Tage lang entweder zu Hause bleiben oder die Eltern überallhin begleiten. Auf diese Weise lernen Teenager, dass ein unangemessenes Verhalten spürbare Folgen nach sich zieht. Sie verlieren entweder die persönliche Freiheit oder Dinge, die sie besonders schätzen. Das motiviert sie sehr dazu, in Zukunft bessere Entscheidungen zu treffen.

Identifikation mit der Geschlechtsrolle

Teenager müssen sich in dieser Phase mit ihrer Geschlechtsrolle identifizieren. Eltern sind für Teenager die primären Rollenvorbilder und müssen deshalb sowohl für präzise Informationen sorgen als auch gesunde Vorbilder für sie sein. Der gleichgeschlechtliche Elternteil muss ihnen beibringen, wie man sich als Mann bzw. als Frau verhält. Mütter müssen ihre Söhne dazu ermutigen, erwachsen zu werden. Bestätigen Sie ihre wachsende Verantwortlichkeit und geben Sie ihnen auch mit Ihren Worten die Erlaubnis, zu Männern zu werden. Väter müssen ihren Töchtern eine angemessene väterliche Zuneigung und Aufmerksamkeit entgegenbringen und Vorbilder dafür sein, wie sie von dem Mann behandelt werden möchten, den sie einmal heiraten. Umarmen Sie Ihre Tochter und sagen Sie ihr, wie schön und wie wertvoll sie für Sie ist. Sie wird Ihnen glauben, und das ist ein wichtiger Schutz für sie. Viele Mädchen, die schwanger werden, werden zu Opfern infolge eines Mangels. Wenn zum Vater keine enge, liebevolle Beziehung besteht, sind sie in Gefahr, von anderen Männern oder Jungen benutzt zu werden. Sie suchen an den falschen Orten nach Liebe und können dadurch in ernste Schwierigkeiten geraten.

Beziehung zwischen Mann und Frau

Es kommen nun viele Fragen auf hinsichtlich der Beziehung zwischen Jungen und Mädchen. Die Jugendlichen sind neugierig und wollen unsere Beziehungsgeschichte kennen lernen. Wir sollten offen sein und uns Zeit nehmen, um ihre vielen Fragen zu beantworten. Es ist gut, mit den Kindern in Kontakt zu bleiben und zu wissen, was sie denken und fühlen. Man muss aber nicht unbedingt alle Einzelheiten der eigenen Geschichte ausbreiten, wie ich bereits erwähnte. Seien Sie also klug.

Auf dieser Entwicklungsstufe ist es auch wichtig, dass Teenager von ihren Eltern „überwacht" werden. Wenn das Interesse am anderen Geschlecht erwacht und die Hormone in Aufruhr geraten, ist es erforderlich, dass Erwachsene über sie wachen. Schlagen Sie doch vor, sich lieber in der Gruppe zu treffen, als sich mit Einzelnen zu verabreden. Teenager im Alter von vierzehn bis fünfzehn Jahren sind wirklich noch nicht bereit, ernsthafte Beziehungen einzugehen.

Trennung und Unabhängigkeit

In dieser letzten Phase der Teenagerzeit müssen Eltern eine Stütze sein und dem jungen Menschen geben, was er braucht. In der Übergangszeit zum Erwachsenenalter gibt es immer noch viele Situationen und Herausforderungen, bei denen er Hilfe braucht. Helfen Sie dem Teenager, indem Sie die Symbiose mit ihm ein für alle Mal brechen. Das ist ein Problem, das Heranwachsende endgültig lösen müssen.

Wenn sich unsere Söhne und Töchter darauf vorbereiten, unser Haus zu verlassen, sollten wir sie von allen ungesunden Bindungen und Erwartungen freisetzen. Sprechen Sie einen Segen über ihnen aus, um sie in den Willen Gottes für ihr eigenes Leben freizugeben. Versichern Sie ihnen Ihre bedingungslose Liebe und lassen Sie Ihre Kinder wissen, dass die Tür zu Ihrem Haus immer offen sein wird. Wenn wir bereit sind, unsere Kinder gehen zu lassen und sie Gott anzuvertrauen, stellen wir damit sicher, dass wir auch weiterhin eine gute Beziehung zu ihnen haben werden und dass sie immer gerne nach Hause kommen.

Erziehung, die Jugendlichen wenig hilft

Auch wenn Eltern und Erzieher die entwicklungsbedingten Bedürfnisse von Teenagern kennen, werden sie nicht jedes Mal in der richtigen Weise darauf eingehen. Das Fachwissen zielt nicht darauf ab, uns zu vollkommenen Erziehern zu machen, denn das werden wir nie. Wir sollen die Beziehung zwischen entwicklungsbedingten Bedürfnissen und den entsprechenden Erziehungsmaßnahmen verstehen, um zu wissen, wie Kinder auf gesunde Weise aufwachsen und zu verantwortlichen Erwachsenen werden können. Wenn wir wissen, wie wir uns als Eltern verhalten sollten, und dennoch versagen, können wir für unsere Kinder beten und Gott bitten, sie wieder zu heilen und die Bedürfnisse zu erfüllen, die wir aus den verschiedensten Gründen nicht erfüllen konnten. Im Folgenden wollen wir noch darauf eingehen, auf welche Weise wir versagen können und welche Folgen das haben kann.

Eltern können natürlicherweise nur das geben, was sie selbst empfangen haben. Wenn unsere Bedürfnisse nie erfüllt wurden, sind wir auch nicht in der Lage, das nie Erfahrene an unser Kinder weiterzugeben. Wenn wir selbst Schwierigkeiten hatten, die Pubertät zu überstehen, werden wir auch mit unseren Kindern Probleme haben, wenn sie in dieses Alter kommen. Gott weiß das und er möchte uns heilen und wieder herstellen, damit wir zu den Eltern werden, die unsere Kinder brauchen. Wir alle machen Fehler, denn es gibt keine perfekten Eltern. Fassen Sie also Mut, während Sie weiterlesen, denn unser himmlischer Vater möchte Ihnen nur die Augen öffnen, damit Sie zu ihm kommen und er Ihre Bedürfnisse erfüllen kann. Auf diese Weise wird er auch dafür sorgen, dass unsere Kinder geheilt und wieder hergestellt werden.

Grenzen und Verbote

Grenzen sind zu unserem Schutz da. Wenn Eltern darin versagen und ihren Teenagern keine Grenzen setzen, werden sich Teenager unsicher und ungeschützt fühlen. Sie wissen nicht, wie weit zu weit ist. Nur wenn Grenzen gesetzt werden, wird der junge Mensch wissen, wo er sicher ist. Wenn Teenager in jungen Jahren zu früh zu viel Freiheit haben, werden sie dazu neigen, falsche Entscheidungen zu treffen, die auf lange Sicht verheerende Auswirkungen haben können. Kinder, die ohne solche Grenzen in die Welt losgelassen werden, sind emotional noch nicht reif genug, um damit umzugehen. Sie werden oft verletzt, weil sie nicht genügend elterlichen Schutz haben. Manche Eltern sind der falschen Meinung, dass Teenager ihr Leben selbst in die Hand nehmen und ihre Entscheidungen von heute auf morgen selbst treffen sollten. Das ist so, als würde der Pilot eines Düsenflugzeugs zu uns sagen: „Du bist jetzt lange genug mit mir geflogen, steh auf und übernimm die Kontrolle über diesen Vogel und fliege ihn selbst!“ Ohne Pilotenausbildung würden wir gewiss abstürzen. Genau das passiert aber mit Kindern, von denen erwartet wird, dass sie die Kontrolle über ihr Leben selbst übernehmen, ohne zuvor in einer Übergangsphase Schritt für Schritt gelernt zu haben, wie man dies tut. Es ist so, als würde man die Kinder ohne einen Fallschirm aus dem Flugzeug werfen. Sie würden im wahrsten Sinne des Wortes abstürzen. Ein Genesungsprozess wird, sofern er überhaupt stattfindet, lang und schmerzhaft sein.

Umgang mit Gefühlen

Eltern, die bereits mit ihren eigenen Gefühlen Probleme haben, werden erst recht Schwierigkeiten haben, ihren Kindern beizubringen, wie man richtig mit Gefühlen umgeht. Gefühle sind für ein gesundes, ausgewogenes Leben notwendig. Das ist der Grund, warum Gott uns Gefühle gegeben hat. Eltern, die auf die eine oder andere Weise mit ihren Gefühlen kämpfen, brauchen Heilung und Wiederherstellung, damit sie ihren Kindern auf diesem Gebiet helfen können.

Symbiose

Wenn die Symbiose mit Teenagern aufrechterhalten oder sogar verstärkt wird, bleiben sie abhängig und sind in ihren zukünftigen Beziehungen beeinträchtigt. Sie entwickeln zu wenig Selbstvertrauen und verfallen der Meinung, dass sie das Leben nicht schaffen, wenn sich nicht jemand um sie kümmert. Das ist der Nährboden für weitere ungesunde symbiotische oder abhängige Beziehungen.

Kritisieren und lächerlich machen

Kritik schürt das Feuer der Unsicherheit in Teenagern. Denn sie sind in dieser Lebensphase bereits von Natur aus sehr negativ und selbstkritisch eingestellt. Wenn Teenager kritisiert und lächerlich gemacht werden, wird ihr negatives Selbstbild verstärkt, und sie glauben, dass sie Versager sind. Teenager werden so leben, dass sie unseren Erwartungen (negativer oder positiver Art) entsprechen.

Zeiteinteilung und Prioritätensetzung

Teenager brauchen Hilfe, um ihr Leben in Ordnung zu bringen und ihre Zeit einzuteilen. Wenn sie damit alleine gelassen werden und von den Eltern keine Hilfe bekommen, werden sie keine vernünftigen Strukturen finden, um später effektiv und verantwortlich zu leben und zu handeln. Das kann dazu beitragen, dass sie später sowohl bei der Arbeit als auch im Allgemeinen in ihrer Effektivität beeinträchtigt sein werden.

Sexuelle Neugier

Eltern, die mit ihren Teenagern über Sexualität nicht reden und ihnen keine präzisen Informationen über Sex liefern, lassen ihnen keine andere Wahl, als sich diese Informationen selbst zu besorgen. Sie fragen dann oft ihre Freunde, aber das erinnert an den Blinden, der andere Blinde führt, und wir wissen, wie das endet. Oder sie surfen im Internet, was noch schlimmer ist, und kommen so mit Pornographie in Berührung. Eine verzerrte Auffassung und Wahrnehmung von Sexualität ist die Folge.

Teenager für ihren sich noch entwickelnden Körper zu kritisieren oder sie in irgendeiner Form bloßzustellen ist destruktiv und beleidigend. Es flößt ihnen ein tief sitzendes Schamgefühl ein. Unglücklicherweise wurden in vergangenen Generationen Informationen über Sexualität so weitergegeben, als müsste man sich dafür schämen. Das war ganz offensichtlich ungesund und schädlich. Eine schambesetzte Sexualität liegt unzähligen Problemen in unseren Familien zugrunde. Es ist Zeit, dass diese Dinge endlich aufhören.

Austesten und Übernehmen von wahren Werten

Ein besonders ungutes Verhalten liegt darin, dass Eltern oder Erzieher anders handeln, als sie selber immer sagen. Wenn wir unseren Kindern etwas predigen, selbst aber nicht danach leben, werden Teenager von dieser Scheinheiligkeit verletzt. Sie werden zynisch und misstrauisch gegenüber jeglicher Autorität.

Wir können uns auf eine weitere Weise falsch verhalten, nämlich indem wir den Kindern nachgeben, wenn sie rebellieren, oder wenn wir uns für unsere Überzeugungen nicht stark machen. Wenn wir aufgeben, signalisieren wir damit, dass diese Angelegenheit nicht so wichtig ist. Es steht uns frei, sie zu tun oder zu lassen. Das lässt den Teenager ohne eine sichere Straßenkarte zurück, wenn er seine Lebensreise beginnt, und verurteilt ihn dazu, es auf die harte Tour lernen zu müssen.

Den „Miteinander-Vertrag" bestärken

Es passiert leider sehr häufig, dass Teenager mit dem „Miteinander-Vertrag" nicht bekannt gemacht werden. Wenn Eltern ihre Kinder nicht darin anweisen und korrigieren, bleiben Teenager selbstzentriert und unfähig, mit anderen auf kooperative Weise zusammenzuleben.

Denken, Probleme lösen, Entscheidungen treffen und Konsequenzen bedenken

Eltern können ihre Kinder auch dadurch benachteiligen, dass sie immer für sie denken, ihre Probleme lösen und Entscheidungen für sie treffen. Diese Kontrolle wird dazu führen, dass sich der junge Mensch entweder passiv fügt und seine Identität verliert, oder er wird rebellieren und sich von seiner Familie auf destruktive Weise abkehren. In einer solch kontrollierenden Beziehung gibt es nicht genügend Raum für den Teenager, um zu atmen oder zu der Person zu werden, die Gott sich vorgestellt hat. Anders ausgedrückt: Auf diese Weise wird dem Jugendlichen sein unveräußerliches Recht vorenthalten, zu einer eigenständigen Persönlichkeit zu werden.

Überfürsorglichkeit der Eltern ist ebenso ungesund und führt bei Teenagern zu einer Vielzahl von Problemen. Der junge Mensch muss lernen, sich für die richtigen Dinge zu entscheiden, indem er die Konsequenzen auch für seine Fehlentscheidungen übernimmt. Wenn Eltern ihre Kinder vor den natürlichen Folgen eines Verhaltens abschirmen, verhindern sie damit, dass sie eine Lebenslektion lernen, die ihnen ihr späteres Leben erleichtert. Was sie in den Teenagerjahren nicht gelernt haben, werden sie später auf viel schmerzlichere Weise lernen müssen.

Beziehung zwischen Mann und Frau

Eltern, die nicht dafür sorgen, dass ihre Kinder lernen, wie sich Männer und Frauen zueinander verhalten, machen es Kindern schwer, selbst eine gesunde sexuelle Identität zu entwickeln. Auch Eltern, die mit ihrer eigenen sexuellen Identität kämpfen, werden nicht in der Lage sein, eine gesunde Rolle vorzuleben.

Trennung und Unabhängigkeit

Es gibt hier zwei Formen einer ungesunden Erziehung: indem wir unsere Kontrolle verstärken, anstatt loszulassen. Oder indem wir den jungen Menschen hilflos und unabhängig machen, weil wir überfürsorglich sind und uns zu sehr um ihn kümmern. Diese ungesunden Verhaltensweisen von Eltern erwachsen oft aus der Angst, die Kinder zu verlieren. Das Problem ist nur, dass es genau diese Dinge sind, die dazu führen, dass wir unsere Kinder verlieren. Wenn sie sich unserer repressiven Kontrolle fügen und so ihre wahre Identität nicht entfalten können, werden wir sie verlieren. Wenn sie aber rebellieren und sich von uns abwenden, werden wir sie auch verlieren, manchmal für Jahre ... und manchmal für immer. Die einzige gesunde Weise, die Beziehung zu unseren Kindern zu pflegen und aufzubauen, besteht darin, sie in den Willen Gottes freizugeben und sie ziehen zu lassen. Manchmal hilft es, sich daran zu erinnern, dass unsere Kinder nicht uns selbst, sondern Gott gehören und dass wir sie nur eine Zeit lang begleiten dürfen.

Teenager in extremen Krisen

Teenagerjahre können für manche Kinder sehr schwierig sein. Besonders wenn sie ungelöste Verletzungen aus früheren Entwicklungsstufen mit sich schleppen. Eltern sind sich manchmal gar nicht bewusst, dass sie ihre Kinder verletzt haben, weil Kinder oft nur davon verletzt werden, wie sie die Realität wahrnehmen. Das muss nichts damit zu tun haben, was tatsächlich passierte oder was die Eltern beabsichtigten. Waren Sie jemals erschrocken darüber, dass Ihr Sohn oder Ihre Tochter Ihnen vorgeworfen hat, Sie würden seine Geschwister mehr als ihn oder sie lieben? Das stimmt vielleicht nicht, aber der Teenager empfindet es so. Wenn das zutrifft, können Sie die Lüge zerstören und dafür beten, dass Ihre Beziehung wieder so heil wie früher wird.

In schwereren Fällen gehen die Verletzungen tiefer, weil sie durch zerbrochene Beziehungen mit den Eltern belastet sind. Das ist der Fall, wenn sie von Eltern oder anderen in der Familie missbraucht, vernachlässigt oder verlassen wurden oder wenn sie den Schmerz einer durch Scheidung zerbrochenen Familie erlitten, um nur einige der allgemein üblichen Dinge zu nennen, die in

Teenagerjahren zu einer tiefen Krise führen können. Wenn der mit diesen Erfahrungen und Umständen verbundene Schmerz in dieser besonders kritischen Lebenszeit wieder auftaucht, kann er überwältigend sein. In den über fünfzehn Jahren, die wir mit gefährdeten Teenagern arbeiteten, ist uns bewusst geworden, dass extremes Verhalten bei Jugendlichen ein Signal und ein Hilfeschrei ist. Teenager wissen oft nicht, wie sie ihre Bedürfnisse verbal zum Ausdruck bringen können, darum teilen sie diese durch extreme Verhaltensweisen mit (zum Beispiel Selbstverstümmelung, Selbstmorddrohungen oder -versuche und so weiter). Starke Auflehnung wird oft durch starke Kontrolle ausgelöst. Extreme Auflehnung hat ihre Wurzeln in einer zerbrochenen Beziehung zu einem oder beiden Elternteilen oder in Generationenflüchen. Diese werden im letzten Kapitel zur Sprache kommen. Wenn wir die Macht der Auflehnung bei Teenagern brechen wollen, müssen wir uns mit unserer eigenen extremen Kontrolle befassen. Wir müssen uns mit den Beziehungsproblemen zwischen Eltern und Kindern befassen. Das Hauptanliegen dabei ist, dass wir an die tatsächlichen Wurzeln für diese Probleme herankommen.

Wenn Sie den Verdacht haben, dass Ihr Sohn oder Ihre Tochter Drogen nimmt, sollten Sie nach bestimmten Anzeichen dafür suchen. Einige allgemeine Hinweise dafür sind: Appetitverlust oder gesteigerter Appetit, dramatische Persönlichkeitsveränderungen (stille Kinder werden zum Beispiel laut und ausgelassen, oder kontaktfreudige Kinder werden still und zurückhaltend), Kinder ziehen sich zurück, werden verschlossen, aggressiv oder defensiv. Durchsuchen Sie ihr Zimmer, wenn Sie beunruhigt sind. Sie sollten sich keine Sorgen darüber machen, dass Sie damit in ihre Privatsphäre eindringen. Es ist ihr Zimmer, aber es ist Ihr Haus! Wenn Teenager in Schwierigkeiten geraten, weil sie Drogen nehmen oder andere destruktive Dinge tun, aber nicht wissen, wie sie es Ihnen sagen sollen, werden sie unbewusst Spuren ausstreuen und darauf hoffen, dass sie von Ihnen entdeckt werden. Sollten Sie entdecken, dass Ihre Vermutung zutrifft und Ihr Kind wirklich Drogen nimmt, müssen Sie unverzüglich handeln und Hilfe suchen. Wenn Teenager nach einem Drogenentzug wieder in die reale Welt zurückkommen, machen sie da weiter, wo sie mit ihrer Entwicklung stehen geblieben sind. Drogenabhängigkeit führt dazu, dass Jugendliche in ihrer Entwicklung stecken bleiben. Das heißt, dass Jugendliche, die als

Vierzehnjährige drogenabhängig werden und mit achtzehn einen Entzug machen, innerlich nur vierzehn Jahre alt sind. Sie müssen die ganze Entwicklung von diesem Punkt an nachholen. Wenn Teenager älter sind, können sie die Entwicklung von Jahren innerhalb von Monaten aufholen. Bei meiner Arbeit mit gefährdeten Teenagern hatte ich oft mit Jugendlichen zu tun, die keine Hoffnung hatten, selbstmordgefährdet oder drogenabhängig waren, häufig wechselnde sexuelle Beziehungen hatten, gewalttätig und wütend waren und so weiter. Aber die Wurzeln für ihr negatives, asoziales Verhalten waren immer auf einen Schmerz in ihrer frühen Kindheit zurückzuführen. Das bedeutet nicht, dass ihr Verhalten zu entschuldigen wäre, aber es sollte uns helfen zu verstehen, worauf wir unsere Aufmerksamkeit richten müssen, damit sie davon wieder frei werden. Jeder äußerst brutal aussehende jugendliche Täter, der voller Verachtung ist und eine drei Meter dicke Mauer von Hass um sich gezogen hat, damit nur ja keiner es wagt, ihm nahe zu kommen, ist in seinem Inneren im Grunde ein sehr verletztes und verletzliches Kind. Seine Strategie, ein hasserfülltes Verhalten an den Tag zu legen, dient dazu, ihn zu schützen und niemanden an sich heranzulassen, damit keiner seinen Schmerz sieht und weiß, wie schwach und zerbrechlich er in Wirklichkeit ist. Wenn solche Kinder wissen, dass wir sie durchschauen und Pfeile der Liebe Gottes über ihre Abwehrmauer schießen, dauert es meist nicht lange, bis sie ihren ganzen Schmerz herauslassen. Die Liebe Gottes ist eine Macht, die alles überwindet, besonders aber jene, die sich verzweifelt nach Liebe sehnen (vgl. Das Hohelied der Liebe 8,6).

Egal, welch negatives Verhalten wir an Teenagern sehen, wir müssen Gott bitten, die Wurzeln ihres extremen Verhaltens aufzudecken, und ihm erlauben, dass er uns Strategien an die Hand gibt, durch die wir die Herzen der Teenager wirklich erreichen können, damit sie die Liebe, Heilung und Freiheit erfahren, die nur Jesus geben kann.

Deshalb wollen wir jetzt unsere Aufmerksamkeit der „guten Nachricht“ zuwenden und in Erfahrung bringen, wie wir für unsere Teenager hoffen und beten können.

Gebet um Heilung und Befreiung

„Wenn der Sohn euch frei macht,
dann seid ihr wirklich frei." *(Joh 8,36)*

Die gute Nachricht bei all diesen Informationen heißt, dass es eine Antwort auf die Probleme unserer Teenager gibt. Auf unseren Seminaren betonen wir immer wieder, dass wir diese Dinge niemals lehren würden, wenn wir nicht ganz sicher wüssten, dass uns Gott wirklich heilen und freisetzen kann. Die Realität zu kennen, ohne Hoffnung auf Veränderung zu haben, würde uns nur depressiv machen. Der einzige Grund, warum Gott Verletzungen, unerfüllte Bedürfnisse und Bindungen aufdeckt, ist der, dass er uns und unsere Kinder heilen, befreien und zu einem erfüllten Leben führen will. Im letzten Kapitel dieses Buches werden wir detailliert beschreiben, wie wir für Kinder jeden Alters beten können.

Manchmal denken wir, es sei zu spät, wenn unsere erwachsenen Kinder erst einmal von zu Hause ausgezogen sind, um ihr eigenes Leben zu leben. Doch wir möchten Ihnen Mut machen: Es ist definitiv nicht wahr, dass die Chance jetzt vorbei ist, für die Heilung unserer Kinder zu beten. Frank und ich beten immer wieder für unsere erwachsenen Kinder, wenn diese im Leben Schwierigkeiten haben und wir die Wurzeln dafür in ihrer Kindheit entdecken. Die Heilung geht dabei jedes Mal tiefer und wir erleben alle den Segen Gottes.

Vor kurzem hat uns eine junge Studentin geschrieben. Ihre Mutter hatte das Buch „Mut zur Reife" gelesen und die Wurzeln eines beunruhigenden Problems im Leben ihrer Tochter erkannt. Sie beschloss nun, für ihre Heilung zu beten. Hier ist ihre Geschichte:

> „Als Baby hatte ich ständig Bauchschmerzen und starke Blähungen, weil ich weder Muttermilch noch Kuhmilch vertragen konnte. Während der Pubertät nahmen diese Symptome noch zu, bis ein Arzt entdeckte, dass ich einen Enzymmangel habe, und er gab mir die Anweisung, keine Milch mehr zu trinken.
> Im Gespräch mit meinen Eltern fand ich heraus, dass die Monate der Schwangerschaft für meine Mutter eine Zeit voller Probleme waren, und ich war einverstanden, dass sie mit mir darüber betete.

Bei diesem Gebet baten wir Gott darum, uns diese Zeit noch einmal zu zeigen. Er gab mir und meiner Mutter ein Bild. Ich konnte mich im Mutterleib sehen und spüren, dass es meiner Mutter so schlecht ging, dass sie tagelang erbrechen musste. Gleichzeitig kam in mir das Gefühl hoch, dass ich der Grund für ihr Erbrechen sei, so als ob sie mich auf diese Weise loswerden wollte. Jesus erklärte mir dann die ganze Situation und sagte, dass es nicht so sei, wie ich dachte, und dass die äußeren Umstände nichts mit mir zu tun hätten.
Ich sah, dass meine Mutter durch eine schwere Zeit ging, aber Gott beschützte mich in ihrem Körper vor diesen Dingen. Ich spürte, wie sich mein Bauch entspannte, sobald ich mich nicht mehr abgelehnt fühlte. Als ich meine Augen wieder öffnete, war ich sehr durstig. Ich ging zum Kühlschrank und trank einen ganzen Liter Milch auf einmal aus. Und seit jener Zeit habe ich nie wieder Probleme mit Milch gehabt. Ganz im Gegenteil: Milch ist beinahe zu einem Grundnahrungsmittel für mich geworden."

Jesus hat diese junge Frau von ihren Problemen befreit. Das will er für uns alle tun. Es ist niemals zu spät.

> „Es ist so weit: Jetzt wird Gott seine Herrschaft aufrichten und sein Werk vollenden. Ändert euer Leben* und glaubt dieser guten Nachricht!" *(Mk 1,15)*

*Genauer: Ändert euer Denken, bzw. überdenkt diese Dinge von neuem.

Zusammenfassung und Schlussfolgerungen

Zwölf- bis Vierzehnjährige müssen auf dieser Entwicklungsstufe folgende Dinge lernen:

- Richtige Zeiteinteilung
- Fragen, wenn sie etwas haben wollen
- Ihr Interesse an der Gesellschaft entdecken
- Wahre Werte identifizieren
- Die Symbiose endgültig brechen
- Einen „Miteinander-Vertrag" eingehen
- Auf gesunde Weise mit Wut und Ärger umgehen
- die Verantwortung für ihr Denken übernehmen und Probleme lösen

Ein normales Verhalten auf dieser Entwicklungsstufe schließt folgende Dinge ein:

➲ Konzentrationsschwäche
➲ Ein großes Mundwerk
➲ Geringe Motivation
➲ Hohe Motivation für Beziehungen
➲ Schwierigkeiten mit der Prioritätensetzung
➲ Opposition, Rebellion, Wut und Zorn

In den Teenagerjahren werden folgende Grundsatzentscheidungen getroffen:

➲ Ich habe Wünsche / Bedürfnisse.
➲ In meinem Leben gibt es Ordnung / Unordnung.
➲ Ich kann denken / kann nicht denken.
➲ Ich bin von anderen getrennt / nicht getrennt.

Gesunde Erziehung:

➲ Halten Sie Korrektur und Bestätigung im Gleichgewicht.
➲ Sorgen Sie dafür, dass Teenager sich unterordnen lernen.
➲ Bringen Sie ihnen Zeiteinteilung und Prioritätensetzung bei.
➲ Ermutigen Sie dazu, Probleme zu lösen, und erwarten Sie, dass sie selbst denken.
➲ Bringen Sie ihnen bei, mit Wut und Ärger angemessen umzugehen.
➲ Setzen Sie Grenzen und sorgen Sie für deren Einhaltung.
➲ Stellen Sie sich der Symbiose und widerstehen Sie ihr.
➲ Beten Sie um Heilung und Wiederherstellung, wenn es nötig ist.
➲ Bestärken Sie im jungen Menschen die Wahrheiten, die Gott über ihm ausspricht.

Erziehung mit unguten Folgen:

➲ Bestärkung der Symbiose und Abhängigkeit
➲ Fehlende Grenzen und Verbote
➲ Überfürsorglichkeit und Abschirmen des Teenagers vor den natürlichen Konsequenzen seines Verhaltens

Teenagerprobleme

Folgende Probleme können auf dieser Entwicklungsstufe auftreten und bis ins Erwachsenenalter anhalten:

➲ Unsicherheit im Hinblick auf Grenzen und Verbote
➲ Probleme, bei einer Sache zu bleiben

- Schwierigkeiten, Probleme zu lösen
- Symbiotische Beziehungen
- Unangemessener Ausdruck von Wut und Zorn
- Schwierigkeiten bei der Zeiteinteilung
- Denken mit Fühlen verwechseln
- Gefühlsunfähigkeit

Fünfzehn- bis Dreißigjährige müssen in ihrer Entwicklung folgende Dinge lernen:
- Identifizierung mit ihrer Geschlechtsrolle
- Zu einem eigenständigen Individuum werden
- Selbständig und unabhängig werden

Normales Verhalten auf dieser Stufe:
- Interesse am anderen Geschlecht
- Dem Vorbild des gleichgeschlechtlichen Elternteils nacheifern
- Entscheidungen treffen und Konsequenzen übernehmen
- Persönliche Verantwortung entwickeln

Lebensentscheidungen über sich selbst:
- Es ist gut, ein Mann / eine Frau zu sein.
- Ich kann / kann nicht mit Verantwortung umgehen.

Erziehung, die nicht ohne positive Folgen bleibt:
- Beten Sie um Schutz für den Teenager, wenn Gott es zeigt.
- Vermitteln Sie das Ihrer Geschlechtsrolle entsprechende Verhalten.
- Seien Sie ein Vorbild darin, wie man sich gegenüber anderen Männern / Frauen verhält.
- Kümmern Sie sich um jede Angst oder Unsicherheit des Teenagers.
- die Verantwortung für den Jugendlichen mehr und mehr lockern und ihn in sein eigenes Leben loslassen
- Zur Unabhängigkeit ermutigen
- Für den Teenager beten, dass er seine wahre Identität in Christus findet
- Für den Teenager um Heilung und Wiederherstellung beten, wenn nötig
- Für den jungen Menschen beten, dass er erkennt, welchen Platz er im Reich Gottes einnehmen soll

„Ungesundes“ Verhalten von Eltern und Erziehern:

- Unangemessene Identifizierung mit der Geschlechtsrolle bestärken
- Zur Verwirrung der Geschlechtsrolle und Identität beitragen
- Sexueller Missbrauch von Teenagern
- Trennung bzw. Unabhängigkeit verhindern

Teenagerprobleme

Folgende Probleme können auf dieser Entwicklungsstufe entstehen und bis ins Erwachsenenalter anhalten:

- Verwirrung der Geschlechtsrolle
- Symbiotische Beziehungen
- Scheu, Verantwortung zu übernehmen

Schlusswort

Auf der letzten Entwicklungsstufe, bevor der junge Mensch erwachsen wird, können eine Reihe von Problemen auftreten. Diese Probleme können sowohl auf die Teenagerzeit als auch auf frühere Entwicklungsstufen zurückgehen. Ist es möglich, alles richtig zu machen und alles zu lösen, bis Kinder unser Haus verlassen? Sicherlich nicht! Wir sollten aber unser Bestmögliches tun und für unsere Kinder beten, wenn wir versagt haben, und es dann Gott überlassen, für den Rest zu sorgen. Wir können sicher sein, dass Gott weiter an einer Angelegenheit dranbleiben wird, wenn sie für das Reifwerden des jungen Menschen wichtig ist. Die Teenagerjahre sind nur eine erste Gelegenheit, um Versäumnisse, Verletzungen oder Fehler aufzuarbeiten. Dieser Prozess wird weitergehen. Haben Sie je bemerkt, dass bestimmte Dinge in unserem Leben immer und immer wieder hochkommen, bis man sich ihnen stellt und Gott erlaubt, sich darum zu kümmern? Auf gleiche Weise wird er sich auch um alles andere kümmern, das im Leben unserer Kinder ungelöst geblieben ist. Gott ist treu, das ist sicher. Bleiben Sie einfach offen für ihn und hören Sie nicht auf, für Ihre Kinder zu beten, egal, wie alt sie sind, und Gott wird Ihre Gebete zu seiner Zeit und auf seine Weise erhören.

Literaturhinweise und Anmerkungen Kapitel 8:

1 Sharon Begley „Getting Inside a Teen Brain", in: Newsweek, 28. Februar 2000, S. 80

2 ebd., S. 80

3 ebd., S. 80

4 Wie wir bereits früher angesprochen haben, ist in den letzten Jahren eine weitere Frage bezüglich der Ursachen für Drogenabhängigkeit aufgekommen. Obwohl es bis jetzt keinen wissenschaftlichen Beweis dafür gibt, der darauf hinweist, dass Ritalin Kinder für Drogenabhängigkeit prädisponiert, gibt es einige verwandte Ergebnisse, die äußerst beunruhigend sind. Dr. Thomas Armstrong zitiert in seinem revolutionären Buch „The Myth of the ADD Child" („Das Märchen vom ADHS-Kind", Junfermannsche Verlagsbuchhandlung, Paderborn 2002) die Ergebnisse einer erst kürzlich veröffentlichten Untersuchung über 91 Männer, die in ihrer Kindheit als „hyperaktiv" diagnostiziert wurden, im Vergleich mit 95 „normalen" Männern. Diese Untersuchung fand heraus, dass die Gruppe der „Hyperaktiven" (von denen die meisten in ihrer Kindheit medikamentös behandelt wurden) eine deutlich höhere Rate an Drogenabhängigkeit aufwies als die Gruppe der „Normalen" (16 Prozent gegenüber vier Prozent). Dr. Armstrong stellt daraufhin die provozierende Frage: „Welche Art von Botschaft senden wir unseren Kindern, wenn wir ihnen sagen: ‚Keine Macht den Drogen!', sie aber gleichzeitig daran erinnern, nach dem Essen nicht zu vergessen, ihre Drogen zur Verhaltenskontrolle und Bewusstseinsänderung einzunehmen?" Thomas Armstrong „The Myth of the ADD Child", Plum Books, Penguin Group, New York 1997, S. 43–44)

5 Quelle unbekannt

6 Encarta World English Dictionary, Microsoft 2000

7 Open Bible: New King James Version, Thomas Nelson Publishers, Nashville, Camden, New York 1985, Anmerkung S. 644

KAPITEL 9

Das Herz des Kindes heilen

Es gehört zu den schönsten Dingen, wenn wir als Christen wissen dürfen, dass es immer eine zweite Chance gibt, für uns und auch für unsere Kinder. Gott liebt es, das Verlorene zu suchen, das Kaputte heil zu machen und dem Toten wieder neues Leben einzuhauchen.

Wie wir bereits gesehen haben, hat unsere natürliche Entwicklung auch auf unsere geistliche Entwicklung Auswirkungen. Das ist eine große Motivation, für unsere Kinder zu beten, damit sie frei dazu werden, auch in ihrer Beziehung auf Gott hin zu wachsen und so zu werden, wie sie nach seinem Willen sein sollen. Wir wollen nun diesen Gedanken im Detail beleuchten.

Natürliche und geistliche Entwicklung

Wir glauben, dass es wichtig ist darauf hinzuweisen, dass die menschlichen Entwicklungsstufen, die wir und unsere Kinder vom Mutterleib bis zur Pubertät durchlaufen, dieselben Entwicklungsstufen sind, die alle Menschen durchlaufen müssen, nachdem sie wiedergeboren sind. Unsere geistliche Entwicklung hat tatsächlich große Ähnlichkeit mit den Stufen, die wir in unserer menschlichen Entwicklung durchlaufen. Mit der einen Ausnahme, dass wir bei unserer geistlichen Entwicklung einen perfekten Vater haben – Gott Vater, der sich auf vollkommene Weise um uns kümmert.

Wir wollen nun diese beiden Entwicklungsprozesse der ersten drei Entwicklungsstufen nach der Geburt miteinander vergleichen.

Die Zeit von der Geburt bis zu sechs Monaten ist normalerweise eine Phase, in der das Kind automatisch versorgt wird und bedingungslose Liebe erfährt. Das Kind braucht nichts zu tun, außer zu existieren und diese Liebe anzunehmen. Die Mutter scheint ganz automatisch zu wissen, was das Kind braucht, und sie reagiert darauf. Was für ein herrliches Leben für das Kind! Auf diese Weise wird das Kind in seiner Existenz bestätigt.

Nach unserer Wiedergeburt gibt es die geistliche Phase von der

Geburt bis zum Alter von sechs Monaten. Kann sein, dass sie etwas länger als sechs Monate dauert. Während dieser Zeit scheint sich Gott um uns zu kümmern, uns zu segnen und mit seiner Liebe geradezu zu überschütten, ohne dass wir viel dazu beitragen müssen. Wissen Sie noch, dass Sie nicht erst wochenlang zu beten oder zu fasten brauchten, bevor Sie etwas bekamen? Gott kümmert sich in dieser Zeit ganz wie von selbst um uns. Wir brauchen etwas, und Gott sorgt auf wunderbare Weise dafür. Es ist wunderbar, solche wiedergeborene Gläubige in der Gemeinde zu haben. Es stärkt den Glauben der anderen, wenn sie sehen, wie Gott da ist, sobald sie etwas brauchen. Auf dieser ersten Stufe bestätigt Gott unsere Existenz als seine Kinder. Er ist da, sobald wir etwas brauchen. Wir konnten oft sehen, wie Menschen auf dieser ersten geistlichen Entwicklungsstufe von Gott reichlich versorgt wurden, ähnlich, wie es in unserem eigenen Leben geschehen ist.

Ich (Frank) erinnere mich daran, dass ich kurz nach meiner Wiedergeburt eine Rechnung über 100 Dollar bezahlen musste und nicht wusste, woher das Geld dafür kommen sollte. Ich glaube, ich dachte nicht einmal daran, dafür zu beten. Ich brauchte einfach dieses Geld, mehr nicht. Ich ging zu Bett, und als ich am nächsten Morgen aufwachte, ging ich zu einer Kommode, um mir ein Paar frische Socken zu holen, und Sie haben erraten, was ich da fand – einen Einhundertdollarschein! Ich weiß, dass ich diesen Schein nicht dort hingelegt habe, und ich kenne auch niemand, der es getan haben könnte. Es war für mich klar, dass Gott es getan hatte. Ich musste nicht erst wochenlang im Schweiße meines Angesichts beten, damit ich diese 100 Dollar bekam. Ich hatte eine Not und mein Vater im Himmel hatte sie gesehen und darauf reagiert. Das ist die Art und Weise, wie es in der Zeit der ersten Liebe mit Gott zugeht, innerhalb dieser ersten Monate nach unserer Wiedergeburt.

Wenn wir dann sechs bis achtzehn Monate alt sind, kommen wir auf eine Stufe, in der wir sehr aktiv sind, alles erforschen und Motivation und Initiative entwickeln. Unsere Kleinen erforschen alle Dinge dieser Welt. Wenn wir geistlich sechs bis achtzehn Monate alt geworden sind, ist es ebenso. Wir sind ganz aufgeregt über alles, was mit Gott zu tun hat. Wir erzählen jedem über Gott, und sie bekehren sich ebenfalls! Wunderbar, wir haben einen missionarischen Dienst! Wir verschlingen die Bibel und lesen lange Zeit darin und sind ganz aufgeregt über alles, was wir in Gottes Wort finden. Wir lernen über die Gabe des Zungenredens und wenn wir sie praktizieren, fliehen die Dämonen! Wie wunderbar, wir haben einen Befreiungsdienst! Wir lesen darüber, dass man Menschen die Hände auflegen soll, damit sie geheilt werden. Wir legen einem anderen die Hände auf und sein Kopfweh verschwindet augenblicklich. Wie wunderbar, wir haben einen Heilungsdienst! Wir gehen von einem Ende unserer Stadt bis zum anderen, um Leuten zu dienen, und Dinge geraten in Bewegung. Wie wunderbar, lasst uns in die Krankenhäuser gehen und dort mal gründlich aufräumen! Lasst uns in Bestattungsunternehmen gehen und die Toten wieder aufwecken! Manche sagen, dass es ganz gut wäre, wenn man wiedergeborenen Christen in den ersten achtzehn Monaten eine Einzelhaft verordnen könnte. Ich bin nicht dieser Meinung. Das ist eine Zeit, in der uns Gott erlaubt, alles in seinem Reich zu erforschen. Ich glaube, dass er sich über all diese verrückten Dinge, die wir in den ersten achtzehn Monaten unseres Lebens mit ihm tun, ausgesprochen freut. Wenn ich an das denke, was ich in den ersten Jahren meines Lebens mit Gott getan habe, frage ich mich, wie ich und andere diese Zeit bloß überlebt haben. Ich habe wirklich einige verrückte Dinge gemacht. Kann sein, dass es bei Ihnen nicht so war, aber ich kenne viele Leute, die Dinge getan haben, die man nicht einmal erwähnen darf, weil sie so peinlich sind. Wir tun jetzt alles Mögliche, weil wir an Gott glauben, und es ist aufregend. Gott lässt es zu. Und dann wollen Sie eines Tages wieder jemandem die Hände auflegen und hören in Ihrem Herzen eine Stimme: „Nein!" Sie versuchen es noch einmal und hören wieder dieses „Nein!". „Hm – Satan, weiche von mir!" Und Gott sagt: „Ich bin nicht Satan!" „O Gott, lass mich dieser Person die Hände auflegen! Ich spüre, wie ich vom Heiligen Geistes erfüllt bin und seine Heilungskraft durch meine Hände fließt. Ich brauche nichts zu tun, als diesem Menschen die Hände aufzulegen, und schon ist er geheilt. Gott, ich tue das doch für dich!" Und als Sie es noch einmal versuchen, hören Sie wieder dieses „Nein!". „Gott, warum nicht?" Und Gott sagt: „Jetzt ist die Zeit gekommen, dass du Gehorsam lernst, mein Sohn, meine Tochter, sonst kann ich dich nicht gebrauchen!"

Wir kommen jetzt in unserer Beziehung mit Gott in die Phase eines Zweijährigen. Auf dieser Entwicklungsstufe muss das Kind Gehorsam lernen. Es muss erzogen werden, damit es aus seiner Selbstbezogenheit herauskommt und einen „Miteinander-Vertrag" eingeht. Der wiedergeborene Christ muss diese Phase eines Zweijährigen in seiner Beziehung zu Gott genauso durchlaufen.

Und so geht es auf allen unseren Entwicklungsstufen weiter, bis wir erwachsen sind. Es führt kein Weg daran vorbei, dass wir alle zukünftigen geistlichen Entwicklungsstufen mit Gott durchlaufen müssen, so wie das Kind, das nur dann reift, wenn es sämtliche Phasen seiner menschlichen Entwicklung hinter sich bringt. Auf eines ist noch hinzuweisen, ehe wir dieses Thema wieder verlassen. Wir oder unsere Kinder werden immer auch auf der Entwicklungsstufe Schwierigkeiten mit Gott bekommen, wo wir in der Vergangenheit verletzt wurden und im Wachstum stecken geblieben sind. Auf genau dieser Stufe werden wir auch mit unserem himmlischen Vater Probleme bekommen. Diese Dinge konnten wir bei jedem feststellen, dem wir in den vielen vergangenen Jahren seelsorgerlich gedient haben. Wenn jemand im Laufe seiner Entwicklung verletzt worden ist, bleibt sein Wachstum auf dieser Stufe stehen. Er steckt in der Entwicklungsphase fest, in der ihm die Verletzung zugefügt worden ist. Er ist unfähig, zur vollen Reife zu gelangen, weil er von seiner vergangenen Wunde lahm gelegt wird. Sie verhindert, dass er die Fülle dessen erreicht, was Gott für ihn will. Er ist nicht in der Lage, so zu werden, wie Gott ihn haben möchte. Wir glauben, das ist der eigentliche Grund, warum wir uns um unsere eigenen Verletzungen und die unserer Kinder kümmern sollten. Denn Gott möchte, dass wir weiterwachsen und zur Reife kommen, damit er jedem von uns das geben kann, was er uns zugedacht hat.

Heilung, Wiederherstellung und Neubeginn

Gott möchte, dass seine Kinder wieder heil werden. Dazu ist nur eines nötig: Wir müssen ihn darum bitten. Wir haben erstaunliche Heilungen bei unseren Kindern erlebt und auch bei zahllosen anderen, die wir gelehrt haben, für ihre Kinder zu beten. Das Ergebnis war oft auf dramatische Weise lebensverändernd. Wir wollen darum ins Auge fassen, wie wir für unsere Kinder beten können, damit sie wieder freigesetzt werden.

Bei diesem Gebet für unsere Kinder müssen wir uns auf zwei Bereiche konzentrieren. Der eine hat damit zu tun, die Generationenflüche zu brechen und unsere Kinder von allem destruktiven Erbe aus der Vergangenheit zu lösen. Der andere liegt darin, für die Heilung von Wunden und Verletzungen zu beten. Wir wollen mit Ersterem beginnen.

Generationenflüche

Generationenflüche nehmen normalerweise drei Formen an: tatsächliche Flüche, Sünden und Bindungen. Generationenflüche sind so etwas wie eine „Lücke in der Schutzmauer" eines Menschen, egal, ob er sich dessen bewusst ist oder nicht. Diese Öffnung verschafft Dämonen Zugang zu seinem Leben, damit sie ihn unerkannt bedrücken und Chaos anrichten können.

Gründe:
Generationenflüche sind eine Folge von Sünde, von mangelndem Wissen oder einer Familiengeschichte, die ohne Gott gelebt wurde.

> „Ich bin der Herr, ich habe Geduld, meine Güte ist grenzenlos. Ich vergebe Schuld und Auflehnung; aber ich lasse nicht alles ungestraft hingehen. Wenn sich jemand gegen mich wendet, dann bestrafe ich dafür noch seine Kinder und Enkel bis in die dritte und vierte Generation." *(Num 14,18)*

> „Mein Volk kommt um, weil ihm die Erkenntnis fehlt. Weil du die Erkenntnis verworfen hast, darum verwerfe auch ich dich als meinen Priester. Du hast die Weisung deines Gottes vergessen; deshalb vergesse auch ich deine Söhne." *(Hosea 4,6; EÜ)*

> „Damals wart ihr von Christus getrennt, der Gemeinde Israels fremd und von dem Bund der Verheißung ausgeschlossen; ihr hattet keine Hoffnung und lebtet ohne Gott in der Welt." *(Eph 2,12; EÜ)*

Eines ist aber sicher: Wenn es sich um einen Christen handelt, muss es auch einen Grund geben!

> „Wie der Spatz wegflattert und die Schwalbe davonfliegt,
> so ist ein unverdienter Fluch; er trifft nicht ein."
> *(Sprichwörter 26,2; EÜ)*

Charakteristische Merkmale
Wann immer Probleme auftreten, die auf Generationenflüche zurückgehen, sind charakteristische Merkmale zu erkennen. Bezüglich Sünde gibt es eine bestimmte Zwanghaftigkeit, ein

Gefühl der Hilflosigkeit, das Gefühl, „getrieben" zu sein, obwohl der betreffende Mensch frei sein möchte. Der Mensch wird von Schuldgefühlen gequält und glaubt verdammt zu sein. Es gibt Hinweise auf Sünde, Flüche oder Bindungen in vergangenen Generationen. Dieser Mensch hat vielleicht eine Schwäche für eine bestimmte Sünde oder er neigt dazu, von einer speziellen Sünde gequält zu werden. Dämonen können sich manifestieren.

Woher kommt Rettung? Die Antwort heißt:
Was Gott aufdeckt, das will er auch heilen.

> „Christus hat uns vom Fluch des Gesetzes freigekauft, indem er für uns zum Fluch geworden ist; denn es steht in der Schrift: ‚Verflucht ist jeder, der am Pfahl hängt.' Jesus Christus hat uns freigekauft, damit den Heiden durch ihn der Segen Abrahams zuteil wird und wir so aufgrund des Glaubens den verheißenen Geist empfangen." *(Gal 3,13–14; EÜ)*

Wie kann man Generationenflüche brechen?

1. Identifizieren Sie Sünden, Flüche und Bindungen in Ihrer Familie, die schon seit Generationen auftreten. Bitten Sie den Heiligen Geist, Verborgenes aufzudecken (Mt 10,26; Lk 8,17; Lk 12,2).
2. Bitten Sie Gott um Vergebung für die Sünden vergangener Generationen, die der Heilige Geist aufgedeckt hat. Tun Sie ebenfalls Buße und empfangen Sie die Vergebung, wenn auch Sie diese Sünden begangen haben (Dan 9,1–6; 1 Joh 1,9).
3. Brechen Sie alle Flüche, Bindungen und dämonischen Belastungen im Namen und in der Vollmacht Jesu Christi (Lk 10,19; 2 Kor 10,4).
4. Nehmen Sie die Befreiung von dem Fluch durch Jesus Christus an (Gal 3,13–14; 1 Petr 1,18–19).
5. Befreien Sie auch Ihre Kinder von dem Fluch und seinen sämtlichen Auswirkungen. Treten Sie nun das Erbe an, das Gott für Ihre Familie hat: Segen bis in die tausendste Generation (Deut 7,9; Ex 20,6; Lev 26,39–45).

Gebet um Heilung für unsere Kinder

Vorbereitung für dieses Gebet:

1. Bitten Sie Gott, Ihnen alle unerfüllten Bedürfnisse, emotionalen Wunden und Bindungen im Leben Ihres Kindes zu zeigen.
2. Bitten Sie den Heiligen Geist, Ihnen Wurzeln für diese „Saat

der Destruktion“ zu zeigen. Was hat dazu geführt, dass dieses Problem aufgetaucht ist?
3. Bekennen Sie Ihre Sünde und bitten Sie um Vergebung, wenn Sie ursächlich damit zu tun hatten.
4. Folgen Sie der Anleitung zum Gebet bei Generationenflüchen und brechen Sie alle Sünden, Flüche und Bindungen, die seit Generationen innerhalb der Familie (väterlicher- und mütterlicherseits) auftreten bzw. aufgetreten sind.

Allgemeine Richtlinien für das Gebet mit dem Kind

Bitten Sie den Heiligen Geist immer um seine Leitung.

Wenn das Kind jünger als sieben ist, empfehlen wir Eltern, Kindern die Hände aufzulegen und für sie zu beten, während sie schlafen. Es ist wichtig, dass sich Eltern selbst um ihre Kinder kümmern und für sie beten. (Das angegebene Alter ist nur eine ungefähre Richtlinie.)

Wenn das Kind älter als sieben ist, ist es gut, wenn Eltern mit ihrem Kind beten. Es ist nicht nötig, alle spezifischen Details aufzudecken, die das Kind noch mehr verletzen oder zu seiner Unsicherheit und Verwirrung beitragen.

1. Besprechen Sie mit älteren Kindern, warum es nötig ist, mit ihnen zu beten. Sagen Sie, dass Gott sie heilen und von Belastungen aus der Vergangenheit befreien möchte. Bei kleineren Kindern ist das nicht nötig.
2. Bitten Sie das Kind um Vergebung, wenn es nötig ist.
3. Bitten Sie den Heiligen Geist, dem Kind die Wurzelerfahrung zu zeigen, die das Problem verursacht hat.
4. Bitten Sie Gott, sich Ihrem Kind in dieser vergangenen Situation zu zeigen.
   a) Bitten Sie Jesus, dem Kind zu zeigen, was nach Gottes Willen zu jener Zeit hätte passieren sollen.
   b) Bitten Sie Jesus, Verletzungen zu heilen, unerfüllte Bedürfnisse zu erfüllen und Bindungen zu brechen. Bitten Sie im Namen und in der Vollmacht Jesu, verbunden mit Danken.
   c) Danken Sie Gott für die Wiederherstellung Ihres Kindes zu dem Wesen, das es nach seinem Willen sein soll.
   d) Versiegeln Sie alles, was Gott getan hat, durch den Heiligen Geist und die Kraft des Blutes Jesu, um es für alle Zeiten sicher zu machen.

e) Bitten Sie Gott um eine Bibelstelle, um das Kind damit zu segnen und zu stärken.

Wenn wir tun, was wir zu tun haben, wird Gott treu sein und auch seinen Teil dazu beisteuern. Wir wüschen Ihnen, dass Sie weiterhin als Familie Befreiung erfahren, zur Ehre Gottes. Wir wünschen Ihnen, dass Ihr Leben reich und erfüllt wird, wenn Sie Ihr Erbe in Christus antreten.